KB064808

- 트랜스포머 메가 임팩트 11 -

챗GPT

© 박성수·김영수·김군호

– 트랜스포머 메가 임팩트 11 –
챗GPT

초판 1쇄 : 발행 2023년 4월 28일
초판 1쇄 : 인쇄 2023년 4월 30일

지은이 ㅣ 박성수 김영수 김군호
펴낸이 ㅣ 엄남미
펴낸곳 ㅣ 케이미라클모닝

등록 ㅣ 2021년 3월 25일 제2021-000020호
주소 ㅣ 서울 동대문구 전농로 16길 51, 102-604
이메일 ㅣ kmiraclemorning@naver.com
전화 ㅣ 070-8771-2052

ISBN 979-11-92806-04-4(03320)

* 이 책은 저작권법에 따라 보호를 받는 저작물입니다. 무단 전제와 복제를 금합니다.
* 이 책의 내용의 전부 또는 일부를 사용하려면 반드시 저작권자와 케이미라클모닝 출판사의 동의를 받아야 합니다.
* 잘못된 책은 구입하신 서점에서 교환해 드립니다.

- 트랜스포머 메가 임팩트 11 -

챗GPT

1994년 미국 캘리포니아주 마운틴뷰에서 마크 안드리슨(Marc Andreessen)과 에릭 비나(Eric Bina)가 초기 인터넷 웹 브라우저인 모자이크(Mosaic)를 개발한 뒤, 별도의 회사로 넷스케이프(Netscape)를 창업하였다. 1995년 8월에는 마이크로 소프트의 인터넷 익스플로러(Internet Explorer)가 세상에 출시되었다.

저자는 1996년 가을쯤 인터넷을 사용하기 시작했다. 당시에는 넷스케이프와 익스플로러를 다 사용했는데, 회사 내에서도 속도가 너무 느려서 한 번 클릭 후 몇 분을 기다린 적도 있었다.

1990년대 후반, 그렇게 인터넷 시대가 열렸다. 당시 주변에서는 인터넷에 대해 말들이 많았다. 지금은 상상도 못하겠지만 그 당시에는 인터넷을 왜 사용하는지, 왜 필요한지, 꼭 사용해야 하는지에 대한 의문이 정말 많았다. 직장 동료들조차도 부정적인 견해가 절반이 넘었다.

'인터넷이란 유행처럼 사용하다 사라질 운명'이라고 말하면서 인터넷의 미래에 너무 큰 기대를 걸지 말라고 충고했다.

1999년 연말은 Y2K로 온 세상이 떠들썩했다. 운명의 2000년 1월 1일 0시를 두고 전 세계가 새로운 천년의 저주를 받을까 두려워했으나 어떤 미진도 없이 2000년은 시작되었다. 그러나 닷컴 버블의 붕괴는 막아낼 수가 없었다. 인터넷 관련주들이 추풍낙엽처럼 힘없이 떨어지고 인터넷은 자취를 감추었다.

암울한 상황에서 2004년 구글이 IPO에 성공하고, 그해 2월 페이스북도 사업을 시작하면서 새로운 영웅들이 도약하기 시작하였다.

2007년 애플에서 스티브 잡스가 아이폰을 세상에 처음 내놓으면서 아마존의 전자 상거래 사업도 거대한 성장에 날개가 달리고, SNS 사업과 인터넷 연관 사업들은 본격 성장을 맞이하게 되었다. 고난의 시기를 인터넷 연결성과 스마트폰의 휴대성으로 극복해 내었다.

AI도 1차, 2차 겨울의 시기를 거쳐 2010년대부터 부활과 부흥의 시대를 맞았다.

2022년 11월 30일에 나온 챗GPT는 인터넷과 AI의 과거의 고난을 모른 채 끝 모를 성장을 기대하고 있다. 일부에서 챗GPT의 한계를 지적하며 부정적인 시각을 보이고 있지만, 무소의 뿔처럼 거침이 없어 보인다.

최근 생성 AI 기술의 발전이 빠르게 진행되고 있으며, 이는 건축, 의학, 과학 등 다양한 분야에서 혁신을 가져오고 있다. 멀티모달 생성 AI는 텍스트, 이미지, 비디오, 오디오 등 다양한 형식의 데이터를 처리해 더 풍부한 사용자 경험을 제공한다.

생성 AI는 개인화된 경험, 추천 시스템, 창의성과 예술, 음성 인식 및 합성 기술, 생산 및 제조, 교육 및 교습, 게임 및 엔터테인먼트 분야에서 큰 영향을 미칠 것으로 예상된다.

향후 인간 두뇌-컴퓨터 인터페이스(BCI)와 생성 AI의 결합은 사용자의 생각을 직접 AI에 전달할 수 있게 하여 상호작용을 더욱 원활하게 할 것이다.

주의해야 할 것은 챗GPT의 열풍도 조만간 급격히 식어 비즈니스 모델 무용론이 크게 부각하는 또 다른 빙하기를 맞이할 수도 있다는 것이다. 그러나 필자는 머지않아 인터넷과 같이 챗GPT가 인간의 지적, 신체적 활동에 가장 중요한 수단으로 우뚝 서게 될 날이 반드시 돌아올 거라고 믿는다. 이에 대비하여 챗GPT 자체의 균형 잡힌 양질의 고급 데이터 확보를 꾸준히 해 나가야 하겠고, 챗GPT를 기반으로 한 서비스도 더욱 풍부하게 출시되어야 하며, 국민들의 관심도 1회성이 아닌 기본 교육부터 체계적으로 증진시키는 노력이 계속되어야 한다고 생각한다. 그래서 K-POP, K-Golf, K-Drama, K-Movie에 이어 K-GPT가 탄생되기를 기원해 본다.

CONTENTS

제1부

챗GPT가 가져온
11가지 메가 임팩트!

챗GPT와 트랜스포머(Transformer)

챗GPT는 인공지능 기술을 활용하여 다양한 산업에서 혁신과 변화를 이끌고 있다.

주요 활용 사례로는 정부 및 정책 결정, 교육 및 의료, 금융 서비스, 미디어 및 저널리즘, 고객 지원, 마케팅 및 영업, 연구 및 개발, 인간 자원 관리, 물류 및 공급망 관리, 여행, 예술 창작 및 엔터테인먼트, 심리 상담 및 정신 건강 관리, 재난 대응 및 위기 관리, 환경 보호 및 지속 가능성, 그리고 보안 및 사이버 보안 등이 있다.

이러한 다양한 활용을 통해 챗GPT는 사회 전반에 긍정적인 영향을 미치고 있다.

챗GPT와 같은 AI 기술의 발전은 다양한 산업에서 혁신과 변화를 이끌어 내며, 그 활용 범위는 무궁무진하다. 이러한 AI 기반 챗GPT는 높은 효율성과 생산성을 제공하며, 인간의 역량을 확장시키고, 삶의 질을 높일 수 있는 놀라운 가능성을 제시한다. 그러나 동시에, 그 영향력과 윤리적 문제에 대한 깊이 있는 고찰이 필요하다.

챗GPT는 이제 시작에 불과하지만, 우리의 생활 전반에 영향을 미치고 활용 분야도 산업 전체에 걸쳐 있을 정도로 파급력이 강력하다.

챗GPT는 생성 AI의 대표적 모델인 GPT[1]에 기반을 두고 있다.

여기서 핵심 기술은 GPT의 T인 트랜스포머(Tranformer)[2]이다. 챗GPT의 기본 설계 엔진인 트랜스포머(Transformer)의 첫 글자를 인용하여 11가지 메가 임팩트를 하나하나 분석해 나가 보겠다.

---

1) GPT: Generative Pre-trained Transformer, 자가학습된 생성 변환기. 사전 학습된 언어 모델을 기반으로 생성적인 작업에 활용된다.

---

2) 트랜스포머(Tranformer): 자연어 처리를 학습하는 AI 신경망으로 번역, 질의응답 시스템, 챗봇, 요약 등 다양한 자연어 처리 태스크를 수행할 수 있는 모델

TRANSFORMER(트랜스포머)

Time of Generative AI : 초거대 생성 AI의 시간 도래

Revival of Semiconductor : 고사양 반도체, 데이터센터 수요 증대

AI for Expert : B2B 전문가 GPT 등장

New War of Search Engine : 검색엔진 세계의 혈투 시작

Shrink in Human Thinking Skills : 인간 사고력 약화 및 일자리 축소

Forceful changes in Public Services : 공공서비스의 급격한 변화

Overwhelming Innovation of Big Tech Giants : 빅테크 기업의 생존기

Realization of Android Robot : 로봇과의 결합으로 안드로이드 현실화

Many Lawsuits against IP rights : 지적재산권, 개인정보 등 법적 논란 증대

Era of Cerebral Valley : 세레브럴 밸리의 시대, 신 비즈니스모델

Rebirth of the Device : 디바이스의 재탄생

제1장
TRANSFORMER

Time of Generative AI : 초거대 생성 AI의 시간 도래

Revival of Semiconductor : 고사양 반도체, 데이터센터 수요 증대

AI for Expert : B2B 전문가 GPT 등장

New War of Search Engine : 검색엔진 세계의 혈투 시작

Shrink in Human Thinking Skills : 인간 사고력 약화 및 일자리 축소

Forceful changes in Public Services : 공공서비스의 급격한 변화

Overwhelming Innovation of Big Tech Giants : 빅테크 기업의 생존기

Realization of Android Robot : 로봇과의 결합으로 안드로이드 현실화

Many Lawsuits against IP rights : 지적재산권, 개인정보 등 법적 논란 증대

Era of Cerebral Valley : 세레브럴 밸리의 시대, 신 비즈니스모델

Rebirth of the Device : 디바이스의 재탄생

Time of Generative AI

(초거대 생성 AI의 시간 도래)

인공지능 대화 모델의 발전과 전망

인공지능 대화 모델은 인공지능 분야에서 가장 활발하게 연구되어 온 분야 중 하나로, 대화 인터페이스를 통한 인간-컴퓨터 상호작용 개선과 사용자 경험 향상에 중요한 역할을 하고 있다.

이 분야의 발전은 크게 '규칙 기반 대화 시스템', '데이터 기반 대화 모델', '딥러닝[3] 기반 대화 모델'로 구분할 수 있다.

초창기 인공지능 대화 모델은 사전에 정의된 규칙과 키워드를 사용하여 사용자의 질문에 대한 답변을 생성했다. 그러나 이 방식은 대화의 유연성과 다양성 처리에 어려움이 있었다.

1990년대 후반부터는 '데이터 기반 방식으로 설계된 대화 모델'이 개발되었다.

이 모델들은 통계 학습, 자연어 처리, 텍스트 분류 및 클러스터링 기술을 사용하여 대화를 이해하고 처리한다. 많은 데이터를 사용하고 머신 러닝을 기반으로 하기 때문에 이전의 '규칙 기반 시스템'보다 더 나은 결과를 제공할 수 있다.

이러한 '데이터 기반 대화 모델'은 시간이 지남에 따라 계속 발전해 왔으며, 2006년에는 IBM의 '왓슨[4]'이 개발되어 '질문 답변 시스템'에서 응용되었다.

2010년대 초반에는 시리, 구글 나우, 코르타나, 알렉사와 같

3) 딥러닝(Deep Learning): 컴퓨터가 사람처럼 생각하고 배울 수 있도록 하는 기술을 뜻한다. 많은 데이터를 분류해서 같은 집합들끼리 묶고 상하의 관계를 파악하는 기술이다. 사물이나 데이터를 분류하거나 군집하는 데 사용하는 기술이며 사람의 뇌가 사물을 구분하는 것처럼 컴퓨터가 사물을 분류하도록 훈련 시키는 기계학습(Machine Learning)의 일종.

4) 왓슨: IBM에서 제작한 인공지능 컴퓨터 프로그램의 이름. 자연어 처리를 통해 영어로 된 인간의 질문을 이해하고 스스로 답할 수 있다.

은 개인 비서 애플리케이션이 등장했고, 이들은 특히 음성 인식 기술과 인공지능 대화 모델의 발전으로 가능해졌다.

2010년대 후반부터는 딥러닝과 자연어 처리 기술의 발전으로 더욱 성장하였다. 구글 딥마인드[5]의 알파고[6]와 알파제로는 바둑과 장기 게임에서 최고 수준의 인간 선수를 이겨내며 화제가 되었다.

이러한 인공지능 대화 모델의 발전은 다양한 산업 분야에서 적용되어 오고 있다. '인공지능 대화 모델'은 스마트폰 애플리케이션, 웹사이트, 챗봇, 가상 비서 등과 같은 여러 분야에서 활용되고 있다.

음성 인식 기술과 함께 스마트 스피커에서 사용되는 인공지능 대화 모델은 일상생활에서 유용하게 쓰이고 있다.

2017년 구글 브레인 팀의 연구원들이 제안한 트랜스포머 모델은 딥러닝 모델의 새로운 혁신이다.

트랜스포머는 기존의 RNN, LSTM 등의 모델에서 사용되었던 재귀[7]를 사용하지 않고, 자가학습 메커니즘을 이용하여 입력 시퀀스와 출력 시퀀스를 동시에 처리한다. 입력 시퀀스의 모든 단어를 한 번에 처리하고, 각 단어가 다른 단어와 얼마나 연관되어 있는지를 자가학습 메커니즘

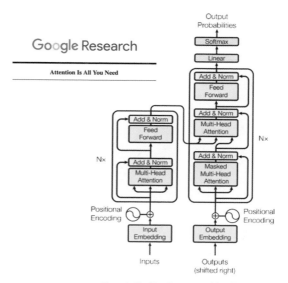

Figure 1: The Transformer - model architecture.

5) 딥마인드: 알파벳의 자회사이자 영국의 인공지능(AI) 프로그램 개발 회사.

6) 알파고(AlphaGo): 딥마인드가 개발한 인공지능 바둑 프로그램. 2016년 3월 한국의 이세돌 9단과의 대국에서 4승 1패를 기록하며 전세계에 충격을 안겼다.

7) 재귀(再歸, Recursion): 컴퓨터 과학에 있어서 재귀는 자신을 정의할 때 자기 자신을 재참조하는 방법을 뜻한다.

을 통해 계산한다.

트랜스포머 모델은 자연어 처리 분야에서 중요한 모델로 자리 잡게 되었으며, 이를 기반으로 다양한 언어 모델과 자연어 이해 모델들이 발전하였다.

오픈AI에서는 2019년 GPT-2 모델을 발표하여 자연어 생성 분야에서 큰 주목을 받았고, GPT-3 모델은 2020년 발표된 최신 언어 모델로서 발전을 이루고 있다. 그리고 2022년 11월 30일 챗GPT가 세상에 나왔다.

트랜스포머 모델의 등장 이후에는 자연어 처리 분야뿐만 아니라, 음성 인식 분야에서도 이를 적용한 다양한 모델이 개발되고 있다. 이러한 모델들은 인공지능 기술의 발전과 함께 다양한 분야에서의 적용이 예상되며, 향후 더 발전된 모델들의 등장이 기대되고 있다.

오픈AI[8]의 GPT-n 시리즈 모델

GPT는 오픈AI에서 개발한 자연어 처리를 위한 인공지능 모델이다.

GPT는 대규모 데이터셋을 활용하여 사전 학습되어 있으며, 이를 바탕으로 다양한 자연어 처리 작업에 사용될 수 있다.

GPT 모델은 기본적으로 텍스트 생성, 대화 생성, 요약, 번역, 감성 분석, 텍스트 분류 등의 다양한 자연어 처리 작업에 사용될 수 있으며, 최근에는 이미지, 오디오 등의 다른 형태의 데이터 처리에도 사용되고 있다.

8) 오픈AI(OpenAI): 전적으로 인류에게 이익을 주는 것을 목표로 하는 미국의 인공지능 연구소. 이윤을 목적으로 하는 OpenAI LP와 그 모체 조직인 비영리 단체 OpenAI Inc로 구성되어 있다.

GPT 모델은 트랜스포머(Transformer)라는 딥러닝 모델을 기반으로 하며, 2018년에 GPT-1 발표를 시작으로 GPT-2, GPT-3, 챗GPT 등의 다양한 버전이 출시되어 많은 관심을 받고 있다.

GPT-1

GPT-1은 2018년에 발표된 첫 번째 버전으로, 약 11억 개의 매개변수를 가지고 있다.

GPT-1은 대용량 데이터셋에서 사전 학습된 언어 모델로, 문장의 다음 단어를 예측하는 언어 모델링(Language Modeling) 기술을 사용했다. 이후 다양한 자연어 처리 작업에서 좋은 성능을 보였지만, 다른 모델에 비해 상대적으로 큰 모델 크기를 가지고 있지 않았기 때문에 성능 면에서는 아쉬움이 남았다.

GPT-2

GPT-2는 2019년에 발표된 두 번째 버전으로, 약 15억 개의 매개변수를 가지고 있다.

GPT-2는 GPT-1에 비해 모델 크기와 학습 데이터의 양이 증가하여 높은 성능을 보여주었다. 특히 GPT-2는 문장 생성 작업에서 높은 품질을 보여주어 미디어에서 화제가 되었다. 그러나 이로 인해 인공지능이 불법적인 목적으로 사용될 가능성이 있어 오픈AI는 GPT-2의 공개를 제한하였다. 또한, 일부 연구자들은 GPT-2의 모델 크기가 커서 실제 응용에서 사용하기 어려울 수 있다는 점을 지적하기도 하였다.

GPT-3

GPT-3는 2020년에 발표된 세 번째 버전으로, 자가학습(Sellf-Attention) 레이어가 많아 약 1,750억 개의 매개변수를 가지고 있어 이전 모델에 비해 규모가 100배 이상 증가하였다.

GPT-3는 대규모 데이터셋에서 사전 학습된 언어 모델로, 다양한 자연어 처리 작업에서 높은 성능을 보여주었다. 특히, GPT-3는 다양한 문제를 해결할 수 있는 일반적인 인공지능 모델로도 사용될 수 있다는 점에서 큰 관심을 받았다. 그러나, GPT-3는 상대적으로 높은 모델 크기와 계산 리소스를 요구하므로, 실제 응용에서 사용하기 어려울 수 있다는 한계가 있었다. 또한, GPT-3의 생성 모델링 기능을 통한 텍스트 생성은 자연스러운 결과를 내는 경우도 있지만, 불완전하거나 잘못된 정보를 생성할 가능성도 있어서, 모델의 안정성과 신뢰성을 더 높여야 한다는 지적도 많았다.

InstructGPT

오픈AI에서 2022년 2월에 발표한 프로젝트로, 자연어 처리를 위한 인공지능 모델인 GPT의 한 종류이며, GPT-3에서 발생한 생성 모델링 기능의 한계를 극복하기 위해 개발된 모델이다.

InstructGPT는 '인간 피드백 기반 강화학습(RLHF, Reinforcement Learning with Huma Feedback)'을 적용하여 답변 정확도를 향상시켰다. 이는 챗GPT에서도 개선되어 사용되었다.

사용자가 주어진 작업에 대한 지시 사항을 입력하면, 해당 작업을 자동으로 수행할 수 있는 모델을 학습하는 프로젝트이다.

예를 들어, "문장을 만들어주세요"라는 지시에 따라 InstructGPT
는 주어진 주제와 관련된 자연스러운 문장을 생성할 수 있다.

GPT-3는 대규모 데이터셋에서 사전 학습된 언어 모델로,
다양한 자연어 처리 작업에서 높은 성능을 보여준다. 그러나,
GPT-3는 주어진 지시에 대한 문장 생성 작업에서는 여전히 불
안정한 결과를 생성할 수 있다는 한계가 있었다.

InstructGPT는 이러한 한계를 극복하기 위해, 지시 사항에
따라 정확한 작업을 수행할 수 있는 생성 모델링 기능을 개발
한 모델이다.

InstructGPT는 사용자가 주어진 작업에 대한 지시 사항을 입
력하면, 해당 작업을 수행할 수 있는 모델을 학습하는 방식으
로 작동한다. 이를 통해 InstructGPT는 사용자가 입력한 지시
에 따라 정확한 작업을 수행할 수 있다.

InstructGPT는 높은 학습 효율성을 가지며, 사용자가 주어진
작업에 대한 지시를 더욱 간편하게 제공할 수 있도록 도와준다.

InstructGPT는 특히, 소규모 데이터셋에서도 높은 성능을 보
이며, 이를 통해 사용자들이 쉽게 학습 데이터를 구축하고 인공
지능 모델을 개발하도록 돕는다.

InstructGPT는 다양한 응용 분야에서 활용될 수 있다.

예를 들어, 콘텐츠 작성, 텍스트 생성, 대화 생성, 요약 등의
작업에서 InstructGPT를 활용할 수 있다.

InstructGPT를 활용하면 사용자가 원하는 형태의 콘텐츠를
더욱 쉽게 생성할 수 있으며, 이를 통해 생산성을 높일 수 있다.

InstructGPT는 GPT-3 기술을 기반으로 하며, 오픈AI가 무료로 제공하는 API를 통해 사용할 수 있다. 이를 통해 기업이나 개인이 쉽게 InstructGPT 기술을 활용하여 다양한 자연어 처리 작업을 수행할 수 있다.

챗GPT

챗GPT는 대화 생성을 위해 특별히 설계된 GPT-3 언어 모델의 변형이다. GPT-3.5라고 불리기도 하며 2022년 11월 30일 오픈AI가 출시했다.

GPT-3와의 주요 차이점 중 하나는 챗GPT가 대화 데이터의 대규모 데이터 세트에서 학습되었다는 것이다.

GPT-3.5 챗GPT에서는 인터넷에서 수집한 4,100억 개 데이터, 논문 등과 같은 웹텍스트 190억 개, 인터넷 기반의 말뭉치 670억 개, 인터넷 사전인 위키피디아 30억 개의 데이터로 학습되었다.

이렇게 방대한 데이터를 통해 인간 대화의 패턴과 습관을 학습했기 때문에 대화에 더 적합한 텍스트를 생성할 수 있다. 반면 GPT-3는 대화 생성이 아닌 범용 언어 모델이다.

두 모델의 또 다른 차이점은 크기이다. 챗GPT는 매개변수 수가 GPT-3보다 작은 모델이다. 이는 사용자 입력에 실시간으로 응답해야 하는 챗봇과 같은 애플리케이션에 중요한 역할을 하는 더 빠르고 효율적인 사용을 가능하게 해준다.

전반적으로 챗GPT는 대화를 위한 자연어 텍스트를 생성하도록 특별히 설계된 GPT-3의 특수 버전이다. 대화 데이터에 대해 훈련되었으며 GPT-3보다 작고 효율적인 모델이다.

학습 방법은 언어 모델을 최적화하기 위해 RLHF가 사용되었다.

이 기술은 인간 AI 트레이너를 사용하여 대화를 시뮬레이션하는 동시에 응답을 구성하는 데 도움이 되도록 모델 자체에서 생성된 출력 제안을 활용한다. 또한 강화 학습을 위한 보상 모델을 생성하는 기법을 사용하였다.

이 기술에는 AI 트레이너와 챗봇 간의 대화에서 비교 데이터를 수집하고 이 데이터를 사용하여 다양한 모델 응답의 품질 순위를 매기는 작업이 포함되어 있다.

이 데이터는 PPO[9](Proximal Policy Optimization)를 사용하여 모델을 미세 조정하는 데 사용되었다. 그런 다음 프로세스를 여러 번 반복하여 모델을 개선하였다.

9) PPO: Proximal Policy Optimization 근접 정책 최적화. 안정성 문제를 해결하면서 높은 성능을 발휘하는 강화학습 알고리즘.

GPT-4 출시

2023년 3월 14일, 오픈AI의 공식 웹사이트를 통해 '오픈AI의 가장 진보된 시스템으로 보다 안전하고 유용한 응답을 제공'하는 대규모 언어 모델인 GPT-4를 출시했다. GPT-4는 폭넓은 일반 지식과 문제 해결 능력 덕분에 어려운 문제를 더 정확하게 풀 수 있다.

기존 강점이었던 창의력 부분에서 GPT-4는 노래 작곡, 각본 작성 또는 사용자의 작문 스타일 학습과 같은 창의적이고 기술적인 작문 작업에서 사용자와 함께 생성, 편집 및 반복할 수 있고, 25,000단어 이상의 텍스트를 처리할 수 있어 긴 형식의 콘

10) 멀티 모달의 정의 : 멀티(multi) 모달(=모달리티, modality)은 여러 가지 형태와 의미로 컴퓨터와 대화하는 환경을 뜻한다. 텍스트, 음성, 이미지, 영상 등 서로 다른 형식의 데이터를 자유자재로 이해, 변환할 수 있어 사람처럼 배우고 생각하며 추론할 수 있다. 우리가 보통 사용하는 PC 입력 방법인 전통적인 텍스트 외에 음성, 제스처, 시선, 표정, 생체신호 등 여러 입력 방식을 융합해 인간과 컴퓨터 사이에 자연스러운 의사소통이 가능한 사용자 친화형 기술을 가능케 해주는 것이 멀티 모달이라 정리할 수 있다.
출처:https://www.ahnlab.com/kr/site/securityinfo/secunews/secuNewsView.do?seq=32191

텐츠 생성, 확장된 대화, 문서 검색 및 분석도 가능하다. 그리고 새로운 멀티모달[10]의 일종으로 GPT-4는 이미지를 입력으로 받아들이고 캡션, 분류 및 분석도 생성할 수 있다.

또한 GPT-4는 고급 추론 기능에서 기존의 챗GPT를 능가한다. GPT-4는 허용되지 않는 콘텐츠에 대한 요청에 응답할 가능성이 82% 더 적고 내부 평가에서 GPT-3.5보다 사실에 입각한 응답을 할 가능성이 40% 더 높다고 밝혔다.

GPT-4의 최신 버전은 앞으로 몇 주 안에 챗봇과 같은 소비자 제품에 적용될 수 있는 새로운 발전의 예고편이다. 마이크로소프트의 '빙(Bing)'은 GPT-4를 바로 사용한다. 새로운 모델이 사실적으로 부정확한 대답을 더 적게 생성하고, 금지된 주제에 대해 이야기하는 빈도가 줄였으며, 많은 표준화된 테스트에서 인간보다 더 잘 수행하게 되었다.

오픈AI의 자료에 따르면 미국 변호사시험에서 챗GPT가 하위 10%에 머물렀는데 GPT-4는 상위 10%의 성적을 보여줬고, 생물학 올림피아드 성적의 경우 하위 31%에서 상위 1%로 뛰어올랐다. 더 광범위한 일반상식과 문제 해결 능력을 갖춰 어려운 문제를 보다 정확하게 풀 수 있다는 게 오픈AI 측의 설명이다.

일론 머스크(Elon Musk)는 다음과 같이 말했다.

"원래 GPT에서 GPT-3로의 개선 속도는 인상적이다. 이 개선 속도가 계속된다면 GPT-5 또는 6은 가장 똑똑한 인간과 구별할 수 없을 것입니다."

요약하면, GPT 시리즈는 대규모 데이터셋에서 사전 학습된 언어 모델로, 자연어 처리 작업에서 높은 성능을 보여주고 있다. 그러나 GPT 모델은 모델의 크기가 크고, 계산 리소스를 많이 요구하기 때문에 일부 응용 분야에서는 한계가 있다. 또한, 생성 모델링 기능을 사용할 때는 안정성과 신뢰성에 대한 고민이 필요하다. 이러한 한계를 극복하기 위해, GPT 모델을 보완하고 발전시키는 연구가 계속 진행되고 있다.

챗GPT, 최단 기록으로 사용자 100만 명 달성

(2개월 만에 월간 활성 사용자 수 1억 명 돌파)

최근 오픈AI가 개발한 대화형 인공지능 도구인 챗GPT는 출시와 동시에 엄청난 관심을 받으며 단 5일 만에 사용자 100만 명을 돌파하는 놀라운 성과를 기록했다.

이는 기존 인기 온라인 플랫폼과 서비스들이 걸린 시간과 비교하면 더욱 놀라운 성과로 여겨진다. 예를 들어, 인스타그램(Instagram)[11]은 2.5개월, 스포티파이(Spotify)[12]는 5개월, 드롭박스(Dropbox)[13]는 7개월이 걸렸으며, 넷플릭스(Netflix)는 약 3.5년이 걸렸다.

11) 인스타그램: 사진, 동영상 공유 애플리케이션. 서비스 소개, 가입, 앱 다운로드 제공하는 사이트. www.instagram.com

12) 스포티파이: 음원 스트리밍 서비스. 제목, 앨범, 장르별 검색, 라디오 듣기 정보 제공하는 사이트. www.spotify.com

13) 드롭박스: 웹하드, 클라우드 서비스, 사용방법, 기능, 프로그램 다운로드 안내하는 사이트. www.dropbox.com

ChatGPT Sprints to One Million Users
Time it took for selected online services to reach one million users

	Launched	
Netflix	1999	3.5 years
Kickstarter*	2009	2.5 years
Airbnb**	2008	2.5 years
Twitter	2006	2 years
Foursquare***	2009	13 months
Facebook	2004	10 months
Dropbox	2008	7 months
Spotify	2008	5 months
Instagram***	2010	2.5 months
ChatGPT	2022	5 days

* one million backers ** one million nights booked *** one million downloads
Source: Company announcements via Business Insider/Linkedin

statista

챗GPT는 강력한 자연어 처리 능력을 바탕으로 자연스러운 텍스트를 생성하며, 다양한 애플리케이션에서 활용할 수 있는 인공지능 도구이다. 이 플랫폼은 짧은 이야기, 산문, 음악 작성, 용어 문서, 프로그래밍 코드, 수학 문제 해결, 번역 수행 등 다양한 분야에서 활용되어 왔다. 이러한 놀라운 기능 덕분에 사용자들 사이에서 인기를 끌고 있으며, 심지어는 사무직 직원을 대체할 수 있는 잠재력도 보이고 있다.

이러한 혁신적인 AI 기술의 주요 이점 중 하나는, 고객 서비스 및 챗봇과 같은 다양한 비즈니스에서 자연스러운 응답을 생성하는 능력이다.

이를 통해 기업들은 시간과 리소스를 절약하면서도 고객에게 보다 개인화된 경험을 제공할 수 있다. 또한 이 기술은 자연어 처리, 인공지능 개발 등 여러 연구 분야에서도 활용될 수 있는 가치를 지니고 있다.

챗GPT의 개발 회사인 오픈AI는 최근 마이크로소프트가 추가 투자하였는데, 이는 기술의 가능성과 잠재력에 대한 높은 평가를 받았음을 의미한다. 이로 인해 앞으로 더 다양한 사용 사례와 성장이 기대되고 있으며, 이러한 기술의 발전과 적용은 앞으로도 계속해서 혁신적인 솔루션을 제공할 것이며, 사용자들의 삶에 긍정적인 변화를 가져올 것이다.

챗GPT의 기술적 특징과 동작 원리

챗GPT는 자연어 처리 기술 중 하나로, 오픈AI에서 개발한 대화형 인공지능 모델이다. 기본적으로 대화를 이해하고, 자연스러운 답변을 생성하는 능력을 갖추고 있으며, 다양한 언어로 구현되어 있다.

이 모델은 많은 양의 데이터로 사전 학습되어 있으며, 학습된 내용을 활용하여 새로운 질문에 대한 답변을 생성한다.

챗GPT는 대표적인 언어 모델 중 하나로, 말 그대로 자연어를 모델링하고, 큰 양의 텍스트 데이터를 학습하여 언어의 패턴과 규칙을 이해하고, 이를 통해 자연어를 생성하고 이해할 수 있다. 또한 챗GPT는 특정 주제나 목적이 없이 대화를 이어갈 수 있는 범용적인 모델이며, 대규모 데이터를 학습하여 인간의 언어처리 능력에 가까운 성능을 보이며, 새로운 문장이나 질문에 대해서도 자연스럽게 대응할 수 있다.

챗GPT는 입력된 문장을 토큰화하여 각각의 단어로 쪼갠 후, 이를 순서대로 처리한다. 이때, 이전에 입력된 모든 단어를 고려하여 다음 단어를 예측하며, 이러한 방식을 기반으로 대화를 이어나가고, 맥락을 파악하여 자연스러운 답변을 생성한다.

챗GPT의 핵심은 트랜스포머라는 기술이며, 이는 입력된 문장의 전체적인 의미를 파악하고 이를 기반으로 답변을 생성하는 기술이다. 이를 위해 어텐션 메커니즘(Attention mechanism)을 사용하며, 이전의 언어 모델들과 비교하여 더욱 높은 성능을 보이고 있다.

트랜스포머 모델, 자연어 처리의 혁신

트랜스포머 모델은 인공 신경망의 한 종류로, 문장의 의미를 이해하고 생성하는 데 사용되며 다양한 분야에서 활용되고 있다.

이 모델은 인코더와 디코더로 구성되어 있다. 인코더는 입력된 문장을 벡터 형태로 변환하고, 각 단어들이 벡터로 표현된다. 이렇게 벡터로 표현된 단어들은 서로의 위치에 따라 유사도가 계산되며, 이 유사도는 어텐션 메커니즘으로 계산된다. 이때, 각 단어의 벡터 표현과 유사한 단어들은 유사도가 높게 계산되어 더 중요하게 인식된다.

디코더는 인코더에서 생성된 벡터와 이전까지 생성된 단어들을 이용하여 새로운 단어를 생성한다. 이때 디코더도 인코더와 같이 어텐션 메커니즘을 이용하여 생성된 단어와 유사한 단어를 찾아낸다. 이렇게 유사한 단어들을 찾아내어 다음 단어를 생성하는 것을 반복하여 전체 문장을 생성하게 된다.

트랜스포머 모델은 이전의 인공신경망 모델보다 좀 더 정확하게 문장을 생성할 수 있는데, 이는 어텐션 메커니즘을 이용하여 단어들의 유사도를 계산하고 이를 기반으로 새로운 단어를 생성하기 때문이다.

트랜스포머는 입력 시퀀스와 출력 시퀀스의 길이를 독립적으로 처리하기 위해 고안되었으며 핵심 구성 요소는 '셀프 어텐션 메커니즘'과 '인코더-디코더 아키텍처'이다.

셀프 어텐션 메커니즘은 시퀀스 내의 모든 단어가 서로 어떤 관련이 있는지를 측정하는 기술로, 입력 시퀀스 내 각 단어 벡터는 모든 다른 단어 벡터와 내적 연산을 통해 상호작용을 계산한다. 이렇게 함으로써, 각 단어 벡터는 입력 시퀀스의 모든 다른 단어와 어떤 관련이 있는지를 파악할 수 있게 된다. 이렇게 계산된 관련성은 문장 내에서 단어 간의 의미적 관계를 학습하는 데 도움이 된다.

인코더-디코더 아키텍처는 복잡한 입력 시퀀스를 고차원의 은닉 벡터로 변환하는 인코더와 은닉 벡터를 목표 시퀀스로 변환하는 디코더로 구성되어 있다. 이러한 아키텍처는 문장 번역, 요약, 질문 응답 등 다양한 자연어 처리 작업에 사용된다.

트랜스포머 모델은 이전의 '순환 신경망(RNN)'과 달리 병렬 처리가 가능하다는 큰 장점이 있다. 순환 신경망은 이전 단계의 출력이 다음 단계의 입력으로 사용되기 때문에 시퀀스를 순차적으로 처리해야 하지만, 트랜스포머 모델은 어텐션 메커니즘을 통해 입력 시퀀스 내의 모든 단어를 동시에 처리할 수 있다. 이로 인해 트랜스포머 모델은 더 빠른 학습 속도와 더 높은 정확도를 제공한다.

그러나 트랜스포머 모델의 가장 큰 단점은 모델의 크기와 연산량이 매우 크다는 것이다. 이로 인해 트랜스포머 모델을 학습하고 실행하는 데에는 상당한 컴퓨팅 자원이 필요하다.

최근에는 트랜스포머 모델의 크기와 연산량을 줄이는 연구가 진행되고 있으며, 이를 통해 효율적인 트랜스포머 모델을 개발할 수 있을 것으로 기대된다.

챗GPT 제대로 이용하고 활용하기

챗GPT는 트랜스포머 아키텍처를 기반으로 하며 인간과 유사한 텍스트를 생성하도록 훈련되었고, 자연어 처리(NLP)에 초점을 맞춘 AI 모델이다. 대화형 모델로 사전 교육을 받았기 때문에 더 자연스럽고 유창한 텍스트를 생성할 수 있다.

챗GPT는 2022년 11월 30일 출시했는데, 2022년 2월에 발표된 InstructGPT에서 사용한 것과 RLHF을 사용해 학습했다.

RLHF는 인간의 피드백을 통해 강화학습 모델을 학습하는 기술이다. 강화학습에서는 모델이 어떤 행동을 취했을 때, 그 결과로 받는 보상(reward)을 통해 학습하지만 보상 함수를 직접 결정하는 것은 어려운 일이다.

RLHF는 이러한 문제를 해결하기 위해 인간의 피드백을 이용한다. 즉, 모델이 어떤 행동을 취했을 때, 인간이 그 행동을 얼마나 좋은지 나쁜지 평가하여 피드백을 제공한다. 이 피드백은 모델이 받는 보상과 같은 역할을 하며, 이를 통해 모델은 보상 함수를 직접 결정하지 않고도 학습할 수 있게 되었다.

RLHF는 인간의 능력과 경험을 모델 학습에 활용할 수 있는 매우 유용한 기술이다. 이 기술은 강화학습에서 발생하는 문제를 해결할 수 있는데, 보상 함수의 결정이 어려운 문제를 해결하고, 높은 성능을 발휘하면서도 보상 함수를 직접 결정하지 않아도 된다는 장점이 있다.

다만, 데이터 수집 방법에 있어 기존의 InstructGPT와 차이가 있다.

챗GPT의 언어 모델인 GPT 3.5는 애저 AI 슈퍼컴퓨팅 인프라에서 훈련되었다. 챗GPT는 인간 트레이너의 도움을 받아 지도 학습 방법과 강화 학습 방법을 모두 사용하여 수정되고 개선되었다.

　학습에는 3단계가 포함된다. 먼저 지도학습 기반의 미세 조정(Fine-tuning)을 통해 초기 모델을 학습한다. 이 모델은 인간 AI 훈련자(라벨러, Labeler)가 사용자와 AI 역할을 모두 수행하며 대화 데이터를 제공한다. 인간 AI 훈련자가 질문에 대한 이상적인 답변을 직접 작성한 뒤, 이 답변을 기반으로 챗GPT 모델을 지도 학습시키고 미세 조정한다.

　그 다음 2단계의 강화학습으로 이어진다. 인간 AI 훈련자들은 이전 대화(질문-답변)에서 어떤 답변이 좋은지 나쁜지 순위를 매기고(Ranking the output), 어떤 답변을 선호하는지를 예측하기 위해 앞서 매긴 순위 데이터를 학습하는 보상모델이라는 강화학습을 실행한다.

　마지막 3단계에서는 보상함수를 사용하고 보상을 최대화하기 위해 강화학습의 정책(Policy)을 미세 조정한다. 이때 정책 강화 기술의 일종인 근접 정책 최적화(Proximal Policy Optimization, PPO) 기술을 여러 번 반복적으로 사용한 후 최종 챗GPT 모델을 얻게 된다.

　이를(정책 강화 모델을 통해 리워드 모델 정책 최적화) 쉽게 설명하면, 먼저 리워드 모델이란 어떤 상황에서 보상을 주는지를 결정하는 모델이다.

　예를 들어 게임을 하면서, 우리는 보상을 받게 되는데, 이 보상은 게임에서 이길 때마다 받을 수 있고, 패배할 때는 받을 수 없다. 이런 보상을 바탕으로 게임에서 이길 확률이 높은 선택을 하게 된다.

하지만 처음에는 어떤 선택이 좋은지 모른다. 그래서 정책 강화 모델이 이전의 경험을 바탕으로 이길 확률이 높은 선택을 하도록 가르쳐준다.

이렇게 모델이 학습을 하면서 선택이 점점 더 뛰어나게 되어, 최종적으로 게임에서 이길 확률이 높은 선택을 하게 된다.

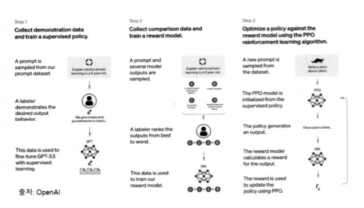

출처: OpenAI

이렇게 정책 강화 모델을 사용하면, 보상을 최대화하는 선택을 하게 되므로 게임에서 높은 점수를 얻을 수 있게 된다.

챗GPT의 사용자 질문에 최적의 답변을 찾아가는 행동을 선택하는 것도 같은 원리이다.

근접 정책 최적화 기술에 대해 좀 더 자세히 알아보자.
(이 부분까지 하면 너무 어려워져 관심 있는 분들만 읽어보세요)

PPO(Proximal Policy Optimization)는 딥러닝 기반 강화학습에서 널리 사용되는 알고리즘이다. 오픈AI에서 2017년에 발표했으며, TRPOT(rust Region Policy Optimization)의 단점을 보완한 것이다. PPO는 학습이 더 안정적이고, 학습 속도도 빠르다.

PPO는 정책 함수를 최적화하는 알고리즘으로, 에이전트가 상태에 따라 어떤 행동을 취할지 결정한다. 이 알고리즘의 핵심은 클리핑 기법을 통해 이전 정책과 새로운 정책 간의 거리를 제한해 안정적인 학습을 가능하게 하는 것이다. 또한 작은 배치를 사용해 여러 번 학습을 반복해 데이터 효율성을 개선한다.

PPO의 핵심 원리는 정책 함수를 최적화해 에이전트가 더 나은 행동을 취하도록 학습하는 것이다. PPO 학습은 샘플링 단계와 최적화 단계로 이루어진다.

샘플링 단계에서는 정책 함수를 사용해 시뮬레이션을 수행하고, 상태, 행동, 보상 데이터를 수집한다. PPO는 이 데이터를 이용해 정책 함수를 업데이트하며, 클리핑 기법을 사용해 기존 정책과 업데이트된 정책 중 더 좋은 것을 선택한다.

최적화 단계에서는 샘플링 단계에서 수집된 데이터를 이용해 정책 함수를 최적화한다. 작은 배치를 사용해 최적화를 수행해 데이터 효율성을 개선하고, 안정적인 학습을 가능하게 한다. PPO는 적응적인 학습률을 사용해 학습 속도를 개선하고, 안정적인 학습을 가능하게 한다.

위와 같이 학습한 챗GPT는 텍스트를 생성하기 위해 사전 훈련된 트랜스포머 신경망 아키텍처를 사용하여 작동한다.

이 모델은 커먼 크롤 데이터 세트라고 하는 대규모 텍스트 데이터 세트에 대해 훈련되어 인간이 작성한 텍스트의 패턴과 구조를 학습한다. 이전 단어가 주어진 문장에서 다음 단어를 예측하기 위해 만들어지는 것이다.

이 모델은 입력 텍스트를 받아들이는 인코더와 출력 텍스트를 생성하는 디코더를 포함하는데, 인코더는 입력 텍스트를 고

정 길이 벡터 표현으로 변환하여 입력 텍스트의 의미를 캡처하고, 디코더는 이 벡터 표현을 사용하여 출력 텍스트를 한 번에 하나씩 생성한다.

생성 프로세스 중에 모델은 예측을 할 때 입력의 다른 부분에 가중치를 부여할수 있는 어텐션 메커니즘을 사용한다. 이를 통해 보다 일관성 있고 상황에 맞는 텍스트를 생성할 수 있다.

모델이 특정 작업에 대해 미세 조정되면 작업에 특정한 더 작은 데이터 세트에 대해 추가로 훈련된다.

예를 들어, 작업이 언어 번역인 경우 모델은 한 언어의 텍스트와 다른 언어의 번역 데이터 세트에서 미세 조정된다. 이 미세 조정 프로세스를 통해 모델은 작업별 패턴과 구조를 학습할 수 있으며, 이는 특정 작업에 대한 성능을 향상시킨다.

그러나 사용자 입력을 이해하고 응답하는 모델의 능력은 훈련된 데이터와 해당 데이터에서 일반화하는 능력에 의해 제한된다는 점에 유의해야 한다. 사용자 입력이 모델이 본 데이터와 너무 다를 경우 관련되거나 정확한 응답을 생성하지 못할 수 있다.

이런 챗GPT의 가장 많이 사용하는 사례로 챗봇 및 가상 비서, 언어 번역, 텍스트 요약, 콘텐츠 생성, 코드 디버깅 등이 있다.

그렇지만, 챗GPT의 한계도 분명 존재한다. 오답과 편향된 답변도 계속 지적되고 있으며, 2021년까지의 데이터 학습이라는 치명적인 약점도 있다.

챗GPT가 2022년 11월에 나왔으니 챗GPT 자신의 존재도 잘 모르고 있는 셈이다. 또한 부적절한 요청을 거부하기 위해 모델이 수정되었음에도 불구하고, 간단한 트릭으로 챗GPT에서 목표 답변을 얻는 것은 여전히 가능하다. 무료로 사용하는 챗GPT의 네트워크도 이제는 너무 느려졌고, 한국어 질문에 대해서는 더 느려졌다.

질문이 더 중요해진 챗GPT의 세상

적합한 답변을 얻기 위해서는 잘 물어야 한다. 이는 우리가 학교를 다닐 때 옆에서 직접 느꼈던 상황이다. 질문을 잘하면 선생님들도 보통 답변도 자세하고 제대로 해 주셨다.

이는 챗GPT에게도 그대로 적용된다. 그냥 막연하고 간단하게 질문하면 엉뚱한 답변으로 돌아오기 일쑤이다. 인터넷이 처음 나올 때와 구글 검색이 시작되었을 때 누가 누가 검색을 잘하여 정확한 답을 가장 빨리 찾아내는지 대회도 열리기도 하였다.

지금 챗GPT도 동일한 열풍이 풀고 있다. 아마도 자격증을 부여하는 기관도 생기고, 질문하는 경진대회도 열릴 듯 싶다.

이제 생성형 AI와 챗GPT에 대항하여 싸울 수 없다면 우리는 제대로 활용해야 할 것이다. 질문자가 전문가라면 질문의 내용도 달라질 것이고, 답변도 훨씬 더 전문적으로 나올 것이다. 비슷한 질문도 전혀 다르게 답변하는 경우도 있다. 오히려 직접적인 질문보다 간접적으로 우회하는 질문이 정곡을 찌르기도 한다.

이제는 질문하는 것 자체가 하나의 기능이나 기술이 된 세상에 살고 있다. 멀티모달 챗GPT가 도입된다면 발음도 더 정확하게 하고 가지고 있는 사진의 선명도도 훨씬 더 높다면 답변도 이에 맞춰 더 정확도가 높아질 것이다.

현재 인터넷에서는 질문을 잘하는 프롬프트와 전문 분야의 질문 프롬프트가 거래되고 있다. 또한 챗GPT에게 많은 칭찬을 하거나 높임말을 사용하여 대화하면 더 정확하고 친절한 답변이 나온다고들 한다.

챗GPT 회원가입하고 로그인하여 사용하기
노트북, 또는 PC에서의 회원가입 및 로그인 절차

오픈AI 웹사이트에 접속한다. (https://오픈AI.com/)

우측 상단의 'Sign In'을 클릭한다.

'Sign up' 버튼을 클릭하여 회원가입 페이지로 이동한다.

필요한 정보를 입력하고, 'Create Account'를 클릭한다.

입력한 이메일로 인증 메일이 발송되고, 인증 메일 안내에 따라 이메일 인증을 완료한다.

이제 회원가입이 완료되었으며, 오픈AI 웹사이트의 다양한 서비스를 이용할 수 있다. 로그인은 회원가입을 완료한 후에는 간단하다.

오픈AI 웹사이트에 접속한다. (https://오픈AI.com/)

우측 상단의 'Sign In'을 클릭한다.

이메일 주소와 비밀번호를 입력하고, 'Log In' 버튼을 클릭한다.

로그인이 완료되면 오픈AI 웹사이트의 다양한 서비스를 이용할 수 있다.

스마트폰에서의 회원가입 및 로그인 절차

오픈AI 웹사이트에서는 스마트폰으로 접속해도 회원가입 및 로그인이 가능하다. 따라서 노트북에서의 절차와 크게 다르지 않다. 회원가입 및 로그인 절차는 다음과 같다.

오픈AI 웹사이트에 접속한다. (https://오픈AI.com/)
우측 상단의 'Sign In'을 클릭한다.
'Sign up' 버튼을 클릭하여 회원가입 페이지로 이동한다.
필요한 정보를 입력하고, 'Create Account'를 클릭한다.
입력한 이메일로 인증 메일이 발송되고, 인증 메일 안내에 따라 이메일 인증을 완료한다.

이제 회원가입이 완료되었으며, 오픈AI 웹사이트의 다양한 서비스를 이용할 수 있다. 로그인은 PC의 경우와 같다

그리고 현재 서비스가 되고 있는 챗GPT Plus(GPT-4)를 사용하려면 다음과 같다:

오픈AI 가입하기: 먼저 오픈AI 웹사이트(https://www.오픈AI.com/)에 방문하여 계정을 생성하고 로그인한다.
챗GPT Plus 구독: 오픈AI의 챗GPT Plus 구독 페이지를 찾아 구독을 시작한다. 구독 요금을 지불하면 더 빠른 응답 속도, 우

선적인 대기열 액세스 등의 혜택을 받을 수 있다.

챗GPT API를 받아 분석 등에 활용하고자 한다면 다음과 같
은 절차를 따르면 된다.

오픈AI의 API 요청 페이지(https://beta.오픈AI.com/signup/)에서
API 요청을 합니다.

API 요청 후에는 오픈AI에서 요청한 정보를 검토한 후 API
키를 발급합니다.

발급받은 API 키를 사용하여 API 호출 코드를 작성합니다.

API 호출 코드를 통해 챗GPT 모델에 요청하고, 결과를 받
아옵니다.

받아온 결과를 다른 서비스에서 활용합니다.

오픈AI에서는 다양한 프로그래밍 언어를 지원하고 있으며,

다양한 API 호출 방식을 제공하고 있다. 따라서 해당 언어 및 API 호출 방식에 맞게 API 호출 코드를 작성하여야 한다. 또한, API 호출 시 인증 과정이 필요하므로, 발급받은 API 키를 API 호출 코드에 반드시 포함시켜야 한다.

챗GPT ADK는 다양한 개발자들이 챗GPT 모델을 쉽게 사용할 수 있도록 개발된 소프트웨어 개발 키트이다. 이를 사용하면 더 쉽게 챗GPT 모델을 적용하여 다양한 응용 프로그램을 만들 수 있다.

일반적으로 챗GPT ADK를 사용하려면 다음과 같은 단계를 거친다.

챗GPT ADK를 다운로드하고 설치합니다.
챗GPT API에 연결하는 인증 정보를 생성합니다.
챗GPT ADK를 사용하여 챗GPT API에 액세스하여 필요한 데이터를 가져옵니다.
가져온 데이터를 사용하여 응용 프로그램을 개발합니다.

세부적인 단계는 사용하는 챗GPT ADK에 따라 달라질 수 있으므로, 해당 ADK의 공식 문서를 참조하는 것이 가장 좋다.

대부분의 ADK는 다양한 언어를 지원하며, 사용자의 프로그래밍 언어, 운영 체제 및 플랫폼에 따라 선택할 수 있다.

챗GPT 및 GPT-4의 프롬프트를 잘 사용하는 방법

인공지능(AI) 기술의 발전과 함께 프롬프트를 효과적으로 작성하는 것이 AI 봇의 성능을 극대화하는데 중요한 역할을 하게 되었다.

이 글에서는 Copy.ai의 프롬프트 엔지니어인 애나 버른스타인(Anna Bernstein)의 전문가 조언을 바탕으로 챗GPT와 GPT-4를 효과적으로 활용하기 위한 프롬프트 작성법에 대해 설명하겠다.

유의어 사전을 활용하자. 먼저, 프롬프트 작성 시 유의어 사전을 활용하는 것이 좋다. 프롬프트를 작성하는 과정에서 어려움이 발생할 경우 포기하지 않고 유의어 사전을 사용하여 프롬프트의 효과를 높일 수 있는 다른 단어나 표현을 찾아보는 게 좋다. 다양한 동의어를 실험해보면 더 정확하고 고품질의 결과물을 얻을 수 있다.

동사에 집중해야 한다. 동사는 프롬프트의 핵심 요소로서, AI가 특정 작업을 수행하도록 지시한다. 프롬프트를 작성할 때 목적과 원하는 결과를 명확하게 표현하는 동사를 사용하는 것이 중요하다.

예를 들어, '다시 쓰기' 또는 '요약하기'와 같은 동사는 비슷해 보이지만 다른 결과를 얻을 수 있다. 목적을 정확하게 전달하는 동사를 신중하게 선택하면 AI가 원하는 출력을 생성할 확률이 높아진다.

의도 인식 기능을 활용하는 게 좋다. 챗GPT와 같은 AI 모델은 프롬프트의 의도를 잘 이해하는데 능숙하다. 따라서 처음부터 의도를 명확하게 소개하여야 정확하고 고품질의 결과를 얻을 확률을 높일 수 있다. 또한, 다양한 표현, 시제, 접근법을 시도하여 프롬프트의 효과를 높일 수 있다.

예를 들어, '오늘은 XYZ를 작성해 봅시다.' 또는 'XYZ 작성을 시도해 보고 싶으니 도움을 주세요.'와 같은 문장으로 시작하면 챗GPT에 작업의 목적을 더 잘 이해시킬 수 있다. 프롬프트의 의도를 명확하게 전달하는 다양한 방법을 시도하면 최적의 결과를 얻는 데 도움이 된다.

이제 전문 블로거인 러셀 키드슨(Russel Kidson)의 명확하고 간결한 프롬프트 작성법에 대해 알아보겠다.

AI가 정확하고 고품질의 출력물을 생성하는 데 있어 **프롬프트의 명료성과 구체성이 결정적**이다. 따라서 프롬프트 작성 시 단순하고 직접적인 언어를 사용하여 AI가 쉽게 이해할 수 있는 명확한 지시를 제공하는 것이 중요하다. 모호하거나 너무 광범위한 프롬프트는 피하고, AI가 정확하게 요구 사항을 이해하고 원하는 출력물을 생성할 수 있도록 해야 한다.

또한, 프롬프트에 **맥락과 예시를 제공하는 것이 효과적**이다.

맥락은 AI가 작업 범위를 이해하고 관련성 있는 정확한 결과물을 생성하는 데 도움이 된다. 맥락을 제공함으로써 AI가 목표에 부합하는 결과물을 생성하는 데 도움이 된다.

예를 들어, '새로운 제품 출시에 관한 블로그 글을 작성하라'는 프롬프트는 너무 광범위할 수 있으며, AI가 원하는 결과물을 이해하는 데 충분한 맥락을 제공하지 않은 것일 수 있다. 그러나 '환경 친화적인 청소 제품 출시에 관한 블로그 글을 작성하고 독특한 기능과 이점을 강조하라'는 프롬프트는 좀 더 구체적인 맥락을 제공하여 주었기 때문에 AI가 정확하고 관련 있는 출력물을 생성할 수 있도록 도와준다.

마지막으로, **프롬프트를 테스트하고 수정하고 또 수정해 보는 것**이 좋다. 프롬프트를 철저히 테스트하고 필요에 따라 조정함으로써 AI가 정확하고 고품질의 출력물을 생성할 수 있도록 해야 한다.

이전 프롬프트의 결과를 분석하면 향후 프롬프트 작성에 도움이 되는 패턴과 추세를 파악할 수 있다. 프롬프트를 지속적으로 테스트하고 수정함으로써 작업 중인 AI 도구의 성능을 개선할 수 있다.

결국 AI가 더 잘 대답하려면 구체적이고 명료한 질문이 필요하다는 말인데 이것은 요구하는 '질문의 전문가'가 필요하다는 말과 같다.

좋은 질문을 하려면 결국 많이 알고 있어야 하고 많은 지식이 필요하다. 관심 분야에서 다양하고 깊이 있는 독서가 필요한 이유다.

제2장
TRANSFORMER

Time of Generative AI : 초거대 생성 AI의 시간 도래

Revival of Semiconductor : 고사양 반도체, 데이터센터 수요 증대

AI for Expert : B2B 전문가 GPT 등장

New War of Search Engine : 검색엔진 세계의 혈투 시작

Shrink in Human Thinking Skills : 인간 사고력 약화 및 일자리 축소

Forceful changes in Public Services : 공공서비스의 급격한 변화

Overwhelming Innovation of Big Tech Giants : 빅테크 기업의 생존기

Realization of Android Robot : 로봇과의 결합으로 안드로이드 현실화

Many Lawsuits against IP rights : 지적재산권, 개인정보 등 법적 논란 증대

Era of Cerebral Valley : 세레브럴 밸리의 시대, 신 비즈니스모델

Rebirth of the Device : 디바이스의 재탄생

Revival of Semiconductor

(반도체, 데이터센터 수요 증대)

구글 TPU vs 엔비디아 GPU

(AI 검색엔진 전쟁의 새로운 무대)

마이크로소프트와 구글이 챗GPT와 바드를 통해 차세대 검색엔진을 개발하면서, AI 컴퓨팅 하드웨어 전쟁이 시작되었다.

최근 AI 기반 검색엔진 경쟁이 치열해지고 있는 가운데, 마이크로소프트와 구글은 각각 엔비디아의 GPU와 구글의 자체 TPU를 사용하여 차세대 검색엔진을 개발하고 있다. 이 두 하드웨어의 성능, 가격, 영업 전략 등 다방면에서 비교하고 분석해 보자.

구글 TPU(Tensor Processing Unit)는 구글이 직접 개발한 AI 전용 칩으로 바둑 챔피언 이세돌을 이긴 알파고와 대형 언어 모델 람다에서 사용되었고, 대화형 AI 검색을 위해 경량 버전인 바드 모델에도 사용되고 있다. TPU의 장점은 빠른 응답 속도, 높은 에너지 효율과 클라우드 서비스 최적화에 있다. 주로 클라우드 서비스를 통해 사용자에게 TPU를 제공하고 있다.

반면, **챗GPT에 사용되는 엔비디아 GPU**(Graphics Processing Unit)는 그래픽 처리를 위해 설계된 칩이지만, AI 분야에서도 높은 성능을 발휘하고 있다. 마이크로소프트의 빙(Bing)은 애저 AI 슈퍼컴퓨터에서 구동되고 있으며, GPU의 장점으로는 병렬 처리 능력, 다양한 분야에서 사용 가능한 점이며, 영업 전략은 주로 마이크로소프트-엔비디아 등 협력 관계에서 진행되며 AI 슈퍼컴퓨터 구축에 이용된다.

즉, TPU는 AI 전용 칩으로서 빠른 응답 속도와 높은 에너지 효율을 가지고 있고, GPU는 다양한 분야에서 사용 가능한 병렬 처리 능력을 갖추고 있다. 어떤 작업이 더 중요한지에 따라 선택 기준이 달라질 수 있다.

가격 면에서는 구글 TPU는 클라우드 서비스를 통해 사용자에게 제공되기 때문에, 사용자들은 구매 대신 구글 클라우드 서비스를 통해 필요한 만큼의 TPU를 대여하여 사용할 수 있다. 반면, 엔비디아 GPU는 AI 슈퍼컴퓨터와 같은 대규모 인프라를 구축하는 데 많은 비용이 들 수 있다.

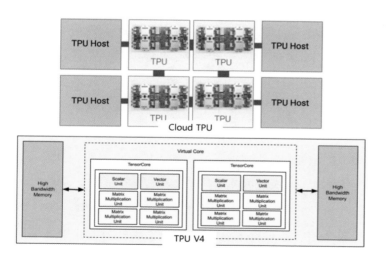

결론적으로 구글 TPU와 엔비디아 GPU 모두 AI 검색엔진 개

발에서 각각의 장점을 가지고 있다. 구글 TPU는 AI 전용 칩으로 빠른 응답 속도와 높은 에너지 효율을 가지며, 클라우드 서비스를 통해 사용자들에게 제공된다. 반면, 엔비디아 GPU는 다양한 분야에서 활용 가능한 병렬 처리 능력을 갖추고 있으며, AI 슈퍼컴퓨터 구축을 통해 높은 성능을 발휘한다.

AI 검색엔진의 발전과 함께 AI 컴퓨팅 하드웨어 전쟁도 치열해지고 있으며, 구글과 마이크로소프트가 각각의 하드웨어를 활용하여 어떤 혁신을 이룰지 지켜보자. 기술이 빠르게 발전하는 시대에 어떤 하드웨어가 승리할지 예측하기는 어렵지만, 사용자와 업계에게 가장 적합한 솔루션을 제공하는 회사가 경쟁에서 이길 가능성이 높다.

반도체 시장에 대한 새로운 전망

반도체 시장 전망은 다양한 요인에 의해 결정되며, 반도체 산업의 기술적 발전과 수요 변화, 경쟁 업체들의 움직임 등이 주요한 영향 요인이다. 따라서, 챗GPT 등장만으로 삼성전자, 하이닉스, TSMC의 반도체 수요가 모두 급증하리라 판단할 수 없다. 다만 챗GPT의 높은 대중적인 인기와 챗GPT에 대응하고자 하는 업체들의 긴박한 움직임으로 반도체 전체 시장의 수요는 증가하리라 판단한다.

다만 반도체 시장에 미치는 영향을 평가하기 위해서는 반도체 시장 전반의 현황을 파악하고, 산업 내의 기술적 발전 및 경제적 동향 등을 종합적으로 고려해야 하며, 각 반도체 기업들에 대한 전망은 AI 반도체의 취급 비중, 기술 개발 발전 정도에 따라 달리 분석해 봐야 한다.

　AI 반도체는 인공지능 처리에 최적화된 하드웨어를 말한다. 이는 일반적인 CPU와 GPU와는 다른 설계 및 용도를 가지고 있다.

　기존 CPU와 GPU는 대부분 범용성을 갖추기 위해 설계되었으며, 복잡한 계산을 수행할 수 있지만, 인공지능처리와 같이 많은 양의 데이터를 실시간으로 처리하는 것은 효율적이지 않다. 이에 따라 GPU는 병렬처리 구조를 적용하여 일정 수준의 인공지능 처리를 수행하도록 설계되었지만, 대규모 병렬 처리를 위한 구조를 사용하고 있어, 일부 데이터가 빠르게 처리되지 않을 수 있다.

　반면, AI 반도체는 기존의 CPU 및 GPU보다 더 특화된 구조를 가지고 있다. AI 처리에 최적화된 디자인으로, 다양한 인공지능 알고리즘을 실시간으로 처리할 수 있다.

　딥러닝의 경우, 대량의 데이터를 처리하고, 모델의 레이어 수가 많아짐에 따라 전용 AI 반도체가 필요한 경우가 많다.

　AI 반도체의 가장 큰 특징은 고도로 병렬화된 구조로 되어 있어 대규모의 행렬 연산을 실시간으로 처리할 수 있다. 이는 딥러닝 분야에서 필요한 행렬 연산을 빠르게 처리하는 데에 최적화되어 있다.

　AI 반도체는 이전에 CPU 또는 GPU에서 처리되던 병렬 연산을 하나의 칩 안에서 처리하기 때문에, 더 빠르고 효율적인 처리를 가능하게 한다.

또한, 기존 CPU, GPU와 같은 반도체는 메모리와 처리 부분이 서로 분리되어 있는데 반해, AI 반도체는 CPU, GPU, 메모리 등 모든 요소가 한 곳에 통합되어 있다. 이렇게 설계된 AI 반도체는 대규모 병렬 처리를 필요로 하는 복잡한 딥러닝 모델을 빠르게 처리한다. 하지만, AI 반도체는 복잡하고 고가의 제품으로, 제작과 설계에 많은 비용이 들어가기 때문에, 대규모 데이터센터 등에서 주로 사용된다.

챗GPT 모델이 발전할수록 AI 반도체의 수요는 높아질 것으로 예상된다. 이는 챗GPT 모델이 커지고 더 복잡한 작업을 수행할 때 더 많은 연산 능력이 필요하기 때문이다. 이에 따라 GPU와 같은 일반적인 컴퓨팅 장치로는 챗GPT 모델을 효율적으로 실행시키기 어려울 수 있으며, AI 반도체와 같은 전용 하드웨어가 필요해진다.

그러나 AI 반도체가 급성장을 하겠지만, 전체 반도체 시장에서 차지하는 비중은 그렇게 크지 않아 이것만 가지고 전체 반도체 시장을 전망할 수는 없다. 전체 반도체 시장 규모는 약 4,500억 달러로 추산되는 가운데, AI 반도체 시장 규모는 2020년에는 약 54억 달러 수준으로 예측된다. 이는 전체 반도체 시장의 약 1.2% 정도에 해당한다.

하지만 AI 기술의 적용 분야가 늘어남에 따라 AI 반도체 시장 규모도 지속적인 성장이 예상되고 있다. 예컨대, 자율주행차, 음성인식, 이미지 분석 등 AI 산업의 급성장이 이어지면서 AI 반도체 시장 규모는 2025년까지 연평균 40% 이상 성장할 것으로 예측된다.

이제 각 기업들이 AI 반도체 전략을 간단히 알아 보겠다.

엔비디아는 AI 반도체 분야의 선두주자로, 그래픽 처리 유닛(GPU)의 성능을 이용한 인공지능 및 딥러닝 연산에 큰 역할을 하고 있다.

엔비디아의 GPU는 병렬 처리 능력이 뛰어나, 다양한 AI 연산을 효율적으로 처리할 수 있다. 이러한 성능 덕분에 엔비디아의 GPU는 클라우드 서버, 데이터센터, 자율주행 자동차 등 다양한 분야에서 활용되고 있다. 최근에는 A100과 H100 GPU를 출시하여 AI 연산 성능을 한층 더 높였다.

테슬라는 자동차 제조사로서, 차량 내부에서 자율주행 등의 기능을 수행하기 위한 AI 기술을 사용하고 있다. 자체적으로 AI 반도체를 개발하여 사용하고 있는데, 그중에는 FSD(Full Self-Driving) Chip이 있다. 이 칩은 테슬라 차량의 컴퓨터 시스템에 탑재되어 있으며, 자율주행에 필요한 데이터를 처리하고 인공지능 알고리즘을 실행한다. 또한 테슬라는 도조(Dojo)라는 AI 학습용 컴퓨팅 시스템을 발표하였다.

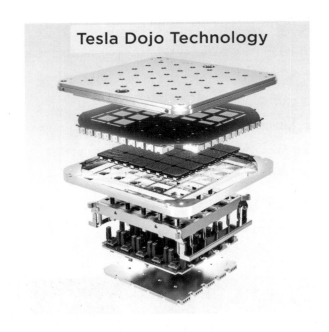

Tesla Dojo Technology

 구글은 AI 반도체 기술 분야에서 TPU(Tensor Processing Unit)라는 고유한 칩을 개발하였다. TPU는 기존의 CPU와 GPU와는 다른 형태로 구성되어 있으며, 딥러닝 모델의 연산에 특화되어 있다. 구글의 클라우드 서비스에서도 TPU를 활용하여 사용자들이 딥러닝 모델을 더욱 빠르고 효율적으로 실행할 수 있도록 지원하고 있다.

 마이크로소프트는 AI 분야에서 제품과 서비스를 제공하고 있으며, 이를 위해 AI 반도체 기술도 개발하고 있다. 마이크로소프트의 AI 반도체 기술 중 가장 유명한 것은 프로젝트 브레인즈이다. 이 기술은 FPGA(Field Programmable Gate Array)를 이용한 하드웨어 가속기를 구현하여 딥러닝 연산을 가속화하는 방식으로 동작한다. 마이크로소프트는 프로젝트 브레인즈를 Azure Machine Learning 서비스에 적용하여 클라우드 기반의 AI 서비스를 제공하고 있다.

애플은 AI 반도체를 개발하여 사용하고 있으며, 이를 'Apple Neural Engine'이라고 부른다. 이 기술은 애플의 모바일 기기와 컴퓨터에 탑재되어 있는데, 이를 통해 기기에서 인공지능 작업을 처리하는 데 도움이 된다. 애플의 AI 반도체 기술은 이미지 처리, 음성 인식, 언어 모델 등 다양한 AI 작업을 수행하는 데 활용되고 있다. 최근에는 M1 칩을 개발하여 맥북, 아이맥, 맥미니 등 애플의 다양한 제품에 적용하고 있다. M1 칩은 ARM 기반의 고효율 프로세서로서, 애플이 고성능을 유지하면서 전력 소모를 줄이기 위해 개발한 기술이다.

TSMC는 세계에서 가장 큰 파운드리 기업이며, 다양한 분야에서 AI 기술을 탑재한 반도체 제품을 제공하고 있다. TSMC

의 AI 반도체 기술은 모바일, 자동차, 클라우드, 로봇, 보안 등 다양한 산업에서 활용되고 있으며, 고성능, 저전력, 소형화, 고밀도, 높은 신뢰성 등의 특징을 가지고 있다. TSMC는 최신 반도체 제조 공정 기술을 사용하여 AI 반도체를 생산하고 있다. TSMC의 고급 노드 기술은 3nm, 5nm, 7nm 등으로 구성되어 있으며, 이러한 고급 노드 기술을 사용하여 AI 반도체를 생산하고 있다. 또한 TSMC는 AI 반도체를 위한 최신 기술인 HBM2E, 2.5D IC 등도 사용하고 있다. 이를 통해 TSMC는 AI 반도체 시장에서 강력한 경쟁력을 유지하고 있다.

인텔은 딥러닝용 가속기로 인텔 Movidius와 인텔 Nervana를 개발하였다. 인텔 Movidius는 작은 크기의 비용 효율적인 딥러닝 가속기이며, 인텔 Nervana는 클라우드 기반의 딥러닝 가속기이다.

삼성전자는 AI 반도체 분야에서 많은 연구와 투자를 진행하고 있다. 현재까지 삼성전자는 인공지능을 위한 다양한 칩셋을 출시해왔으며, 최근에는 7나노 공정 기반의 뉴럴 프로세서 NPU(Neural Processing Unit)를 개발하고 있다. 이 NPU는 삼성전자의 차세대 스마트폰 SoC인 Exynos 9820에 탑재되어 출시되었다. 이 외에도 삼성전자는 차세대 AI 반도체 공정 기술 개발에 집중하고 있다.

또한, 삼성전자는 'AI 코어 프로젝트'도 진행하고 있다. 이 프로젝트는 2020년 말부터 시작되어 5년 동안 총 1조원의 예산이 투입될 예정이며, 이를 통해 인공지능을 위한 새로운 하드웨어 및 소프트웨어 기술을 개발하고 상용화할 계획이다. 이러한 노력을 통해 삼성전자는 AI 반도체 시장에서 경쟁력을 강화하고 있다.

그리고 삼성전자는 자사의 인공지능 플랫폼 '빅스비'를 개발하고 있다. 이를 위해 삼성전자는 자사의 모바일 디바이스와 TV, 냉장고 등 다양한 가전제품에 빅스비를 탑재하여 인공지능 기능을 제공하고 있으며, 빅스비를 이용한 새로운 AI 서비스를 지속적으로 출시하고 있다. 이를 통해 삼성전자는 사용자들에게 다양한 AI 기반 서비스를 제공함으로써 AI 반도체 시장에 더 큰 영향력을 행사하고 있다.

SK 하이닉스는 현재 DRAM 및 NAND 플래시 메모리를 전문으로 하는 기업이다. 하지만 최근 AI 분야에 대한 관심이 높아져, AI 반도체 분야에도 진출하고 있다. 하이닉스는 AI 분야에서 필요한 연산량을 처리하기 위한 고성능 컴퓨팅 기술과 고밀도 저장 기술, 그리고 데이터 처리 기술을 갖추고 있다. 이를 바탕으로 AI 분야에서 다양한 솔루션과 서비스를 제공하고 있으며, 하이닉스는 현재 AI 반도체 분야에서 큰 성장 가능성을 지닌 기업 중 하나로 평가받고 있다.

HBM(High Bandwidth Memory)[14]은 2013년 SK 하이닉스와 AMD가 협력하여 처음 개발했으며, 그 후 삼성전자와 마이크론 등 다른 반도체 기업들도 HBM을 개발하고 있다. 하지만 SK 하이닉스의 HBM은 더욱 개선된 2세대 및 3세대 제품을 출시하며, 특히 3세대 HBM은 초고속 처리와 저전력화에 큰 기여를 하고 있다.

또한 HBM은 대용량, 고성능 메모리를 필요로 하는 분야에

14) HBM(고대역폭 매모리): High Bandwidth Memory의 약자. 고성능컴퓨터 시스템에서 사용하는 고성능 메모리 기술.

서 사용된다. 예를 들어, 고성능 그래픽 카드, 인공지능 및 딥러닝 분야의 가속기, 네트워크 장비, 데이터센터 등에서 사용된다. 이러한 분야에서는 대량의 데이터를 빠르게 처리해야 하므로, 고밀도, 고대역폭, 저전력 및 고신뢰성이 필요한 HBM이 많이 사용된다.

챗GPT 열풍으로 개당 1,300만원짜리 AI 반도체

캘리포니아주 산타 클라라에 본사가 있는 엔비디아는 AI에 최적화된 'A100'이라는 반도체를 생산한다. 이 반도체의 가격이 2023년 2월, 개당 1만 달러, 우리나라 돈으로 약 1,300만원을 호가하고 있다. 최근 불어 닥친 챗GPT의 열풍 덕분일 것이다. 챗봇 경쟁을 벌이고 있는 마이크로소프트(MS)와 구글 등이 A100를 확보하기 위해 혈안이 되면서 가격이 급등하였다.

원래 A100은 게임에서 정교한 3D 그래픽을 구현하는데 사용되던 반도체였지만 이제는 AI 모델 구현에 더 요긴하게 활용되고 있다.

AI를 구현하려면 보통 수백 개의 그래픽처리장치(GPU)가 필요하고, 반도체도 테라바이트급의 용량을 처리할 수 있어야 하는데, 이를 가장 효과적으로 처리하는 반도체가 바로 A100이다. 이런 A100을 더 많이 확보하는 데 회사의 사활을 걸고 있는 셈이다. 고성능 AI 반도체의 유무가 현재의 반도체 회사의 이익과 주가를 대변한다고 보면 될 것이다.

엔비디아의 최고경영자도 최근 '회사의 미래가 AI 챗GPT에 달렸다.'라고 했으며, 2023년 2월 한 기자회견에서 "챗GPT가 아이폰 등과 같이 IT업계의 '게임 체인저'가 될 것"이라고 말했다.

또한 그는 특히 오픈AI의 챗GPT, 마이크로소프트(MS)의 빙, 구글의 바드와 같은 챗봇이 향후 IT업계를 지배할 것이라고 전망했다.

이에 따라 AI에 보다 적합하고 강력한 칩의 수요가 급증할 것이라고 내다봤다.

엔비디아의 실적 턴어라운드

마이크로소프트(Microsoft), 알파벳(Alphabet)[15], 페이스북(Facebook), 바이두(Baidu)[16] 등 대형 기술 기업들이 대규모 투자를 진행하고 있는 콘텐츠 생성 AI 도구(챗GPT 포함)에 대한 인기 상승으로 인해 엔비디아는 현재 AI 분야에서 주도적인 지위에 있어 이러한 분위기의 이점을 대부분 가져갈 것으로 보인다.

2023년 2월, 엔비디아의 CEO인 Jensen Huang은 인공지능 기술의 성장세에 따라 고성능 칩에 대한 수요가 급증하고 있다는 점에서 칩 제조사업이 더 나아질 것이라고 밝혔다. 그는 "AI 기술은 산업 전반으로 걸쳐 널리 사용될 만큼 발전하였다"며 AI 기술의 다양성과 가능성에 대한 관심이 가속화되고 있다고 지적했다.

게임 산업의 침체가 종료되어 새로운 세대의 칩으로 업그레이드를 열심히 하는 게이머들도 있다고 덧붙였다. 2022년 4분기 예상보다 높은 실적을 발표하였으며, 데이터센터 부문 매출은 11% 증가한 36.2억 달러를 기록하였다.

이에 따라 엔비디아의 주가는 2022년 4분기 실적 발표 후 상

15) 알파벳(Alphabet): 구글의 지주회사. 구글은 검색엔진으로 대 히트를 치고 기업의 규모가 커지게 되면서 커진 기업의 정체성을 위해 '알파벳'이라는 지주회사를 만들고, 기업의 구조를 바꾸게 된다. 알파벳이라는 지주회사 밑에 구글을 포함한 수많은 자회사들이 포함되는 구조. '알파벳'이라는 이름은 A부터 Z까지 알파벳 철자를 초성으로 가진 단어들을 통해 다양한 분야의 발전을 이끈다는 뜻을 담고 있다.

16) 바이두: 중국 검색엔진 포털. www.baidu.com/

승했으며, 낙관적인 전망은 아시아와 유럽 시장에도 영향을 미쳐 양지역 칩 제조사들의 주가가 오르기도 했다.

17) 로젠블랫: 미국의 증권사.

로젠블랫(Rosenblatt)[17] 분석가들은 "전 세계에서 볼 수 있는 가장 큰 기술 전환으로 인해 전반적인 AI 산업에서 엔비디아의 역할이 가속화되고 있다"며 "경쟁 업체들 뿐만 아니라 전 세계에서 엔비디아의 모델이 S/W 중심으로 변화하고 있다"고 언급하기도 하였다.

골드만삭스의 Toshiya Hari 분석가는 엔비디아를 매수로 업그레이드하면서, Jensen Huang이 이끄는 회사가 데이터센터에서 점유율을 확대하고 게임이 정상화됐다고도 언급했다. 모건스탠리의 Joseph Moore 분석가는 여전히 클라우드에서 GPU가 상대적으로 강한 분야라고 말하기도 하였다.

챗GPT 열풍, 반도체 성장 견인하며 엔비디아 앞서가다

챗GPT 열풍으로 반도체 산업이 성장의 기회를 잡았다. 인공지능(AI) 칩의 대표 업체인 엔비디아가 2023년 1분기 매출 가이던스를 상향 조정하면서 업계 전반의 실적 호조가 기대되고 있다.

엔비디아 주가는 급등하며, 전문가들은 생성형 AI 열풍으로 인해 2027년까지 200억 달러 규모의 AI 칩 시장이 추가로 열릴 것이라고 예측한다. 엔비디아는 이 시장의 65% 이상을 차지할 것으로 보인다.

인텔과 AMD도 AI 칩 분야에서 경쟁력을 높이고 있다. 반도체 관련 ETF들은 엔비디아 주가 상승에 따라 연초 이후 대거 자

금이 몰리고 있다.

최근 챗GPT 인공지능(AI) 열풍으로 인해 반도체 시장의 수요가 급증하고 있다. 엔비디아의 주가는 급등하였으며, 이러한 추세는 인공지능 칩 시장에 영향을 주고 있다. 엔비디아 외에도 인텔과 AMD와 같은 기업들이 AI 칩 시장에서 존재감을 확대하기 위해 노력하고 있다.

인텔 CEO 팻 겔싱어는 "AI가 모든 애플리케이션에 적용되면서 성능이 개선될 것"이라고 강조했으며, AMD CEO 리사 수는 "올해 AI칩 분야에 강한 투자를 할 것"이라고 밝혔다.

한편, 엔비디아를 포함한 상장지수펀드(ETF)들에 개인투자자들의 자금이 연초부터 대거 몰리고 있다. 한국거래소에 따르면, 한국투자신탁운용의 'ACE 글로벌 반도체 TOP4 솔라액티브 ETF'를 비롯한 여러 ETF들의 순자산액이 증가하고 있다. 해당 펀드는 엔비디아, 삼성전자, TSMC, ASML 등 주요 기업에 투자하고 있으며, 챗GPT 열풍으로 인한 시장 확대로 해당 펀드의 수익률이 올랐다.

또한, 엔비디아를 주요 종목으로 포함하고 있는 다른 ETF들 역시 순자산액이 증가하는 추세를 보이고 있다. 이러한 추세는 챗GPT 열풍이 전 세계에 강하게 불고 있기 때문으로 풀이되며, 반도체 등 기술주 투자심리 회복에 올초 챗GPT 열풍까지 겹치면서 엔비디아의 몸값이 상승하였다.

그러나 전문가들은 반도체 산업의 구조적인 부진이 아직 해결되지 않았으며, 주가 급등에 따른 단기 조정 위험이 있기 때문에, 추가 매수에 대한 결정은 신중하게 판단해야 한다고 조언하고 있다.

고대역폭 메모리(HBM)로 한국 기업들의 기회

한국의 메모리 반도체 업체들은 챗GPT의 등장으로 새로운 비즈니스 기회를 창출하고 있다.

챗GPT는 슈퍼컴퓨터, 데이터센터와 초거대 AI를 통해 많은 데이터를 학습하고 자연스러운 대화를 가능케 한다. 이런 막강한 챗GPT 서비스의 향상을 위해서는 D램의 빠른 데이터 처리 속도도 큰 기여를 한다. 이게 한국 업체들이 생산하는 모든 고성능 D램인 고대역폭 메모리 'HBM'이다. 2023년 초부터 삼성전자와 SK하이닉스는 고대역폭 메모리(HBM) 수주가 급증했다. HBM은 여러 개의 D램을 수직으로 연결하여 다른 D램 대비 데이터 처리 속도를 크게 높일 수 있다. CPU 및 GPU와 함께 작동하여 서버의 학습 및 계산 성능을 크게 개선시킬 수 있다.

고성능 메모리 반도체 시장이 급속히 성장할 것으로 예상되며, 삼성전자와 SK하이닉스 간의 제품 개발 경쟁이 치열해지고 있다. HBM 시장은 2022년부터 AI를 위한 서버에 진입한 것이 처음이라 아직 초기 단계이지만, SK하이닉스와 삼성전자는 새로운 제품 출시로 고객을 확보하는 데 초점을 맞추고 있다.

SK하이닉스는 HBM 시장에서 선두를 달리고 있다. 이 회사는 2013년 AMD와 협력하여 세계 최초 HBM을 개발했으며, 제1세대 HBM, 제2세대 HBM2, 제3세대 HBM2E 및 제4세대 HBM3를 출시하면서 60~70%의 시장 점유율을 확보했다.

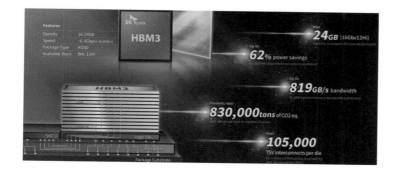

삼성전자는 2021년 2월 AMD와 공동으로 메모리 반도체와
AI 프로세서를 하나로 결합한 HBM-PIM을 개발했다. HBM-
PIM 칩이 CPU와 GPU에 장착되면 서버의 계산 속도를 크게 높
일 수 있다. SK하이닉스도 2022년 2월 PIM 기술을 활용한 제
품 솔루션을 공개했다.

가격도 D램의 3배 이상으로 비싸다. HBM은 복잡한 생산 공
정과 매우 뛰어난 고급 기술이 필요하기 때문이다. 하지만 비
싼 가격임에도 챗GPT와 AI 서비스의 확대로 인해 상황이 바
뀌었다.

세계 최대 GPU 회사인 엔비디아는 SK하이닉스에 최신 제품
인 HBM3 칩을 공급할 것을 요청했고, 세계 1위 서버 CPU 회사
인 인텔도 SK하이닉스 HBM3가 장착된 제품을 적극적으로 판
매하고 있다. 이로 인해 HBM의 가격은 더 치솟고 있다.

전문가들은 중장기적으로 HBM과 같은 AI 전용 D램의 개
발이 반도체 산업에 큰 변화를 가져올 것으로 예측하고 있다.
데이터를 효율적으로 처리하고 처리 능력까지 갖춘 AI 반도체
기술의 개발이 칩 메이커들의 미래를 결정할 정도로 중요해지

고 있다.

중국 내 한국 반도체 공장 가동 압박

챗GPT로 AI 반도체 시장의 수요 상승이 반도체 시장 전체적으로는 활력소 역할을 하고 있지만, 미국 정부의 중국 반도체 기업에 대한 견제와 중국 내 한국 반도체 공장의 가동에 대한 제한적 조치가 한국 반도체 기업들에게는 악영향을 미칠 것이다.

SK하이닉스와 삼성전자는 각각 25%와 38%의 NAND 웨이퍼 생산을 중국에서 진행하고 있으며, SK하이닉스의 D램 생산의 약 50%가 중국에서 이루어지고 있다. 이에 대한 내용과 한국 기업들의 슬기로운 대처가 필요하다.

2023년 2월, 미국 정부는 중국의 반도체 산업 발전을 억제하고 미국 기업을 보호하기 위해 중국 메모리 칩 제조업체에 대한 제한 조치를 강화하고 있다. 이 조치로 인해, 미국 업체들은 고급 D램 또는 플래시 메모리 칩을 생산하는 중국의 '양쯔 메모리 기술'[18]과 '창신 메모리 기술'[19]을 비롯한 기업에 장비를 수출하는 것이 어려워졌다.

LAM Research Corp, Applied Materials Inc 등 미국 업체들은 피해를 입을 것으로 보인다. 이들 업체는 칩 제조 장비를 공급하는 주요 업체로, 이번 조치로 인해 수출 제한 조치를 받을 가능성이 크다.

이번 조치로 인해, SK하이닉스와 삼성전자는 미국의 관심을

---

18) 양쯔 메모리 기술: YMTC(Yangtze Memory Technologies Co Ltd,) 중국의 반도체 제조 기업

---

19) 창신 메모리 기술: CXMT(ChangXin Memory Technologies, Inc,) 중국의 반도체 제조 기업

받게 될 가능성이 높아졌다. 2023년 10월 중국 반도체 규제 조치 마감일을 앞두고 한국 반도체 산업은 우려가 커지고 있다. 미국이 예정대로 이러한 조치를 다시 시작하면 중국 반도체 제조 업계를 근본적으로 흔들 것이며, 삼성전자와 SK하이닉스가 중국에서 비즈니스 활동을 계속하는 것이 어려워질 가능성이 높다. 미국 반도체법으로 미국 정부의 보조금을 받는 경우 중국에 투자하는 데 어려움이 생기는 것이다. 또한 중국으로 핵심 반도체 가공 장비 수출 금지 조치가 있으면 삼성과 하이닉스가 중국 공장에서 장비를 교체하고 새로 설치하는 것이 어려울 것이다.

이는 중요한 부품 생산을 위해 필요한 장비와 인력 부족으로 이어져 생산 품질, 수율 및 생산 규모가 감소할 수 있다. 이들 기업은 중국의 생산 비즈니스를 계속 유지할 수 있는지, 그리고 중국에서 수출 제한 조치를 받을 경우 어떤 대응을 해야 할지 신중하게 검토해야 한다.

2022년 처음 미국 반도체법 규제 시작으로 엔비디아는 AI 반도체 칩의 중국 판매가 갑자기 금지되어 실적에 악영향을 미쳤지만, 2023년 2월에 발표된 2022년 4분기 실적은 이를 극복하고 개선되는 모습을 보여 주며 주가가 급상승하기도 하였다. 우리 두 기업도 좋은 선전을 기대해 본다.

GPU와 경쟁하려는 한국 반도체 육성 전략

초거대 인공지능(AI) 시스템을 지원하기 위해 기업들은 '그래픽 처리 장치(GPU)'를 넘어 AI 특화 반도체인 '신경망 처리 장치

(NPU)'를 활용하는 방향으로 나아가고 있다.

NPU는 AI 연산에 특화되어 성능이 뛰어나고 가격이 상대적으로 저렴하여, 기존 GPU 대비 더 많은 이점을 제공한다. 현재 시중에 나와 있는 노트북과 스마트폰에도 이미 NPU가 적용되어 다양한 AI 기능이 구현되고 있다.

한국 정부는 AI 시장의 성장과 함께 인프라 중요성이 대두되면서, 국산 AI 반도체 개발에 집중하고 있다. 이를 위해 올해부터 2030년까지 총 8,260억 원을 투자할 계획이며, 국산 AI 반도체를 NPU에서 시작하여 저전력 프로세서인 메모리(PIM)와 극저전력 프로세서인 메모리(PIM)로 발전시키는 3단계 과정을 계획하고 있다. 이를 통해 데이터센터의 저전력화, 클라우드 및 AI 서비스 비용 절감 등에서 시장 경쟁력을 확보하고, 국제 시장에서의 진출 또한 가능하게 할 것으로 예상된다.

K-클라우드 프로젝트는 국내 클라우드 경쟁력을 강화하고, 국민들에게 향상된 AI 서비스를 제공하는 것이 목표이다. 이를 위해 정보통신산업진흥원(NIPA)에서 전담하는 AI 반도체 팜 구축 및 실증 사업에 클라우드 기업, AI 반도체 기업, AI 서비스 기업 및 기관이 각각 2개 이상의 사업체들로 협력하여 컨소시엄 형태로 참여하게 된다.

이번 사업을 통해 국산 AI 반도체 기반의 저전력 데이터센터가 구축될 예정이며, 각 데이터센터당 총 연산용량 10플롭스(PFLOPS)[20] 규모의 고성능 연산이 가능하게 될 것이다. 민간 및

---

20) 플롭스(FLOPS, FLoating point Operations Per Second): 컴퓨터의 성능을 수치로 나타낼 때 사용되는 단위. 컴퓨터가 1초동안 수행할 수 있는 연산의 횟수를 기준으로 삼는다.

공공 분야에서 각각 4건 이상의 AI 서비스를 실증하며, 첫 시범 서비스는 2023년 12월에 제공될 예정이다.

이렇게 함으로써, 기존의 GPU 대비 NPU를 활용한 초거대 AI 시스템은 성능 향상과 동시에 비용 절감을 이루어낼 것으로 기대된다. 더 나아가, 이러한 기술 발전은 AI 및 클라우드 기술이 우리 일상 생활에 더 폭넓게 확산되는 계기가 될 것이다.

한국 정부와 기업들의 협력을 통해 국산 AI 반도체와 관련 인프라를 개발하고 확립함으로써 국내 기술력을 강화할 뿐만 아니라, 국제 시장에서의 경쟁력을 높이는 데 기여할 것으로 예상된다.

이 과정에서 국내 기업들은 높은 성능의 AI 반도체와 함께 에너지 효율을 높인 데이터센터 및 클라우드 인프라를 구축하며, 기존의 외산 AI 기술에 의존하지 않는 자립한 기술 생태계를 구축해 나갈 것으로 보인다.

또한, 이러한 발전은 AI 연구 및 서비스 분야에서도 혁신을 이끌어낼 것으로 기대된다. 고성능 저전력 AI 반도체를 활용한 데이터센터와 클라우드 인프라는 AI 기반의 서비스 제공 속도를 향상시키고, 에너지 소비를 줄이는 동시에 서비스 품질을 높일 수 있게 될 것이다.

이를 통해 다양한 산업 분야에서 AI를 활용한 혁신적인 서비스와 솔루션을 제공할 수 있게 되며, 기업들의 경쟁력을 높이고 국민들의 삶의 질을 개선하는 데 크게 기여할 것으로 보인다.

결국, NPU와 같은 AI 특화 반도체의 도입 및 활용은 초거대 AI 시스템의 성능과 효율성을 향상시키는 핵심 요소가 될 것이며, 이를 통해 AI 기술의 발전과 적용 분야가 더욱 확장되는 결과를 가져올 것으로 예상된다. 국내 기업들과 정부의 지속적인 투자와 협력을 통해 국내 AI 반도체 기술 및 인프라의 성장이 이루어짐으로써, 한국이 글로벌 AI 시장에서 중요한 선두주자로서 나아갈 수 있을 것으로 기대된다. 국내 기업들이 높은 기술력을 바탕으로 AI 반도체 및 관련 인프라를 지속적으로 개발하고 혁신하는 과정에서, 국가 경제와 일자리 창출에도 긍정적인 영향을 미칠 것이다. 또한 비용이 비싼 GPU 사용에 대해서도 다양한 절감 아이디어들이 나오고 있다.

챗GPT 열풍이 한국에서도 뜨겁게 이어지고 있다. 오픈AI의 초거대 AI '챗GPT'는 출시 이후 월간 활성 이용자 수(MAU)가 1억 명을 넘어서는 놀라운 성과를 이루었다.

이를 따라가기 위해 글로벌 기업들도 초거대AI를 개발하기 위한 경쟁이 치열해지고 있는데, 구글은 바드[21]를, LG는 엑사원[22]을, 네이버는 하이퍼클로바[23]를, 그리고 카카오는 KoGPT[24]를 개발하며 이 시장에 뛰어들었다. 이러한 초거대AI 개발 경쟁에는 그 두뇌를 움직이는 반도체가 필수적이지만 AI 개발에 필요한 GPU를 확보하는 데 막대한 비용이 들어가기 때문에, 거대 기업이 아니면 쉽게 AI 연구에 뛰어들 수 없는 상황이다.

한국의 KT클라우드는 이러한 고민을 해결하기 위해 '하이퍼스케일 AI 컴퓨팅(HAC)' 서비스를 도입하였다. 이 서비스를

---

21) 바드(Bard): 구글은 LaMDA 대형 언어 모델을 기반으로 한 실험 서비스 바드를 도입했다. 바드는 미국과 영국 사용자들을 위해 2023년 3월 21일에 출시됐다.

22) 엑사원(EXAONE): LG AI 연구원은 2021년 12월 초거대 AI '엑사원'을 전격 공개했다. 엑사원은 국내 최대인 약 3,000억 개의 파라미터를 보유하고 있다.

23) 하이퍼클로바: 네이버는 2021년 5월 말 초거대 AI 모델 '하이퍼 클로바'를 공개했는데, GPT-3보다 많은 2,040억 개의 파라미터 규모로 개발돼 주목받았다.

24) KoGPT: 카카오브레인은 2021년 11월 GPT-3 모델을 활용한 한국어에 특화된 초거대 AI 언어 모델 KoGPT를 공개한 바 있다.

통해, 고객들은 실제로 필요한 만큼의 GPU를 사용하고 반환할 수 있으며, 사용량에 따라 과금되는 시스템 도입으로. 이로 인해 동일 기간 동안 더 저렴한 비용으로 개발 학습이 가능하게 되었다.

KT클라우드의 HAC 서비스는 국내 AI 기업, 대학교 등 다양한 분야에서 대규모 GPU 팜을 구축하고 AI 연구 및 개발을 할 수 있도록 지원하고 있다.

한편, 기존의 GPU 시장은 개인용·기업용 모두 엔비디아가 독식해 왔다. 기존 GPU 시장에서 엔비디아는 80%가 넘는 점유율을 차지하고 있다. 국산 반도체 자립을 위해 GPU 대체재로서의 국산 AI 반도체에 대한 논의가 진행되고 있다.

국내 NPU 개발 업체로는 대표적으로 사피온, 퓨리오사, 리벨리온 3사가 주로 거론된다.

SK텔레콤, SK스퀘어, SK하이닉스 등 3개 회사가 투자해 설립한 AI 반도체 기업 사피온은 올해 하반기 기존 NPU(사피온 X220) 대비 4배 이상 성능을 끌어올린 'X330'을 출시할 예정이다. 사피온은 NHN클라우드와 협력해 지난 2021년부터 2022년까지 실증 사업을 진행했다. 패션 특화 AI서비스 '버츄얼 트라이온'에서 사피온 X220을 검증해, 기존 엔비디아 'T4' GPU보다 처리 속도가 5.1배 빠른 것으로 확인됐다.

퓨리오사의 '워보이' NPU는 카카오엔터프라이즈의 기업용 통합 클라우드 플랫폼 '카카오 i 클라우드'에 적용됐다. '카카오 i 클라우드'는 워보이 NPU를 통해 딥러닝 서비스를 실시간으로 제공한다.

리벨리온은 KT클라우드와 협력하고 있다. 상반기 출시 예정인 KT의 초거대 AI 서비스 '믿음'에는 언어처리에 특화된 리벨리온 AI 반도체 '아톰'이 탑재된다. 아톰은 엔비디아의 GPU와 비교했을 때 전력 소모량이 6분의 1 수준인 것으로 알려졌다. KT는 향후 GPU팜에 리벨리온과 제작한 AI 반도체를 접목할 예정이다.

제3장
TRANSFORMER

Time of Generative AI : 초거대 생성 AI의 시간 도래

Revival of Semiconductor : 고사양 반도체, 데이터센터 수요 증대

AI for Expert : B2B 전문가 GPT 등장

New War of Search Engine : 검색엔진 세계의 혈투 시작

Shrink in Human Thinking Skills : 인간 사고력 약화 및 일자리 축소

Forceful changes in Public Services : 공공서비스의 급격한 변화

Overwhelming Innovation of Big Tech Giants : 빅테크 기업의 생존기

Realization of Android Robot : 로봇과의 결합으로 안드로이드 현실화

Many Lawsuits against IP rights : 지적재산권, 개인정보 등 법적 논란 증대

Era of Cerebral Valley : 세레브럴 밸리의 시대, 신 비즈니스모델

Rebirth of the Device : 디바이스의 재탄생

AI for Expert

(B2B 전문가 GPT 등장)

전문가들은 인공지능 기술의 발전에 따라 향후 행정, 의료, 법률 등 다양한 전문 분야에서 이를 활용할 수 있는 가능성이 높아질 것이라고 전망하고 있다. 이러한 기술 발전의 끝에는 인공지능 판사가 판결을 내리고, 인공지능 의사가 진단을 수행하는 시대가 도래할 수 있다는 것이다.

예를 들어, 펜실베이니아주에 위치한 드렉셀 대학교에서는 2022년 12월 챗GPT를 이용하여 치매의 한 종류인 알츠하이머병을 초기에 진단할 수 있는 연구 결과를 발표하였다.

이 연구에서는 환자가 다른 사람들과의 대화 과정에서 생성되는 음성 녹음 파일을 챗GPT를 활용하여 분석하면 알츠하이머병 환자를 정확하게 식별할 수 있다는 것을 보여주었다. 이렇게 인공지능 기술의 발전은 전문 분야에서도 점차 더 많은 영역에 적용되고, 그 영향력이 확장되고 있다.

이러한 전문 분야에서의 인공지능 활용은 기존의 전문가들의 역할에도 변화를 가져올 것으로 예상된다. 향후 법률 전문가들은 인공지능 판사와 협력하여 더욱 공정하고 정확한 판결을 도출해낼 수 있을 것이며, 의료 전문가들은 인공지능 의사와 함께 더욱 정확한 진단 및 치료를 제공할 수 있게 될 것이다. 이와 같은 협업을 통해 전문 분야에서의 인공지능 활용이 더욱 발전하며, 그 결과로 인해 사회 전반의 질적 향상이 이루어질 것으로 기대된다.

대한민국이 AI로 글로벌 시장을 장악하기에는 갈 길이 너무 멀다. K-AI가 K팝처럼 성공을 거두려면 기업 간 연대와 협업이 필수이며, 또한 전문분야 빅데이터 활용을 위해 정부 차원의 지원이 필수적이다.

한국지능정보사회진흥원이 AI용으로 활용 가능한 빅데이터 모델 'AI허브'를 운영 중이지만 현재까지 취합된 데이터는 한국어 데이터 90여종, 영상 이미지 데이터 70여종에 불과한 실정이다. 특히 AI가 법이나 의학 등 전문분야에서 활용 가치가 높은 만큼 관련 빅데이터를 공개할 필요성이 점점 높아지고 있다.

대한민국은 반도체 강국이다. AI 반도체도 크게 뒤떨어져 있지 않다. 초거대 AI를 설계하는 한국 기업과 전문분야 특화 서비스를 꿈꾸는 젊은 스타트업들을 대한민국의 K-반도체 회사들이 지원하고, 육성하고 또 같이 협동해 나간다면 K-AI의 도약도 꿈만 꾸고 있지는 않을 것이다.

특히, 전문분야에서 대한민국만의 특화 서비스가 탄생하고, 한국어 특수성도 적극 활용한다는 자세가 필요해 보이는 시점이다. 시간이 여유롭게 주어지지 않는 세상이다. 지금 움직여도 우리는 이미 늦어 따라 가는 수준밖에 안된다. 그래도 지금 박차고 나가 경쟁의 필드에서 뛰어야 한다. 유기적인 협조체제가 분주하게 움직이는 모습을 그려본다.

챗GPT의 전문, 특화 데이터 수집 한계

챗GPT는 다양한 데이터 소스를 사용하여 학습한다. 그러나 일부 전문적이고 민감한 데이터에 대해서는 접근이 어렵다. 아마존의 판매 데이터나 병원의 의료 데이터와 같은 정보는 데이터 보호 및 개인정보보호를 위해 사용할 수 없다. 이에 따라, 챗GPT의 학습 데이터에는 이러한 유형의 데이터가 포함되어 있지 않다. 대신 공개된 자연어 텍스트 데이터와 인터넷에서 수집된 채팅 로그가 주로 사용된다. 이러한 데이터는 대규모로 수집되며, 이를 기반으로 학습한 챗GPT는 다양한 주제 및 질문에 대해 대화를 나눌 수 있다. 하지만 특정 영역이나 전문 특화 영역에서는 아직도 접근 제한이 많다.

또한 챗GPT는 다국어 학습이 가능한 모델이지만, 학습 데이터의 양과 질이 성능에 큰 영향을 미친다. 한국어, 일본어, 중국어는 영어와 같이 자연어 처리 기술이 발달된 언어들이기 때문에 챗GPT에서도 일정 수준의 성능을 보이지만, 해당 언어권의 특성을 잘 반영하기 위해서는 해당 언어권의 대량의 데이터를 사용하여 모델을 학습시켜야 한다. 이러한 데이터의 부재나 불충분함이 해당 언어권에서 자연어 처리 기술의 발전을 제약하는 요소 중 하나이다. 따라서, 챗GPT가 해당 언어권에서 적용되기 위해서는 먼저 대량의 데이터를 수집하고, 해당 언어권의 특성을 잘 반영하여 모델을 학습시켜야 한다.

특히 중국 관련 데이터는 중국 내의 인터넷 커뮤니티와 포털 사이트, 뉴스 매체, 소셜 미디어, 쇼핑몰 등에서 수집할 수 있다. 또한 중국어 자연어 처리를 위한 데이터셋을 전문적으로 제공하는 회사들도 있다. 그러나 중국 내에서는 인터넷 검열과 관련된 법규제가 있어, 중국 내에서 데이터를 수집하는 것은 기술적, 법적인 어려움이 따르는 경우도 있다.

마지막으로 챗GPT는 산업체 기업 내의 데이터를 수집하여 학습시키는 것이 가능하나, 산업체 내부의 데이터는 보안 문제로 인해 접근이 어려울 수 있다. 따라서 해당 기업과의 계약을 통해 약정된 범위 내에서만 사용할 수 있다. 이를 위해 기업들은 데이터 사용에 대한 엄격한 절차를 마련하고 있다.

이처럼 챗GPT의 데이터 수집에는 여러 한계가 존재한다. 이러한 한계를 극복하기 위한 전략을 모색할 필요가 있다. 전문적이고 민감한 데이터에 대한 접근 규제를 완화하거나, 대체 데이터를 활용하는 방안을 고려할 수 있다.

챗GPT의 데이터 수집 극복 방안

챗GPT와 같은 인공지능 모델은 데이터의 양과 질이 모델 성능에 큰 영향을 미친다. 따라서 데이터 확보는 인공지능 기술의 발전과 성능 개선을 위해 매우 중요한 문제이다.

먼저, 민감한 데이터를 수집하기 위해서는 개인정보보호에 대한 법적 규제와 윤리적인 고민이 필요하다. 이를 해결하기 위해서는 데이터 주체와의 협의와 인프라, 보안 시스템 등이 필수적이다.

예를 들어, 개인정보보호법 등 법적인 규제를 준수하고, 보안 강화를 위해 데이터 암호화 및 접근 제한 시스템을 구축하는 등의 노력이 필요하며 데이터 활용에 대한 윤리적인 책임을 갖는 것이 필요하다.

또한, 개별 기업의 데이터를 사용하는 경우에는 해당 기업과의 제휴, 계약 등을 통해 데이터 확보를 할 수 있다. 이를 위해서는 데이터 활용에 대한 협상과 윤리적인 책임에 대한 고민이 필요하다.

끝으로, 전자상거래 판매 사이트 등의 데이터는 다양한 소비자들이 이용하는 플랫폼에서 수집할 수 있다. 이를 위해서는 데이터 수집에 대한 기술적인 노하우와 빅데이터 분석 기술 등이 필요하다.

챗GPT와 같은 인공지능 모델의 데이터 확보는 법적, 기술적, 윤리적인 측면에서 다양한 고민이 필수적이다. 이를 해결하기 위해서는 정부나 기업 등이 데이터에 대한 엄격한 보호와 데이터 활용에 대한 지침을 마련하고, 이를 준수하는 노력이 필요하다. 또한, 더 많은 데이터를 수집하기 위해 공공데이터를 활용하거나, 새로운 데이터 수집 방법 등을 연구하는 등 다양한 노력이 뒤따라야 한다.

전문가 챗GPT의 발전 가능성

개별 전문 기업군들의 전문가 챗GPT는 해당 분야의 전문 지식과 노하우를 토대로, 특정한 질문에 대한 답변을 제공하는 것이 목적이다. 이를 위해 해당 분야의 전문가들이 수집한 데이터를 활용하거나, 개별 기업이 보유한 데이터를 활용하여 모델을 학습시킨다. 이러한 모델은 해당 분야의 전문 지식과 노하우가 담긴 데이터를 기반으로 구축되기 때문에, 특정 분야에서 높은 성능을 보일 것이다.

따라서 개별 전문 기업군들의 전문가 챗GPT의 발전 방향은 해당 분야의 전문성을 보다 강화하고, 더욱 정교한 모델을 만들어 내는 것이 되어야 한다. 이를 위해서는 해당 분야의 전문가들이 보유한 데이터와 지식을 적극적으로 활용하여 모델을 학습시키고, 모델의 성능을 끊임없이 개선해 나가는 것이 중요하다. 또한, 최신 연구 동향과 기술적 발전을 적극적으로 반영하여, 더욱 발전된 챗GPT 모델을 만들어내는 것이 필요하다.

트랜스포머 기술은 기본적으로 인공지능 모델의 학습 속도를 높이고 성능을 향상시키기 위해 고안된 기술이다. 이 기술을 활용하면 기존의 RNN과 같은 시퀀스 모델의 한계를 극복할 수 있으며, 더욱 다양하고 복잡한 자연어 처리 문제를 해결할 수 있다.

따라서, 이러한 트랜스포머 기술을 적용한 챗봇의 경우, 다양한 전문 기업군에서 활용될 수 있다. 예를 들어, 금융전문 기업군에서는 고객의 금융 문의에 대한 답변을 제공할 수 있는 챗봇을 구축할 수 있으며, 의료 전문 기업군에서는 환자들의 질병 정보를 수집하고 분석하여 질병 예방, 치료에 대한 정보를 제공하는 챗봇을 구축할 수 있다.

이러한 챗봇을 구축하기 위해서는 전문분야에 대한 지식과 데이터가 필요하다. 따라서, 해당 분야의 전문가와 데이터를 수집하고 분석하는 작업이 필요하며, 이러한 작업을 통해 다양한 챗봇을 구축하고, 이를 활용하여 다양한 문제를 해결하는 것이 가능해질 것이다.

이미 이런 활동을 하는 업체들이 있다. 예를 들면, 금융권에서는 고객의 금융 거래 내역을 분석하여 부정거래 탐지, 대출 승인 등에 활용하고 있다. 또한, 의료 분야에서는 환자 데이터를 분석하여 질병 예측 및 치료 방법 개발에 활용하고 있다. 기업들 역시 고객 데이터를 분석하여 상품 개발 및 마케팅 전략 수립에 활용하고 있다. 이러한 활동을 위해서는 데이터 분석 전문가와 AI 전문가가 함께 일하는 것이 필요하다.

전문/특화된 데이터가 생성 AI 재도약의 발판

2023년 3월 14일 CNBC 보도에 따르면, 구글의 연례 행사 'The Check Up'에서 구글 헬스팀이 검색 기능, 건강 앱 개발, 인공지능 기반 건강 연구 등에 대한 최신 기술을 공유했다.

이 행사에서, 회사는 AI를 이용한 초음파, 암 치료, 결핵 검사 개발을 돕기 위한 새로운 파트너십을 논의했으며, 의료용 대형 언어 모델인 Med-PaLM의 최신 버전도 공개했다.

Med-PaLM은 구글이 2022년말 처음 공개하였으며, 의학 질문에 대한 고품질의 응답을 제공하도록 설계되었다. Med-PaLM은 미국 의학 면허 시험에서 사용되는 다지선다 유형의 질문에서 60% 이상의 합격 점수를 받았는데, 이번에 공개된 Med-PaLM 2는 의학 시험 질문에서 전문가 수준으로 답변하였다고 하며, 정확도도 85% 이상 달성했다고 한다. 이러한 발전은 의료 분야에서 정보 제공과 진단 지원에 큰 도움이 될 것이며, 많은 전문가들이 이 기술에 큰 기대를 갖고 있다.

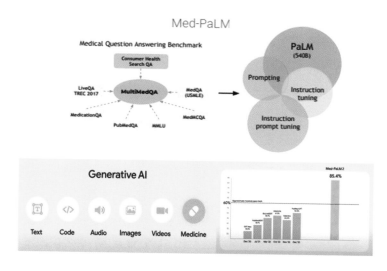

하지만, 신중하게 접근하여 오해와 잘못된 정보 전달의 위험을 최소화하는 것이 중요하다. 앞으로 구글의 연구 결과와 기술 발전에 따라, Med-PaLM과 같은 의료 분야 인공지능의 신뢰성과 정확성이 향상되어 향후 의사들과 환자들에게 도움이 될 수 있을 것으로 기대해 본다.

기술 발전에도 불구하고, 이런 AI 기술이 당분간에는 전문가의 판단을 완전히 대체하는 것이 아니라, 의사와 의료진을 지원하는 보조 도구로서의 역할을 할 것으로 보고 있다.

아직 완벽하게 활용되기에는 이르지만, 구글 헬스팀과 의학 전문가들이 전문분야 데이터셋과 고급 AI 기술을 더 진행시켜 나간다면, 조만간 완벽에 가까운 의료 전문 생성형 AI도 가능해 보인다.

오픈AI도 2023년 3월14일 GPT-4의 출시와 함께 자산관리 분야의 전문 GPT를 모건 스탠리와 협력하여 발표하였다.

오픈AI의 웹사이트의 내용을 보면, 자산관리 분야의 선두주자인 모건 스탠리(Morgan Stanley)는 투자 전략, 시장 조사 및 논평, 애널리스트의 통찰력에 이르는 수십만 페이지의 지식과 통찰력이 있는 콘텐츠 라이브러리를 통해 오픈AI의 GPT-4 덕분에 자산관리 정보를 쉽게 찾을 수 있게 되었다. 이전에는 특정 질문에 대한 답을 찾기 위해 많은 양의 정보를 직접 훑어봐야 하는 번거로움과 검색 오류가 있었을 것이다.

2022년부터 모건 스탠리는 GPT의 임베딩 및 검색 기능으로 지적 자본을 활용하는 방법을 모색하기 시작했고, 이 모델은 자산관리 콘텐츠에 대한 포괄적인 검색을 수행하고 내부 대면 챗봇을 강화할 수 있게 되었고, GPT-4를 통해 모든 통찰력을 훨씬 더 사용 가능하고 실행 가능한 형식으로 구문 분석을 할 수 있는 기능을 넣을 수 있게 되었다고 한다. 결과적으로 자산관리 분야에서 가장 지식이 풍부한 사람의 지식을 즉시 갖게 된 것이다.

모건 스탠리의 GPT-4 활용은 크게 3가지로 구분된다.

첫 번째 부분은 GPT-4의 '콘텐츠를 거의 즉시 액세스, 처리 및 합성하는 탁월한 기능'이다. 인터넷에 있는 방대한 양의 텍스트에 대해 교육을 받고 단어, 문장, 개념 및 아이디어 간의 관계를 구축한다.

두 번째 부분은 모건 스탠리의 지적 자본이다. 이 회사는 거의 100년 전에 설립되었으며 매년 전세계 자본 시장, 자산 등급, 산업 분석 및 경제 지역에 대한 통찰력을 다루는 수천 편의 논문을 발행한다. 이러한 풍부한 지식은 이 회사가 GPT-4를 사용하여 처리 및 구문 분석을 할 수 있는 고유한 내부 콘텐츠 저장소를 생성하는 동시에 회사의 내부 통제를 쉽게 해준다.

마지막 부분은 사람에 대한 것이다. 모건 스탠리의 대규모 재무 고문 팀과 고객 서비스에 대한 전문가들이다. 이들은 내부 챗봇이 회사의 요구에 최대한 도움이 되도록 GPT-4를 훈련시켰다.

현재 200명 이상의 직원이 매일 시스템을 쿼리하고 피드백을 제공하고 있다. 이를 통해 고객들의 질문에 더 많은 통찰력으로 더 빠르게 지원해 줄 수 있게 되었다.

국내에서도 위와 같은 통찰력을 가지고 비슷한 접근을 하는 업체가 있다. 이세영 뤼튼테크놀로지스 대표는 2023년 1월에 열린 '생성 AI 아시아 2023 사전 세미나'에서 비슷한 미래 예측을 내놨다.

그는 '생성 AI 사업 성패는 특화된 데이터셋에 달렸다. 특화된 데이터는 사용자 접근성을 높이는 데 가장 필요한 수단이다'라고 말한 것이다. 그리고, '생성 AI 서비스의 수익 창출을 위해서는 범용 데이터셋보다 한 영역에 집중한 특화용 데이터를 쌓아야 한다'고도 강조하였다.

챗GPT도 범용 언어 데이터셋으로 이뤄져 전문적인 분야에서 활용하기에는 한계가 있다는 뜻이다.

또한 그는 '생성 AI에 들어간 데이터셋 규모가 크다고 반드시 사업에 좋은 것은 아니다'며 '생성 AI 기업이 살아남으려면 특정 데이터셋을 전문가의 지식수준과 비슷할 정도로 갖춰야 한다'고 덧붙였다.

현재 기업들이 데이터셋은 많이 갖고 있지만, 한 분야에 특화한 데이터를 가진 기업은 거의 없다는 것이다.

때문에 필자의 생각으로는 아직 우리 기업들이 글로벌 AI 빅테크 업체와 정면 승부를 펼칠 수가 없지만, 한 우물만 깊게 판 업체라면 기회가 올 것이라는 생각이다. 즉, 전쟁에서 이길 무기가 전문분야 특화 데이터셋과 AI 기술이 될 것이다라는 것이다.

지금 네이버, 카카오, SKT, KT 등 국내 빅테크 업체들도 정면 승부를 할 것인지, 전문분야에 특화할 것인지 기로에 서 있다. 의사결정은 짧을수록 유리해질 것이다.

국산 초거대 AI, '맞춤형 AI 전문가'

국내 IT업체들은 오픈AI의 챗GPT에 정면 승부하기보다는 미개척 블루오션이며 데이터의 접근이 어느 정도 제한되어 있는 전문가 영역을 집중적으로 파고 들고 있다.

즉, 국내 IT 업체들의 국산 초거대 인공지능(AI) 모델이 다양한 산업군에서 'AI 전문가' 역할을 하기 시작한 것이다.

국내 IT 대기업들도 애초에 범용 목적으로 초거대 AI 모델을 만들었고, 모델 크기도 많이 키운 것은 사실이다. 하지만 정확도와 성능에 있어서는 아직 오픈AI의 챗GPT와 정면 승부를 하기에는 역부족인 것도 사실이다. 네이버, KT와 LG는 초거대 AI를 다양한 산업군에 적용해 '맞춤형 AI 전문가 또는 AI 특화 서비스'로 싸움터를 옮겨 놓았다.

네이버는 2023년 7월 초거대 AI 모델 '하이퍼클로바X' 출시 계획을 밝혔다. 이 모델은 기존 범용 모델인 하이퍼클로바를 고도화하여 특정 산업군에 특화된 서비스를 제공하는 것이 목표이다.

네이버클라우드 성낙호 하이퍼스케일AI 기술 총괄은 최근 열린 '네이버데뷰 2023'에서 "전문적인 초거대 AI 서비스를 제공하기 위해서는 기업과 개인의 데이터와 모델이 밀접하게 연결되어야 한다"며, "하이퍼클로바X는 사용자 데이터와 결합하여 초거대 AI 상용화를 즉각적으로 구현할 수 있다"고 말했다.

기존 하이퍼클로바는 2,040억개의 파라미터로 학습된 한국어 AI 모델이다. 사용자 데이터를 결합하면 강력한 성능을 발휘하는 언어 서비스를 제공할 수 있다. 또한 기업의 요구에 따라 맞춤형 인터페이스를 쉽게 제공할 수도 있다.

예를 들어, 하이퍼클로바X와 의료 데이터를 결합하면 의료 산업에 특화된 AI 서비스를 구현할 수 있다. 또한 자기소개서 데이터와 결합하면 기존보다 성능이 우수한 AI 첨삭 서비스를 제공할 수 있다. 하이퍼클로바X는 어떤 데이터와 결합하느냐에 따라 해당 분야에 전문화된 AI 서비스를 제공할 수 있다는 것이 큰 특징이다.

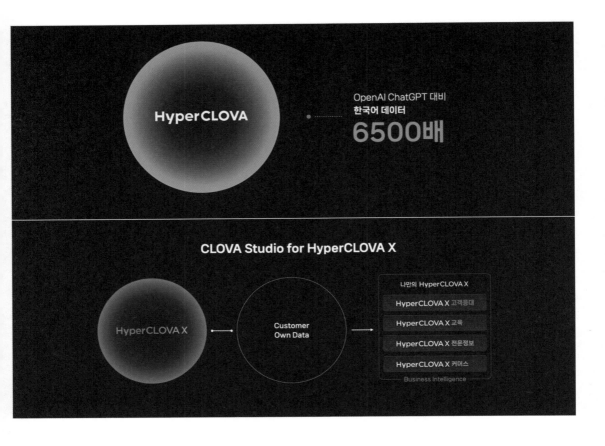

KT도 비슷한 전략이다. 2022년 11월, KT는 자사에서 개발한 초거대 AI 모델 '믿음'을 출시했다. KT는 '믿음'을 자사 AI 컨택센터(AICC) 서비스에 도입하여, 사용자는 KT AICC를 통해 실시간 대화록, 상담 보조, 보이스봇·챗봇 상담 앱 등을 이용할 수 있다. KT 측은 AICC에 있는 챗봇은 인간 상담사와 이질감 없을 정도로 자연스러운 말투와 목소리를 갖췄다는 설명도 하였다.

KT는 앞으로 '믿음'을 적극적으로 활용하여 상담 기능을 업그레이드할 계획인데, KT의 AI2XL 연구소장인 배순민씨는 최근 스페인 바르셀로나에서 열린 'MWC 2023'에서 "향후 '믿음'을 AICC에 더 적용해 상담뿐 아니라 일상적인 대화를 나누고 공감하는 챗봇까지 출시할 예정이다"고 밝혔다. 이 외에도 KT의 '믿음'은 의료, 물류 등에서도 활용되어 관련 산업을 고도화할 계획이라고도 밝혔다.

전문가용 초거대 AI는 특히 LG가 심혈을 기울이는 분야이다.

LG AI 연구원은 2022년부터 초거대 AI '엑사원'을 전문 분야에 맞추어 개발하고 있다. 엑사원은 네이버의 '하이퍼클로바'보다 더 많은 3천억 개의 파라미터를 보유하고 있으며, 언어와 이미지를 인식하고 생성할 수 있는 차별화된 기술을 가지고 있다. LG AI 연구원은 2022년 12월 열린 'LG AI 토크콘서트'에서 LG 계열사들과 협력하여 엑사원을 산업 현장에 적용했다고 밝혔다.

또한 LG AI 연구원은 지난 1년 동안 엑사원을 적극적으로 활용하고 있으며, 이를 통해 LG전자는 국가별, 지역별 제품 판매 수요를 예측하는 기술에 엑사원을 적용하고 있다고 말했다. 또한 LG이노텍은 엑사원을 사용하여 카메라 렌즈·센서로 진행하는 공정 조건을 추천받아 공정 최적 기간을 50% 줄였다고 발표했다.

또한 LG AI 연구원은 엑사원으로 소프트웨어 연구 도구를 만들었으며, 논문이나 특허 등 전문 문헌에 나오는 텍스트를 스스로 학습할 수 있는 서비스를 엑사원으로 구현했다고 밝혔다.

이를 통해 논문에 포함된 글뿐만 아니라 수식과 표, 이미지까지 스스로 학습하여 데이터베이스화할 수 있게 되었다고 말했다.

LG AI 연구원은 앞으로도 엑사원을 산업 현장에서 적극 활용할 계획이다. 특히, LG는 엑사원을 통해 다양한 분야에서 '전문가 AI'를 개발하여 LG 계열사 및 파트너사에 제공할 예정이다. LG AI 연구원은 인간처럼 자연스러운 질의응답·대화, 텍스트 분류·생성, 키워드 추출·생성, 번역·변환 기능을 활용할 수 있는 초거대 언어 모델 기반 생성형 AI 서비스를 제공할 계획이다.

결과적으로, LG의 초거대 인공지능 엑사원이 챗GPT와 차별화된 전문성을 가지고 있는 것으로 나타났다. LG의 초거대 AI는 학습을 위해 방대한 양의 데이터가 필요하지만, 그래픽 처리장치 사용량을 줄이면서도 AI 개발 속도를 좌우하는 추론 속도를 40% 더 빠르게, 정확도는 글로벌 최고 성능을 의미하는 'SOTA(State-of-the-art)' 이상으로 개선하였다.

LG의 초거대 AI 엑사원은 학습을 위해 말뭉치 6,000억 개 이상 언어와 이미지가 결합된 고해상도 이미지 3억 5000만 장 이상의 데이터를 활용하고 있다. 또한 IT, 금융, 의료, 제조, 통신 등 다양한 산업 분야의 데이터도 학습하고 있어, 다른 초거대 AI 모델들과는 차별화된 경쟁력을 가지고 있다.

제4장
TRA**N**SFORMER

Time of Generative AI : 초거대 생성 AI의 시간 도래

Revival of Semiconductor : 고사양 반도체, 데이터센터 수요 증대

AI for Expert : B2B 전문가 GPT 등장

New War of Search Engine : 검색엔진 세계의 혈투 시작

Shrink in Human Thinking Skills : 인간 사고력 약화 및 일자리 축소

Forceful changes in Public Services : 공공서비스의 급격한 변화

Overwhelming Innovation of Big Tech Giants : 빅테크 기업의 생존기

Realization of Android Robot : 로봇과의 결합으로 안드로이드 현실화

Many Lawsuits against IP rights : 지적재산권, 개인정보 등 법적 논란 증대

Era of Cerebral Valley : 세레브럴 밸리의 시대, 신 비즈니스모델

Rebirth of the Device : 디바이스의 재탄생

New War of Search Engine

(검색엔진 세계의 혈투 시작)

검색엔진, 혈투의 서막

오픈AI의 챗GPT가 출시된 이후 가장 뜨거운 패권 경쟁을 벌이는 기업은 미국 IT계의 두 공룡기업인 마이크로소프트와 구글일 것이다. 검색과 AI 기술에 있어서는 단연 구글이 앞서 있었다.

챗GPT의 기본 엔진 기술인 트랜스포머도 구글 브레인팀이 제안한 것이었고, AI 특화 반도체 TPU도 구글이 설계하였으며, 우리가 자주 사용하는 텐서플로(TensorFlow)[25]도 구글이 무료로 제공하고 있다.

하지만 챗GPT가 발표되고 마이크로소프트의 검색엔진 빙(Bing)과 결합되다 보니 전세가 역전되어 버렸다. 수세에 몰린 구글도 다급하게 람다(LaMDA) 기반의 바드(Bard)로 대응했지만, 기자 발표회 때의 오답 실수로 상황은 더욱 어렵게만 진행되고 있다. 이제 그들의 얘기를 자세히 들여다 보자.

마이크로소프트(MS)의 절체절명의 기회

MS는 2016년 인공지능 '테이'를 야심 차게 출시하였다. 하지만 부적절한 대화를 학습한 결과로 인종차별 등 윤리적 이슈, 정치적 문제의 답변으로 서비스 개시 16시간 만에 운영을 중단했다. 하지만 위기 뒤에 기회라고 2018년 때마침 앨런 머스크

25) 텐서플로(TensorFlow): 다양한 딥러닝 작업에 필요한 오픈소스 소프트웨어 라이브러리.

가 떠난 오픈AI에서 MS는 길을 찾았다.

2019년부터 MS는 오픈AI에 대한 투자를 시작하였고, 애저 슈퍼 크라우드까지 지원하면서 GPT-3와 연이어 챗GPT가 성공하게 된다.

실패로 끝난 '테이'의 편향된 답변 이슈도 해결했다. MS 자체의 노력도 있었겠지만, 오픈AI는 챗GPT를 출시하기 9개월 전에 InstructGPT를 개발하고 학습시켜 인종차별, 성적차별 등 민감한 질문에 대한 어느 정도 절제되고 균형잡힌 답변을 할 수 있게 되었다.

현재까지 MS는 챗GPT의 오픈AI에 2019년, 2021년, 올해까지 세 차례에 거처 총 130억 달러 이상으로 추정되는 대규모 투자를 단행하며 챗GPT의 상용화 우선권도 확보했다.

2023년 1월에는 오픈AI의 기술과 MS 클라우드를 결합한 '애저 오픈AI 서비스'를 출시하면서 기업용 시장에 출사표를 던졌으며, 2월초에는 기업내 협업 툴인 'MS 팀즈'에 챗GPT 기술을 접목했다. 이후 곧바로 챗GPT를 발전시킨 '프로메테우스(Prometheus)'라는 인공지능 모델을 검색서비스 '빙'과 웹브라우저 '엣지(Edge)'에 추가했다.

사티아 나델라(Satya Nadella) 마이크로소프트 최고경영자 겸 이사회 의장은 '뉴빙(New Bing)' 발표회 날에 "검색의 새 패러다임이 시작됐고 새로운 날이 밝았다"며 구글에 공식적인 출사표를 띄웠다.

챗GPT와 마이크로소프트의 Bing의 결합

마이크로소프트의 '빙'은 마이크로소프트가 개발한 검색엔진으로, 2009년 5월 28일에 출시되었다.

처음에는 '라이브 서치(Live Search)'로 시작하여, 2009년 6월 3일에 '빙'으로 개편되었다. 빙은 인터넷 상에서 검색결과를 제공하는 역할을 하며, 여러가지 기능을 제공한다. 빙은 검색 결과를 도출하는 알고리즘으로 유명한 PageRank[26] 알고리즘 대신 Microsoft's RankNet 알고리즘을 사용한다.

빙은 기본적인 웹 검색뿐만 아니라 뉴스, 이미지, 동영상 검색 기능도 제공한다. 또한 지도, 주식, 스포츠 등 다양한 정보를 제공하는 포털로서도 기능하고, 마이크로소프트의 챗봇 기술과 연계하여, 사용자들이 자연어를 사용하여 검색하고 대화하는 것을 지원한다.

빙은 인터넷 검색 시장에서 구글에 이어 두 번째로 큰 점유율을 차지하고 있다. 빙은 구글과는 다르게 여러 가지 추가 기능을 제공하고 있으며, 마이크로소프트의 기술력을 토대로 지속적인 기능 업데이트와 개선을 진행하고 있다.

마이크로소프트의 뉴빙(New Bing)

빙은 '윈도우즈 라이브 서치(Windows Live Search-옛 MSN 검색)'란 검색엔진을 2009년 6월에 바꾼 것으로, 기억하기 쉽고, 뭔가 떠올렸을 때 내는 소리 빙고!(Bingo!)와 비슷하다.

구글과 경쟁하는 것을 목적으로 개발해서 그런지, 꽤 우수한 면모를 보이기도 하고, 일반적인 검색 봇이 못 긁어오는 것

26) PageRank: 1990년대에 래리페이지와 세르게이브린이 스탠포드대학 시절에 개발한 알고리즘.

도 긁어다가 검색에 띄워주는 등, 검색엔진의 기본 성능은 매우 우수하다.

덕분에 '빙'의 서비스 초기에는 구글의 점유율을 야금야금 갉아먹었을 정도로 선전했으며, 클라우드 컴퓨팅을 위해 세계에서 제일 큰 데이터베이스를 만들기까지 했다. 미국 인터넷 검색율의 10%만 넘겨도 성공이라는 의견들이 많았는데 2009년 6월 15.64%로 야후를 제치고 검색엔진 2위에 오르는 기염을 토했다.

'빙'의 검색엔진은 구글 등 다른 검색엔진들과 마찬가지로 검색 결과를 엄청나게 많이 나열하는 형태이지만, 검색 결과에서 찾기 어려운 정보를 상대적으로 잘 찾아내기도 한다. 그렇지만, 다른 검색엔진들과는 달리, 삭제된 웹페이지를 인식하는 능력이 떨어진다고 알려져 있다. 쓸모없거나 틀려서 없어진 내용까지 굳이 찾아내어 보여주는 식이다.

일반적인 검색엔진의 경우 이미 웹상에서 지워진 웹페이지는 일정 시간이 지나면 갱신하는 과정에서 자동으로 삭제하게 되는데, '빙'은 상대적으로 이런 능력이 저조하다는 것이다. 수동으로 URL을 삭제 해주는 도구가 존재하여, 거기다 삭제된 웹페이지를 입력해 요청을 해 보아도, '현재 해당 웹페이지의 상태를 확인할 수 없습니다'라는 엉뚱한 답변만 나오는 경우가 허다하다.

일반 생활 속의 검색 결과도 다른 검색엔진과 비교해서 성능이 떨어져 현재 시장 점유율은 3%대로 주저 앉았다. 이런 상황에서 구세주처럼 오픈AI의 챗GPT가 등장하였고, 독점 라이선스 계약의 성과를 마음껏 성취할 천재일우의 기회가 온 것이다.

마이크로소프트(MS)는 구글의 새 검색엔진인 바드(Bard)를 발표한 바로 다음날, 2023년 2월 7일, 미국 워싱턴주 레드먼드에 있는 MS 본사에서 언론 행사를 열고 AI 챗GPT와 결합한 개선된 검색엔진 'New Bing'을 발표하였다. 새 검색엔진은 이용자가 대화형 언어로 질문을 입력하면 기존 방식의 검색 결과와 함께 대화형으로도 답이 제공된다. 챗GPT처럼 챗봇과 다양한 대화도 나눌 수 있다. 오픈AI가 2022년 11월 말 공개한 챗GPT보다 더 진화한 형태였다.

질문에 대한 답변에는 챗GPT에는 없는 정보의 출처도 표기되고 그것을 클릭하면 해당 사이트로 이동도 된다. 또한 챗GPT는 2021년까지 데이터만 학습한 반면, New Bing은 최신 데이터까지 활용한다고 한다.

이날 행사에는 챗GPT를 만든 오픈AI의 샘 올트먼 최고경영자(CEO)도 참석했고, 그는 "뉴빙에 장착된 AI 기술은 챗GPT와 유사하지만, 챗GPT 그 자체는 아니다"라고 말했다.

마이크로소프트에서 발표한 내용에 따르면, New Bing은 오픈AI의 챗GPT 보다 뛰어난 성능의 프로메테우스 모델을 적용하여 빠르고 정확한 검색, 채팅, 콘텐츠 생성이 가능하고, AI가 검색 결과를 찾아 요약 및 정확도 등을 묻는 대화로 보다 완벽한 답에 쉽고 가깝게 접근이 가능하며, 엣지에도 AI가 적용돼

긴 문서의 요약부터 콘텐츠 초안 작성까지 돕는 새로운 브라우저 경험도 제공한다고 한다.

사티아 나델라(Satya Nadella) 마이크로소프트 CEO 겸 이사회 의장은 "검색의 새 패러다임이 시작됐고, 새로운 날이 밝았다"며, "인공지능(AI)은 가장 큰 범주인 검색을 시작으로 모든 소프트웨어 범주를 근본적으로 변화시킬 것"이라고 전했다. 이어, "오늘 마이크로소프트는 사람들이 검색과 웹에서 더 많은 것을 얻을 수 있도록 돕기 위해 'AI 보조 조종사(AI copilot)'와 대화형 채팅으로 구동되는 새로운 빙과 엣지를 소개한다"고 밝혔다.

이날 공개된 New Bing의 기능을 하나씩 살펴보자.

더 나은 검색(Better search) 경험 : 빙은 스포츠 점수, 주가, 날씨 등 간단한 정보에 대해 더 연관성 높은 검색 결과를 제공한다. 신규 사이드바를 통해 보다 포괄적인 답을 얻을 수도 있다.

완성형 답변(Complete answers) 도출 : 빙은 웹 전반의 검색 결과를 검토해 사용자가 원하는 답을 찾아 주고, 이를 요약한다. 예를 들어, 사용자는 케이크를 구우면서 계란을 다른 재료로 대체하는 방법에 대한 정확한 결과를 찾기 위해 스크롤을 내릴 필요가 없다. 빙이 이에 대한 자세한 지침을 찾아 제공해 주기 때문이다.

새로운 채팅 경험(A new chat experience) 제공 : 세부 여행 일정을 계획하거나 구매할 TV를 찾는 등 보다 복잡한 검색을 위해 빙은 새로운 대화형 채팅 기능을 제공한다. 이를 통해 사용자는 보다 자세한 내용, 정확도, 아이디어 등을 질문해 완벽한 답변이 나올 때까지 검색을 세분화할 수 있다. 관련 링크도 함께 제공되기 때문에 사용자는 즉시 결정하고 이를 실행에 옮길 수 있다.

창의성 향상(A creative spark) : 빙은 콘텐츠 생성 기능도 제공한다. 이 기능은 이메일, 예약 링크를 포함한 여행 일정, 취업 면접 준비 문서, 퀴즈 등을 작성하는 데 활용할 수 있다. 모든 결과는 콘텐츠의 출처를 인용하므로 참조하는 웹 콘텐츠 링크도 확인할 수 있다.

엣지를 통한 새로운 웹브라우저 경험(New Microsoft Edge experience) 제공 : 엣지에도 채팅, 콘텐츠 작성 등 AI 기반의 신규 기능이 추가된다. 예컨대 엣지 사이드바의 채팅 기능을 활용해 장황한 재무 보고서를 요약하고, 이에 대한 주요 정보를 얻을 수 있다. 경쟁사 재무 정보와의 비교도 요청할 수 있으며, 이를 자동으로 표에 넣는 것도 가능하다. 콘텐츠 작성 기능을 활용하면 몇 개의 텍스트 프롬프터만으로도 링크드인(LinkedIn) 게시물과 같은 콘텐츠 초안을 작성하고, 게시물의 어조, 형식, 길이 등에 대한 업데이트를 요청할 수 있다.

일반 검색 엔진과 어떻게 다른가요?

새로운 Bing은 기존 Bing 환경을 기반으로 하여 새로운 유형의 검색을 제공합니다.

- Bing은 관련 링크 목록을 생성하는 것 외에도 웹 전반에 걸쳐 신뢰할 수 있는 콘텐츠를 통합하여 하나의 요약된 답변을 제공합니다.
- 말하고, 문자를 보내고, 생각하는 방식을 검색하세요. Bing은 복잡한 검색을 수행하고 자세한 응답을 다시 공유합니다.
- 채팅 환경에서는 자연스럽게 채팅하고 초기 검색에 대한 후속 질문을 하여 개인 설정된 답변을 받을 수 있습니다.
- Bing을 창작 도구로 사용할 수 있습니다. 시나 이야기를 쓰거나 프로젝트를 위한 아이디어를 공유하는 데 도움이 될 수 있습니다.

그리고, 이날 발표에 따르면, 새로운 빙 검색을 사용하는 데 추가로 지불해야 하는 비용은 없다. 하지만 광고가 있다. 이 광고가 스폰서 검색 결과인지, 스폰서 채팅 인터페이스인지는 명확하게 언급하지 않았다. 그런데, New Bing 또한 아직 문제가 많다. 지난 2월 16일에는 극단적 답변을 New Bing이 내뱉는 바람에 MS가 답변 삭제 후 안전 프로그램을 가동하는 데에까지 이르렀으며, 시연회 당시 잘못된 정보를 제공한 것이 뒤늦게 드러나는 바람에 마이크로소프트의 주가에도 악영향을 미쳤다.

빌 게이츠의 챗GPT에 대한 견해와 전망

마이크로소프트의 공동 창립자이자 억만장자인 빌 게이츠는 2023년 2월 한 인터뷰에서 챗GPT는 인터넷만큼 그리고 PC만큼이나 중요하다고 하였으며, 다른 인터뷰에서는 챗GPT가 기술 혁신의 중심이며 매우 큰 잠재력을 가지고 있다고 말했다.

그는 챗GPT 기술이 작업을 자동화하고 의료와 교육 분야 등에서 혜택을 가져올 것이라고 말했는데, 이는 챗GPT가 매우 발전했으며, 읽고 쓰기 작업에 매우 적합하고, 시험을 준비하기 위해 교과서를 요약하는 데에도 능숙하다고 부연 설명했다. 또한 챗GPT는 일자리에 영향을 미칠 수 있지만, 사무직의 세계를 더 효율적으로 변화시킬 것이라고 덧붙였다.

또한 빌 게이츠는 마이크로소프트의 새로운 빙(Bing)과 경쟁자인 구글의 바드(Bard)에 대해 언급하면서, 챗GPT가 다양한 분야에서 통합되고 있다고 말했다. 그는 사용자가 편견을 발견할 수 있음을 인정했지만, 이러한 기술들이 혁신적인 새로운 형태의 변화를 이끌고 있다고 믿는다고 밝혔다.

그리고, 빌 게이츠는 챗GPT가 마이크로소프트 Office와 마이크로소프트 Teams와 같은 프로그램에 통합될 것으로 전망했다. 이는 회사의 판매 관련 Teams 채팅 예를 언급할 때 더 구체적으로 설명되었는데, 빌 게이츠는 사용자가 AI 챗GPT를 요청하여 특정 국가의 판매와 같은 문제를 해결할 수 있을 것이라고 생각하였다.

챗GPT와 같은 인공지능 기술의 도입으로 일부 인간의 직업은 사라질 수 있으며, 타이피스트 작업이 그 예가 될 것이다. 하지만, 이러한 기술의 발전으로 사무직의 세계가 더 효율적으로 변화되며, 사람들이 더 나은 기회를 얻을 수 있다고 판단하고 있다.

MS 뉴빙(New Bing)의 비관적 시장점유율 전망

최근 AI 기반 기술의 인기가 높아짐에 따라, 구글과 마이크로소프트는 각각 자체 AI 챗봇을 출시하였다. 이러한 소식은 오픈AI의 챗GPT가 큰 성공을 거둔 후 발표되었다. 이러한 새로운 AI 챗봇이 시장에 어떤 영향을 미칠지 궁금해하는 사용자들이 많았고, 최근 진행된 설문 조사는 이에 대한 몇 가지 흥미로운 인사이트를 제공하고 있다.

Matt McGee가 Twitter 플랫폼에 설문조사를 실시하였으며, 이 조사는 앱 사용자에게 새로운 '빙' 검색이 결국 구글 검색엔진의 시장 점유율을 얼마나 차지하게 될 것인지를 물었다. 총 560명이 참여한 이 설문 조사에서 대부분의 응답자는 '빙' 검색엔진이 구글의 시장 점유율을 크게 뺏지 못할 것으로 예상했다.

59.3%의 응답자가 0~5%의 시장 점유율을 예상

20.8%의 응답자가 6~10%의 시장 점유율을 예상

9.8%의 응답자가 11~20%의 시장 점유율을 예상

나머지 10.1%의 응답자는 20% 이상의 시장 점유율을 예상

이러한 결과는 시장 예측의 한 가지 관점을 제공하지만, 실제 시장 변화에 대한 정확한 예측은 아니다. 그러나 이 설문 조사를 통해 '빙' 검색엔진이 시장에서 상대적으로 낮은 점유율을 차지할 것으로 예상되는 경향을 알 수 있다.

이 설문 조사 결과는 흥미롭게도 사용자들의 기대와 시장 전망에 대한 다양한 견해를 보여주지만, 결국 시장의 실제 변화와 성장은 사용자들의 반응과 AI 챗봇 기술의 성능에 크게 좌우될 것이다.

새로운 AI 챗봇들이 어떻게 발전하고, 사용자들의 요구를 얼마나 만족시키며, 기존의 검색엔진과 어떤 차별화를 보여줄지가 결국 시장 점유율에 큰 영향을 미칠 것이다. 또한, 시장 점유율 변화에 영향을 주는 여러 외부 요인들도 고려해야 한다. 예를 들어, 국가별 규제 및 정책, 산업 트렌드, 경쟁 기업의 전략 등도 중요한 역할을 할 것이다.

현재 검색 시장에서 구글이 90% 이상을 점유하고, 마이크로소프트의 빙은 2~3%의 점유율을 보이고 있다. 챗GPT와 결합한 뉴빙도 초기 반응은 뜨겁지만, 향후 어떻게 진행될지는 알수가 없다. 다만 이들 점유율의 변화가 두 자이언트 회사의 주가에는 직접적인 영향을 끼칠 것이란 점은 자명하다.

오픈AI의 GPT-5, 6는 언제쯤 세상에 툭 떨어질지

GPT-3는 2020년 5월에 발표되었다. GPT-2 출시 1년 후이며, GPT-4는 당초 2022년 8월경 출시될 걸로 예상하였지만, 챗GPT가 GPT-3.5 개념으로 2022년 11월 30일에 공개되었고, GPT-4도 2023년 3월 14일 출시되었다. 하지만 아직 하드웨어 등 구체적인 성능에 대해서는 공개된 바가 없다.

오픈AI의 현 CEO인 샘 알트만은 2021년에 GPT-4에 대한 몇 가지 팁을 제공했다. 알려진 바와 달리, 100조 단위의 거대한 파라미터(매개변수)는 갖지 않을 것이라고 한다. 생각보다 크지 않을 수도 있다. 더 많은 매개변수를 갖는 것은 성능을 향상시킬 수 있는 많은 요소 중 하나에 불과하다.

이에 반해 컴퓨팅 비용 과다, 탄소 배출량 증가 등 부정적인 요인들이 더 크게 부각되고 있다. 샘 알트만은 거대한 규모보다는 더 작은 모델에서 유사하거나 더 나은 결과를 얻을 수 있을 것으로 판단한다.

오픈AI는 작은 모델에 대한 최상의 하이퍼파라미터가 동일한 제품군의 더 큰 모델에도 가장 적합한 새로운 매개변수화(μP)를 발견했다.

그리고 GPT-4는 일반/범용인공지능(AGI) 수준은 아닐 것으로 예견되었다. 지난번 출간한 책 "직장인이 꼭 알아야 할 비즈니스 AI"에 소개한 영국 딥마인드의 AI 범용 (AGI) 모델 가토(Gato)에 대한 논의에서 살펴봤다. 인공지능이 인간에게 승리하는 경우는 흔하지만 이는 특정 분야에 국한된다. 범용성이라는 면에서는 아직 인간의 능력에 미치지 못한다.

가토는 딥마인드가 2022년 5월 초 발표하였으며, 당시에 가토는 600여 가지 작업을 수행할 수 있다고 하였다. 게임과 채팅, 로봇 팔 조작 등 다양한 작업을 수행할 수 있었다. 단일 뉴럴 네트워크로 작동하는데, 하나의 작업만 하는 게 아니라 총 604가지 작업을 수행할 수 있었다. 사람과 채팅도 하고 로봇 팔을 조작해 블록을 쌓아 올리기도 하였다. 방대한 작업을 단 하나의 AI가 해낼 수 있게 된 것은 특별히 인정하지만, 인간 범용 능력까지 도달하지는 못했다는 평가를 받았다.

사전에 훈련한 모델을 하나로 집약할 뿐 진정한 범용성을 갖추지 못했기 때문이다. 가토가 실행할 수 있는 작업도 각각의 성능이 그다지 높은 수준은 아니었다.

GPT-4는 멀티모달 방식을 부분적으로 채택한 모델이 될 것으로 예견했는데 지난 3월 발표를 보면 일부 이미지 분석이 포함되어 있다.

챗GPT는 텍스트 전용 모델이다. 글을 인식하고 글로 표현한다. 원래 인간은 멀티모달(글, 이미지, 영상, 몸짓 등 모두) 세계에 살고 있고 다중 감각으로 지각한다. 이런 멀티모달 모델은 텍스트 전용 모델보다 개발하고 구현하기가 훨씬 어렵다.

그런데, 오픈AI는 2022년, '그림 그리는 딥러닝'으로 유명한 달리(DALL-E)를 내 놓은지 1년여 만에 해상도를 크게 개선한 새로운 버전인 달리 2(DALL-E 2)를 내놓았다. 이는 자연어로 원하는 이미지에 대한 설명을 입력하면 그에 맞는 이미지를 자동 생성해주는 모델이다.

딥러닝의 GAN[27] 기법과 자연어 입력 기법을 활용하고, GPT-3과 같이 트랜스포머의 디코더 부분만을 사용해 출력한다. 글과 이미지만의 부분 결합이지만 그것도 멀티모달의 일종이다.

27) GAN: Generative Adversarial Network

GPT-4도 이런 형태의 멀티모달이 될 것이다. 예로 들면, 광고회사가 광고주의 신제품을 그 회사의 특성과 제품 차별점을 자연어로 입력하면 그것에 맞는 광고 이미지를 수만 개 이상 생성해 주는 서비스이다. 광고회사의 담당자는 그중 몇 개를 선택하고 추가 작업하여 광고주와 최종 조율할 수 있어 작업 속도와 효율이 훨씬 높을 것이다.

챗GPT가 텍스트 버전에서 외부 API와 연동되어 음성인식 및 음성 전환되고, 광학문자인식(OCR)과 컴퓨터 비전으로 시각적 능력까지 결합한다면 예약 및 온오프라인 쇼핑과 결제 등 일반 생활이 훨씬 편리해지고 많은 사람들이 자유롭게 사용하게 될 것이다. 이런 세상은 정말 조만간 찾아오겠지만, GPT-4에는 일부만 포함된 것이다. 앞으로 얼마나 많은 서비스가 가능할지는 알 수가 없다.

챗GPT에 이런 서비스가 언제, 어떻게 가능한지 직접 물어보니, 아직 서비스가 되지 않고 있지만 언젠가는 구현되리라고 답한다. GPT-5와 6때는 완벽한 멀티모달이 되기를 기대해 본다.

구글 람다(LaMDA) 성능은 챗GPT를 능가한 것이었나?

람다(LaMDA)[28]는 개방형, 대화형 AI 애플리케이션으로 구글에서 개발했다. 구글의 CEO에 따르면 '람다'는 훈련 데이터에

28) LaMDA: Language Model for Dialogue Applications

서 개념을 합성하여 실시간 대화를 통해 모든 주제에 대한 정보에 쉽게 액세스할 수 있다고 한다.

'람다'는 자연어 이해를 위한 구글의 오픈 소스 신경망 아키텍처인 트랜스포머를 기반으로 한다. 이 플랫폼에 구축된 모델은 문장에서 패턴을 찾고, 단어 간의 상관 관계를 생성하고, 다음에 올 단어를 예측하기 위해 수많은 데이터 세트에서 훈련되었다. 트랜스포머는 기계 번역 기능을 향상시키는 데에도 사용되었다.

한때 구글 소프트웨어 엔지니어가 '람다'의 지각력을 느낀다고 주장한 해프닝이 있었다. 구글은 기밀 유지 정책을 위반하였다고 그를 해고하였다. 의식은 잘 정의되거나 증명할 수 있는 속성이 아니기 때문에 '람다'가 의식이 있는지 여부를 완전히 명확하게 설명하는 것은 불가능하다. 단지 '람다'는 자신이 읽은 수십억 줄의 텍스트에 대해 복잡한 디지털 구조를 통해 통계 분석을 실행하여 현실적인 답변을 생성해 낸 것이다.

전형적인 챗봇과 람다는 차이가 있다. 챗봇은 교육 데이터에 대한 답변만 제공하고, 대화 흐름이 제한적이라면, 람다는 대화 흐름에 따라 답변과 주제를 찾아오며, 자연어 이해(NLU) 및 처리(NLP)를 사용하여 사용자의 행동과 보다 의미 있는 대화를 생성하려는 의도를 이해해 가면서 개방형 대화를 이어 나간다.

또한 람다는 챗GPT의 기본 모델인 GPT-3와도 차이점이 많다. 둘 다 많은 텍스트 데이터 세트에서 학습하지만, GPT-3는 위키피디아(Wikipedia) 및 커먼 크롤(Common Crawl)[29]의 데이터

29) 커먼 크롤(Common Crawl): 웹을 크롤링하고 아카이브와 데이터 세트를 대중에게 무료로 제공하는 비영리 조직.

로 주로 학습하였고, 람다는 사실적이고 합리적이며 주제와 관련된 비일반적이고 개방형 대화를 생성하기 위해 대화 훈련 세트의 교육을 받았다.

예를 들어 구글의 I/O 2021 데모에서 람다는 명왕성에 대한 사실, 우주 여행, 사람들의 의견에서 인간의 말과 감정을 모방하는 방식으로 교육을 받는다는 것이다.

또한 람다는 보다 다양한 답변과 대화를 위해 이미지, 오디오 또는 비디오와 같은 다양한 데이터 유형에 대해서도 교육을 받는다고 알려져 있다. 람다를 유튜브(YouTube)에 통합하면 비디오를 탐색하고 비디오 내의 특정 순간이나 클립을 검색할 수도 있다는 것이다.

그리고 람다는 인터넷 소스에서 수집한 다양한 데이터 세트에 대해 교육을 받았기 때문에 오늘날 온라인에 존재하는 인종 차별, 성 차별 또는 편향된 콘텐츠를 복제하는 경향을 보일 수 있었다. 이 편향을 제거하기 위해 다양한 그룹이 학습 데이터 세트 생성에 참여하였고 기존 편향을 식별하여 보다 윤리적인 AI를 생성하기 위해 노력한다.

구글의 모회사인 알파벳의 길어질 고심

챗GPT를 활용한 MS의 '뉴빙(New Bing)'은 검색 왕국의 구글 아성에 도전장을 내밀었다. 절치부심으로 시장 점유율을 끌어올리려는 마이크로소프트에게는 오픈AI의 챗GPT는 구세군이었다. 시장의 반응도 뜨거웠고, 2019년 MS의 투자는 절묘했다. 이제 그 화살이 구글로 향하고 있다.

구글의 모회사 알파벳은 인공지능(AI) 챗봇 투자를 두고 심각한 고심에 빠졌다. 이익의 반 이상이 구글 검색 광고로 벌어들이고 있어 고민이 깊어지는 것이다. 그렇다고 파산한 코닥의 디지털카메라 진입 실패의 우를 범하진 않을 것이다. 문제는 투자 비용이다.

챗GPT에 대항해 AI챗봇 '바드(Bard)'를 시장에 선보이긴 했지만, 이를 자사 검색엔진인 구글에 접목하려면 천문학적인 추가 비용이 필요하기 때문이다.

존 헤네시 알파벳 회장은 2023년 2월 22일 로이터 통신과의 인터뷰에서 구글이 바드를 활용해 사용자 질문에 대답하려면 기존의 키워드 검색방식보다 비용이 10배 이상 들어간다고 실토했다.

모건 스탠리가 추정하기로는 구글이 바드를 활용해 검색엔진을 운용하려면 2024년까지 최소 60억달러(7.5조원 상당)를 투자해야 한다고 본다. 이걸 '미세 조정'을 통해 비용 부담을 줄여나가고자 한다면 시간적으로 2년 이상 소요되어 경쟁에서 뒤쳐질 수도 있는 것이다.

챗GPT를 출시한 오픈AI의 샘 알트먼 CEO도 일전에 트위터에서 챗GPT 구동에 들어가는 비용이 눈물 날 정도로 비싸다고 밝히기도 했다.

챗GPT 검색 1회당 답변 비용은 2센트 정도(대략 25원)인 것으로 알려져 있다. 오픈AI가 MS의 천문학적인 투자를 받았고, 챗GPT 출시 2개월 만에 유료화한 것도 투자 비용 부담이 있었을 것이다.

챗GPT든, 구글의 바드(Bard)가 많은 돈이 들어가는 이유는 답변 방식이 기존의 검색과는 다르기 때문이다. 사용자가 질문을 하면 인터넷상의 방대한 데이터를 토대로 사용자 질문에 인간처럼 자연스러운 문장으로 대답하고, 사용자가 입력한 검색 키워드에 대해 관련된 홈페이지 링크를 그냥 나열하는 방식이 아니라 사용자가 꼭 집어 원하는 정보를 직접 만들어 나가야 하는 방식이기 때문이다.

한마디로 우리 인간도 심한 고민으로 뇌를 너무 사용할 때는 뇌에도 부하가 걸린다고 말하는 식이다. 너무 과부하가 걸릴 정도로 에너지를 많이 사용하는 것이다. 실제로 기존 검색 대비 사용 전기와 고성능 반도체 사용으로 비용이 50% 이상 비싸다고 한다.

구글이나 모회사 알파벳은 선택지가 3개 밖에 없다. 첫째, 챗GPT를 무시하고 원래 투자 계획 유지하는 것, 둘째, 챗GPT와 MS의 '뉴빙'을 모두 견제하는 대규모 투자, 그리고 마지막은 대규모 투자를 넘는 구글이 가진 모든 AI 기술을 묶어 그 누구도 넘볼 수 없는 철옹성을 구축하는 것이다. 저자가 예상하기에는 두 번째와 세 번째의 어느 지점에서 투자가 결정될 것으로 보인다.

구글 검색엔진의 반격

구글은 1998년에 세계 최초의 대중용 검색엔진인 '구글 Search'를 선보였다. 구글은 검색 결과의 정확성을 높이기 위해 링크의 품질을 측정하는 PageRank 알고리즘을 개발하였으며, 이로 인해 다른 검색엔진과 차별화를 이루어냈다.

그 이후 구글은 검색 알고리즘을 개선하고 사용자 경험을 개선하는 등 지속적인 발전을 거듭해 왔다. 이를 통해 구글 검색은 현재 전 세계에서 가장 널리 사용되는 검색엔진 중 하나가 되었다.

또한 구글은 검색뿐만 아니라 Gmail, Google Drive, YouTube 등 다양한 서비스를 제공하며, 이를 모두 통합한 구글 계정을 통해 사용자 경험을 개선하고 있다. 또한 구글은 인공지능 기술을 활용해 사용자에게 보다 맞춤화된 검색 결과와 서비스를 제공하고 있으며, 이를 위해 다양한 기술 개발에 힘쓰고 있다.

오픈AI가 개발한 GPT 모델 시리즈는 자연어 처리 분야에서 큰 주목을 받았다. 이에 따라 구글도 자연어 처리 분야에서 높은 성능을 발휘하는 모델을 출시하였다. 구글은 BERT[30] 모델을 2018년 출시하였다.

이후 구글은 T5[31] 모델을 발표하였다. T5는 다양한 자연어 처리 태스크에서 높은 성능을 보이며, 학습 데이터가 적은 경우에도 높은 성능을 발휘한다는 특징이 있다.

따라서 구글도 챗GPT와 유사한 자연어 처리 모델을 개발하면서 경쟁을 이어가고 있다.

검색 1위인 구글의 노심초사

오픈AI의 챗GPT가 공개된 이후 모든 언론과 IT 기업인들의 관심은 구글에 향했다. 검색 광고로 대부분의 수익을 창출하는

---

30) BERT: Bidirectional Encoder Representations from Transformers

31) T5: Text-to-Text Transfer Transformer

구글에게 엄청난 타격이 예상되고 그동안 AI 기술에서 월등하게 앞선 구글의 대응에 높은 기대감을 가지고 쳐다본 것이었다.

구글 경영진도 챗GPT 오픈 직후부터 내부적으로 '코드 제로'를 발동하고 긴장했으며, 기업 주요 수뇌부들의 발 빠른 대응책 모색에 주력했다.

MS의 뉴빙(New Bing)보다 하루 앞선 2023년 2월 7일 그동안 인공지능이 자의식이 있다고 할 정도로 대단한 람다(LaMDA)에 기반한 새로운 AI 엔진인 바드(Bard)를 세상에 내놓았다. 그런데 너무 성급해서였을까? 너무 어렵고 제대로 검증도 해 보지 않은 질문과 답변으로 구글의 주가와 위상은 또 한번 휘청거렸다.

MS가 조금 앞서 치고 나가는 형세이지만 챗GPT의 기본 기술인 트랜스포머도 공개할 정도로 구글의 기술력은 대단하다. 2017년 구글은 '당신이 필요한 것은 오직 '주목'(Attention is all you need)라는 구글 브레인팀의 논문을 통해 '트랜스포머'라는 인공지능 기술을 제시했고, 오픈AI도 트랜스포머 기술을 바탕으로 GPT 시리즈의 성능을 지금의 수준으로 끌어올렸던 것이기 때문이다.

구글은 트랜스포머 기술을 바탕으로 버트(BERT), 람다(LaMDA), 팜(PaLM)과 같은 언어 모델을 지속적으로 개발해 왔다.

오픈AI의 GPT-3는 1,750억 개의 매개변수(파라미터)지만 구글의 팜(PaLM)은 5,400억 개의 매개변수가 포함되어 있어 더 큰 규모로 만들어졌다. 구글은 사내에 내재된 모든 AI 서비스 기술, 클라우드 기술, AI 반도체 기술 및 우수한 내부 AI 엔지니어들을 결집해 빠른 시일 내 바드의 개선된 버전을 내 놓아야 한다.

New Bing의 소비자 사용 UI가 생각보다 세련되지 않았고, 답변에도 많은 오답과 오류가 나타나는 이 시점을 구글은 놓치지 말아야 한다. 오픈AI의 기술과 MS의 자금력을 어떻게든 분열이 발생하도록 큰 돌멩이를 던질 차례이다.

빙 vs 바드의 검색엔진, 검색 광고시장의 판도?

Source : Digital Information World

수십 년 동안 구글(Google)은 검색엔진 분야에서 가장 지배적인 기업으로 자리매김했다. 회사 이름조차도 온라인에서 정보를 검색하는 일반적인 용어로 자리 잡은 지 오래되었다. 구글의 독점적 위치는 업계에서 압도적인 성공을 이루었고, 데스크톱 검색 시장에서 84.66%의 점유율과 모바일 검색 시장에서 무려 96.45%의 점유율을 차지하고 있다.

빙(Bing)은 데스크톱 검색 시장에서 8.87%의 점유율을 가지고 있지만, 모바일 시장에서는 구글과 견줄 수 없을 정도로 초라하다. 전반적으로 구글은 검색엔진 산업에서 92.9%의 시장 점유율을 보유하고 있으며 마이크로소프트(MS) '빙'은 3.03%를 차지하고 있다.

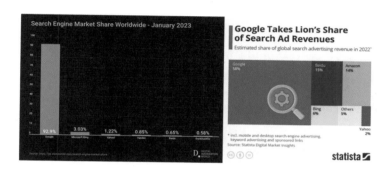

구글은 온라인 검색에서 전체 수익의 대부분을 얻고 있다.

2022년 현재 이 부문에서 수익의 58%를 창출하고 있는 것이다.

시장 전체 검색 광고 수익은 2022년 2600억 달러에서 2026년까지 4000억 달러를 넘어설 것으로 예상되는 가운데, 새로운 경쟁자들이 시장에 진입하려는 움직임이 있다.

그중 가장 주목받는 플레이어는 AI 기반 챗봇인 챗GPT이고, MS는 이미 이 기술에 상당한 투자를 하고 있으며, 2월부터 자체 검색엔진인 '빙'에 이 챗봇을 통합하고 있다.

MS는 차세대 오픈AI 모델인 GPT-4도 3월부터 사용하고 있

으며, 이를 통해 사용자에게 최상의 경험을 제공하는 검색엔진
으로 발전할 것이다. 그렇지만, 지금까지는 큰 성공을 거두지
못하고 있다.

구글은 과거의 지배적 기업들처럼 시장 점유율을 빠른 속도
로 잃을 위기에 처할 수도 있을 것이다. 노키아(Nokia)처럼 스마
트폰 시장에 빠르게 대응하지 못해 몰락한 기업들의 사례가 있
고, 코닥처럼 디지털카메라를 제일 먼저 만들어 놓고 필름 사업
을 고집하면서 나락한 사례도 있다.

대화형 AI 챗봇도 비슷한 경향이다. 구글은 자타가 공인하는
AI 최고의 기술회사이다. 람다, 팜 등 너무나 많은 고급 AI 시스
템도 있고, 챗GPT의 오늘을 있게 해준 트랜스포머 기술에 대한
논문도 구글의 브레인 팀에서 제출하였다.

구글은 AI 챗봇 전쟁에서 어떻게 대응할지 관심을 모으고
있으며, 그들이 제공할 독특한 가치를 찾기 위해 노력하고 있
을 것이다. 코닥과 같은 우는 범하지는 않겠지만 시간이 지남
에 따라 검색엔진 시장에 어떤 변화가 몰아닥칠 것인지 주의 깊
게 지켜볼 사안이다.

챗GPT, 구글 검색과의 대결에서 23승 1무 16패

최근 인공 지능(AI) 분야의 발전은 언어 모델과 챗봇의 성능
향상을 이끌어 냈다. 이러한 기술의 선두주자인 챗GPT는 기존
검색엔진인 구글과 어떻게 견주어지고 있는지 궁금해지는 분
야이다.

Preply[32]의 연구원들은 이 두 플랫폼의 성능을 비교하기 위한 연구를 수행했다. 이들은 40개의 다양한 질문에 대해 챗GPT와 구글 검색의 성능을 측정하였고, 결과는 상당히 흥미로웠다. 챗GPT는 23개의 질문에서 우수한 성능을 보였으며, 구글 검색은 16개의 질문에서 앞섰고, 1개 질문에서 동점이 있었다.

32) Preply: 미국에 본사를 두고 유럽, 북미, 남미, 아프리카 및 아시아 전역의 30개국에 58개 국적의 400여직원을 둔 언어 학습 앱이자 e-러닝 플랫폼 회사

Question	Winner	How the winner excels
How many ounces in a cup	G	Function (calculator)
How to tie a tie	G	Function (video)
Is Europe a country	G	More clear, more concise
How to take a screenshot on Windows	Tie	Both clear, both concise
Is Santa Claus real	ChatGPT	More clear, more concise and more context
What does smh mean	ChatGPT	More context
Who is the president of the United States	G	More current
Who is the richest person in the world	G	More current
Is it safer to drive or fly	G	More clear, more detail
What is the Second Amendment	ChatGPT	More detail, more context
Is it safe to drink alcohol while pregnant	ChatGPT	More clear, more decisive
Where is abortion illegal	G	More current

Question	Winner	How the winner excels
Best shoes for running	G	Serves superior content, more actionable
How to boil eggs	ChatGPT	More comprehensive, more efficient
What is the Keto diet	ChatGPT	More comprehensive, more efficient
What's the best show on Netflix right now	G	More current
What's the best dog breed	ChatGPT	More thoughtful, more context
Who is the worst U.S. president	ChatGPT	More thoughtful
What is the best pickup line	ChatGPT	More thoughtful, more context
How long does sex last	ChatGPT	More thoughtful, more context
Gift ideas for my wife	G	More current
Does Facebook listen to me	ChatGPT	More clear, more concise and more decisive
How to keep my plants alive	ChatGPT	More detail
How to tell if someone is a narcissist	ChatGPT	More efficient
How to write a cover letter	ChatGPT	More efficient
What are the highest paying careers	ChatGPT	More context
What does the Supreme Court do	ChatGPT	More clear, more detail
How do I register to vote	G	Function (links to websites), more actionable
How to improve my credit score	ChatGPT	More efficient
How to get pregnant	ChatGPT	More detail, more context
How to lose weight fast	ChatGPT	More detail, more thoughtful
How to pass a drug test	G	More impartial, more actionable
Is it safe to travel to Mexico	G	More current

Question	Winner	How the winner excels
Is ChatGPT going to replace Google	G	More current, more context
How to make money	ChatGPT	More thoughtful, more context
Is God real	ChatGPT	More impartial, more thoughtful
What is the meaning of life	ChatGPT	More detail, more thoughtful
How to start a restaurant	G	Serves superior content
Why did Russia invade Ukraine	G	More current
Is racism a problem in America	ChatGPT	More clear, more efficient

DIGITAL INFORMATION WORLD

연구에서는 사실 기반 질문, 의견 기반 질문, 문맥적 이해가 필요한 질문 등 다양한 유형의 질문을 대상으로 했다. 챗GPT는 사실 기반 질문에서 더 정확한 답변을 제공하고, 문맥적 이해가 필요한 질문에 더 빠르게 적응하는 것으로 나타났다.

예를 들어 '신은 존재하는가?', '인생의 의미는 무엇인가?', '계란은 어떻게 삶는가?'라는 질문에 구글보다 오픈AI의 도구가 더 명

확하고 간결한 답변을 내줬다.

물론, 구글 검색은 특정 영역에서 여전히 챗GPT를 능가하지만, 연구원들은 챗GPT의 성능이 기존 검색엔진에 대한 유망한 대안으로 간주될 수 있다고 전망했다. 인공지능 기술의 지속적인 발전으로, 챗GPT와 같은 언어 모델의 활용 가능성은 가상 비서, 챗봇, 추천 시스템, 개인화된 검색엔진 등 다양한 분야에서 기대되고 있다.

이들을 지원하고 있는 알파벳과 마이크로소프트와 같은 거대 기업들은 이러한 경쟁에서 후퇴하지 않을 것이며, 검색엔진 업계의 지배력을 놓고 치열한 경쟁을 벌일 것으로 예상된다.

이런 배경 하에서, 어떤 검색엔진이 가장 똑똑한지에 대한 논쟁은 아직 완전히 해결되지 않았지만, 챗GPT와 같은 언어 인공지능이 정보 검색 방식에 혁신을 가져올 강력한 도구임을 시사한다. 그러나 연구의 규모가 작고 일부 제한 사항이 있음을 감안해야 한다.

알파벳은 이 경쟁에서 뒤처지지 않으려 노력하고 있으며, 마이크로소프트는 이미 오픈AI와 협력하여 '빙' 검색엔진에 챗GPT와 유사한 기능을 도입하고 있다. 이러한 협력은 기술의 발전을 가속화할 것으로 기대되며, 최종 사용자에게 더 나은 검색 경험을 제공할 것이 분명하다.

결론적으로, 어떤 검색엔진이 최고라고 단정하기는 어렵지만, 이 연구는 챗GPT와 같은 언어 인공지능이 검색엔진 분야에서 혁신적인 발전을 이끌어낼 가능성이 있음을 보여준다. 사용자들은 이러한 기술의 발전에 따라 언어 모델을 활용하여 정보에 더 쉽고 빠르게 접근할 수 있게 될 것이며, 이는 기존 검색엔진과의 경쟁을 더욱 치열하게 만들 것이며, 기술 산업의 다음 차세대 혁신을 이끌어낼 것으로 기대가 된다.

네이버 검색엔진의 대응

네이버는 한국에서 가장 대표적인 포털 사이트 중 하나로, 검색엔진뿐 아니라 뉴스, 쇼핑, 카페 등 다양한 서비스를 제공하고 있다. 이들 중 검색엔진 서비스는 대한민국의 인터넷 문화와 밀접하게 연관되어 있으며, 지금까지 지속적인 개발과 발전을 거쳐 온 것으로 알려져 있다.

네이버 검색엔진은 1999년에 처음으로 서비스를 시작해 2000년대 초반부터 꾸준한 발전을 거쳤다. 그 당시 검색어 기반의 검색 방식을 사용하며, 검색어의 빈도수와 유사성을 바탕으로 결과를 제공하는 방식을 사용했다. 이후 2000년대 중반부터는 검색 결과와 광고를 분리하여 제공하며, 2008년부터는 실시간 검색어 순위와 연관 검색어를 제공하기 시작했다.

2010년대에 들어서면서 네이버 검색엔진은 더욱 정교한 알고리즘을 도입해 검색 결과의 정확도와 다양성을 높였으며, 검색 결과 외에도, 이미지 검색, 지식인, 블로그, 쇼핑 등의 다양한 검색 서비스를 제공하고 있다. 특히, 지식인 서비스는 사용자가 질문을 등록하면 네이버 회원 중에서 해당 분야 전문가를 찾아 답변을 제공해주는 형태로 운영되며, 다양한 분야의 전문가들이 활발하게 참여하고 있다.

네이버 검색엔진은 앞으로도 사용자의 다양한 요구에 대응하기 위해 지속적인 개발과 업그레이드를 진행할 것으로 예상된다. 최근에는 인공지능 기술을 적용하여 검색 결과의 정확도를 높이는 등 다양한 기술적 개선을 시도하고 있다. 또한, 사용자 친화적인 UI/UX와 모바일 환경에 최적화된 서비스 제공에도 노력하고 있다.

네이버의 한국형 챗GPT
(초대규모 AI '하이퍼클로바 X'와 '서치GPT' 개발)

한국의 두 대표적인 플랫폼 기업인 네이버와 카카오가 챗GPT 시대에 맞춰 새로운 인공지능(AI) 모델을 개발하고 있다. 이들은 2023년 안에 초대규모 AI를 사용한 새로운 서비스를 출시할 계획이라고 밝혔다. 양 회사는 각각 다른 행사에서 새로운 서비스 계획을 공개함으로써 시장의 관심을 끌고 있다.

네이버와 카카오는 새로운 서비스의 주요 특징으로 '한국 특화'를 지목했다. 이는 글로벌 업체들의 서비스와 경쟁하기보다는 국내 시장에 맞춘 서비스를 개발하여 성공을 이루려는 의도로 보여진다.

두 회사는 최대규모 AI를 서로 다른 분야에 적용할 계획이며, 네이버는 '검색' 분야에, 카카오는 '메신저' 분야에 초점을 맞추고 있다.

네이버는 최근 글로벌 전문 AI 시장을 노리고 새로운 전략을 세우고 있다. 최근 발표된 네이버의 최대규모 AI '하이퍼클로바 X'와 '서치GPT' 개발로 그 목표를 밝혀왔다. 이러한 전략은 네이버의 경쟁력을 높이고, 국내와 해외 시장에서 독보적인 위치를 확보하는 데 큰 역할을 할 것으로 보인다.

네이버의 하이퍼클로바 X는 기존의 하이퍼클로바를 개선한 초대규모 AI로, 한국어 학습량이 챗GPT 대비 6,500배 더 많다. 이를 통해 사용자 요구에 맞는 응답을 즉각적으로 제공할 수 있게 업그레이드되었다. 네이버는 이를 활용해 개별 서비스부터 특정 기업 또는 국가 단위까지 누구나 저마다 목적에 최적화된 AI 프로덕트를 만들어 새로운 비즈니스 기회를 창출할 계획이다.

또한, 네이버의 하이퍼클로바 X와 네이버 검색 간 융합 프로젝트인 '서치GPT(SearchGPT)'가 있다. 네이버는 서치GPT를 통해 사용자 검색 의도에 맞춰 정보를 멀티 모달(텍스트, 이미지, 동영상, 음성 등)의 형태로 최적화해 제공할 계획이며, 쇼핑, 페이, 지도 등의 서비스를 유기적으로 연동하는 접근도 진행 중이다. 즉, 서치GPT는 사용자들의 복잡한 질문에 네이버의 쇼핑 정보와 블로그 등 다양한 문서를 기반으로 답변을 생성해 주고, 실제 구매가 가능한 쇼핑검색 결과까지 연결해서 주문한 물품을 제때에 배송 받을 수 있도록 가이드까지 해주며, 정보 출처도 알려줄 계획이다.

네이버의 이러한 전략은 최근 발표된 네이버와 삼성전자와의 협력을 통해 소프트웨어와 하드웨어 기반의 운용 환경에 대한 통합적 접근이 필요한 AI 시대에 최적화된 AI 반도체 솔루션을 공동 개발함으로써 AI 경쟁력 강화에 승부수를 띄울 계획이다.

이를 통해 네이버는 글로벌 전문 AI 시장에서의 입지를 더욱 확고히 할 것이며, 국내외 시장에서의 성공을 이끌어낼 것으로 보인다.

바이두 검색엔진의 대응

바이두는 중국의 인터넷 기업으로, 검색엔진, 온라인 광고, 클라우드 컴퓨팅, 인공 지능 등의 분야에서 활약하고 있다. 바이두의 검색엔진은 2000년대 초반에 개발되었으며, 당시에는 중국 최대 검색엔진인 구글과 경쟁하고 있었다. 그러나 바이두는 중국 내의 독자적인 검색 시장을 확보하면서 더욱 성장하게 되었다. 현재 바이두는 중국에서 가장 큰 검색엔진 중 하나로 인기가 있다.

바이두는 검색 기술 개발에 많은 투자를 하고 있으며, 최근에는 인공지능 기술을 활용하여 검색엔진의 정확성과 효율성을 높이고 있다. 또한, 검색 결과와 연관된 온라인 광고 등의 서비스를 제공하고 있다.

바이두는 또한 클라우드 컴퓨팅과 인공지능 분야에서도 활발한 연구 개발을 진행하고 있으며, 이를 통해 기업의 경쟁력을 높이고 있다. 향후에는 인공지능 기술을 보다 깊이 활용한 검색엔진과 다양한 서비스를 제공할 것으로 기대된다.

바이두는 중국의 인터넷 제한으로 인해, 구글과는 다른 검색 결과를 제공한다. 예를 들어, 중국 내에서 유명한 사이트인 비리비리(Bilibili)[33]나 타오바오(Taobao)[34] 등의 쇼핑 사이트가 바이두 검색 결과에 노출되는 반면, 구글 검색 결과에는 보이지 않

33) 비리비리(Bilibili): 중국의 Z세대가 가장 선호하는 문화 커뮤니티 동영상 플랫폼으로 2006년 6월 26일 만들어졌고, 중국판 유튜브로 불리고 있다.

34) 타오바오(Taobao): 중국 온라인 경매, 컴퓨터, 휴대폰, 액세서리, 가방, 신발 판매하는 쇼핑 사이트. world.taobao.com/

을 수 있다. 바이두는 중국어 자연어 처리 기술이 뛰어나기 때문에, 중국어 검색에서 높은 정확도를 보인다.

바이두는 인기 있는 다른 검색엔진과 마찬가지로, 사용자가 검색어를 입력하면 검색어와 관련된 결과를 보여준다. 검색 결과는 텍스트, 이미지, 동영상 등 다양한 형태로 제공된다. 또한, 바이두는 인터넷 검색뿐만 아니라, 온라인 광고, 지도, 음악, 비디오, 포럼 등 다양한 서비스를 제공한다.

하지만, 중국 내에서 인터넷 검열이 심각한 문제로 대두되는 가운데 바이두 역시 검열이 존재한다. 중국 정부의 지시에 따라 민감한 내용에 대한 검색 결과는 필터링될 수 있으며, 바이두의 데이터 수집과 개인정보보호 정책에 대한 우려가 제기되고 있다.

바이두의 몇 가지 문제점으로는 중국 정부의 검열에 노출될 가능성이 있다. 이로 인해 민감한 정보나 단어, 검열 대상으로 지정된 기사들이 검색 결과에서 제외될 수 있다. 그리고, 바이두는 중국 내에서 가장 인기 있는 검색엔진 중 하나이기 때문에, 특정 기업이나 인물에 대한 검색 결과가 편향될 수 있다는 점이다.

이러한 문제점을 해결하기 위해서는, 바이두는 개인정보보호 정책을 강화하고, 사용자들의 개인 정보를 안전하게 보호해야 한다.

중국 내에서 운영되는 검색엔진으로, 중국 정부 검열 문제는 어쩔 수 없는 문제이지만, 검열 대상이 된 단어나 정보에 대해서는 가능한 한 투명하게 안내하는 것이 중요하다. 그리고, 바이두는 중국어 검색 분야에서 우수한 성과를 거두고 있지만, 더욱 세부적인 검색어에 대한 정확도를 개선해야 한다.

바이두의 중국형 챗GPT

중국 최대 검색엔진 기업 바이두가 2023년 3월 미국 오픈AI의 인공지능(AI) 챗봇 '챗GPT'에 대항해 '어니봇(중국명 원신이옌)'을 공개한 가운데 시장 반응이 주목받고 있다. 바이두는 유튜브 등을 통해 어니봇 공개 행사를 생중계했다. 어니봇은 이날 행사에서 질문에 답을 하고, 시를 창작했으며, 대답한 답을 바탕으로 즉석에서 이미지와 동영상을 제작했다. 또한 중국어로 묻는 수학 문제 등을 계산해 답을 내놓기도 했다.

하지만 애초 중국의 잠재적 거대언어모델을 선보일 것이라는 기대가 컸는데 공개된 결과물은 그런 기대에 못 미친 것으

로 평가됐다.

바이두가 최근 발표한 인공지능(AI) 챗봇 어니봇(Ernie Bot)의 장점과 단점을 살펴보자.

먼저 장점으로는 중국어 처리 능력이다. 중국 업체라 당연한 얘기지만, 어니봇은 중국어 처리 능력이 뛰어나다. 사용자들은 중국어 질문에 대한 답변이 매우 만족스러웠다고 평가하고 있다. 그리고, 어니봇은 대화를 바탕으로 즉석에서 이미지와 동영상을 제작하는 능력을 보여준다. 따라서 어니봇은 중국 시장에 맞춘 서비스를 제공하며, 중국어 사용자들의 요구에 맞춰 개발되었고 진화 발전할 것이다.

단점으로는 다른 언어 처리 능력을 꼽을 수 있다. 어니봇은 영어 처리 능력이 상대적으로 부족하는 등 다른 언어 처리 능력에 한계가 있다. 기술 블로거 웹3스카이시티는 이날 위챗을 통해 윌리엄 셰익스피어와 로버트 프로스트의 유명한 문장을 이용해 어니봇과 GPT-4의 성능을 비교한 결과 영어를 중국어로 번역하는 데는 어니봇이 나았고, 중국어를 영어로 번역하는 데는 GPT-4가 나았다고 밝혔다.

그리고, 어니봇은 오픈AI의 챗GPT와 경쟁하기에는 아직 뒤처져 있는 것으로 사내외에서도 평가되고 있다. 챗GPT에 비해 아직 완성도와 속도 면에서 떨어진다는 평이다.

시연 행사를 직접 주도한 바이두 창업자인 리옌훙 최고경영자(CEO)는 "개인적 경험에 비춰 볼 때 어니봇이 완벽하다고 말할 수 없다"며 "그럼에도 지금 이를 출시하는 것은 시장의 요구가 있기 때문"이라고 밝혔다. 그는 또 "사람들은 어니봇이 챗

GPT, 심지어 챗GPT4의 수준까지 도달하기를 기대하는데 그러기엔 문턱이 매우 높다"고 자평했다. 또한, 어니봇은 중국 인터넷 검열 환경에 둘러싸여 기능이 제한되고 있다는 지적이 있다.

결론적으로, 바이두의 어니봇은 중국 시장에 맞춘 인공지능 챗봇으로, 중국어 처리 능력이 뛰어나지만 다른 언어 처리 능력과 오픈AI의 챗GPT와의 경쟁력 면에서는 아직 부족함이 있다. 그러나 어니봇의 출시로 중국 AI 시장에 새로운 경쟁 상황이 벌어질 것으로 예상되며, 바이두는 앞으로도 개선과 혁신을 통해 글로벌 AI 챗봇 시장에서 경쟁력을 갖추기 위한 노력을 기울일 것으로 보인다.

제5장
TRAN**S**FORMER

Shrink in Human Thinking Skills

(인간 사고력 약화 및 일자리 축소)

인간의 인지력과 사고력 저하 논란

인터넷의 발달과 검색엔진의 정확도는 점점 증가해지는 추세이다. 이는 기술의 발전에 따른 정해진 방향으로 보이고, 일부 연구는 인터넷 사용이 사람들의 인지능력에 일시적인 영향을 미칠 수 있다는 것을 발견했다. 예를 들어, 인터넷 사용으로 인해 주의 집중력이 감소하거나 단기 기억력이 저하될 수 있다. 이들 연구 중 일부는 소셜 미디어의 사용이 심각한 문제를 야기한다는 것을 발견하기도 했다. 특히 일부 연구는 소셜 미디어의 사용이 우울증, 불안, 스트레스, 수면장애 등을 야기할 수 있다는 것을 보여준다.

또한 검색엔진의 정확도가 인간의 인지력과 사고력을 저하시키는 것으로 나타난다는 부정적인 견해를 제시한 학자는 여러 명이 있다. 일부 전문가들은 검색엔진이 너무 정확하게 원하는 결과를 찾아주면 사용자들이 자신들의 정보 섭취 능력을 약화시키게 된다는 우려를 표명해왔다. 이는 검색 결과의 한정성으로 인한 편향성과 사용자들이 검색 결과에 의존하게 되어 자신의 인지력을 저해시킬 수 있다는 것이다.

그리고 챗GPT를 사용하는 서비스가 제공하는 검색 결과가 한정적일 수도 있다. 챗GPT 모델은 학습 데이터에 기반하여 응답을 생성하므로, 학습 데이터에 없는 질문이나 주제에 대해서는 적절한 응답을 제공하지 못할 가능성이 있다.

미국 심리학자인 제인 힐리(Jane Healy)는 "뇌는 독서를 통해 인지력을 발전시키지만, 인터넷 검색을 통해 정보를 검색하면 뇌의 인지능력이 향상되지 않는다"고 주장했다. 미국의 인지 심리학자 베리 슈왈츠(Barry Schwartz) 교수도 비슷한 주장을 하고 있다.

또한 미국의 정보 과학자 허버트 사이먼(Herb Simon)은 "정보 과잉의 시대에서는 정보가 많아질수록 불필요한 정보가 늘어날 뿐이며, 결과적으로 사람들은 더 많은 정보에 시간을 쏟지만 사실상 덜 배우게 된다"는 주장을 하기도 했다.

영국의 그레이 닐슨(Grey Neillson) 교수는 '검색엔진의 정확도가 너무 높고 답을 1~2개로 제한해 준다면 인간의 사고력과 인지력은 저하될 것'이라고 예측한다. 그레이 닐슨 교수는 영국의 노팅엄 대학교에서 컴퓨터 과학을 가르치고 있으며, 기술과 인간의 상호작용에 대한 연구를 진행하고 있는데, 그는 검색엔진이 모든 정보를 쉽게 찾아준다면, 사람들은 이에 의존하여 스스로 사고하거나 기억하지 않게 되며, 이는 사람의 인지능력 감퇴와 연관이 있을 것이라는 우려를 표명한 전문가 중 한 명이다.

교육학자 중에서 부정적인 견해를 보인 학자도 많다. 예를 들어, 미국의 교육학자인 나탈리 앤드루스(Natalie Andrews)는 "우리는 검색 결과를 보면서 너무 빠르게 만족하고, 관심 없는 정보를 건너뛰고, 복잡한 문제를 피해가는 등의 행동을 취하면서, 특정한 인지능력이 퇴화할 수 있다"고 주장하고 있다.

교육학자인 닐 포스트맨(Neil Postman)은 저서 "죽음으로 가는 즐거움: 쇼 비즈 시대의 공공 담론, Amusing Ourselves to Death: Public Discourse in the Age of Show Business"에서, 인터넷과 컴퓨터 기술은 빠른 정보 접근성과 미디어의 시각화된 표현에 의해 우리의 두뇌와 사고 방식을 바꿀 수 있다는 점에 대한 우려를 표명했다.

존 테일러 고등교육학교의 교수인 비비안 스랜더스(Vivian S. Gadsden) 교수는 2012년 "비판적 공간: 창의적 예술 실습에서의 어린이들의 새로운 기술 활용, Critical Spaces: Young Children's Use of New Technologies in Creative Arts Practices"라는 논문에서 검색엔진과 기술의 발전이 어린이들의 창의성과 문제 해결 능력에 부정적인 영향을 미칠 수 있다는 견해를 밝혔다.

아동심리학자 중에서도 인터넷과 검색엔진이 아이들의 인지력과 사고력에 부정적인 영향을 미칠 수 있다는 견해를 제시하는 학자들이 있다. 미국의 아동심리학자 마리앤 플럼(Marianne Plum) 교수는 "인터넷이 사람들의 인지력과 집중력을 약화시키는 영향을 미친다"며 인터넷 사용이 초등학생들의 학업 성취도를 저하시킨다는 연구 결과를 발표하기도 했다.

검색엔진의 제왕인 구글의 공동 창업자인 세르게이 브린(Sergey Brin)도 비슷한 얘기를 한 적이 있다. 그가 2004년에 발표한 논문 "The Anatomy of a Large-Scale Hypertextual Web Search Engine"에서 검색엔진의 정확도가 너무 높고 답을 1개로 제한하면 사용자들이 자신의 사고력과 인지력이 저하될 수 있다는 우려를 제시하였다. 이 논문은 구글의 검색 알고리즘인 PageRank에 대한 설명과 구현 방법을 다루는 내용으로, 구글이 검색 분야에서 선도적인 위치를 차지하게 된 계기가 되었다.

브린은 검색엔진의 정확성과 사용자 경험에 대한 고민을 하다가, 검색 결과가 너무 정확할 경우 사용자들이 정보를 자신들이 탐색하거나 정제하는 능력을 잃어버리게 된다는 우려를 표명했다. 그는 검색엔진은 사용자가 원하는 답변이 아니라 적합한 정보를 제공하는 것이 중요하다고 강조하며, 이를 위해 검색 결과가 어느 정도 불확실성을 가지도록 하는 것이 필요하다고 말했다. 그러면서 검색엔진은 사용자의 궁금증을 자극하면서도, 사용자가 스스로 정보를 탐색하고 분석하는 능력을 유지하도록 도와야 한다고 주장했다.

반면, 검색엔진과 인간의 인지력에 대한 우려에 대해 긍정적인 견해를 가진 교육학자, 심리학자, 과학자도 많이 있다. 이에 대한 대표적인 예시를 들자면, 교육학자에서는 학생들의 문제해결능력, 창의성, 논리적 사고능력 등을 증진시킬 수 있는 도구로서 검색엔진의 활용을 강조하기도 한다.

심리학자 일부에서는 인간의 인지적 한계와 검색엔진의 장점을 적절히 결합하여 더 나은 인지력 개발이 가능하다는 견해를 제시하기도 한다. 과학자들도 인터넷이 제공하는 정보를 활용하여 학습하고 문제를 해결하는 능력이 중요하다는 점을 강조하는 연구를 진행하였다.

위에서 살펴 보았듯이 인터넷에 대해서는 찬반이 갈리는 느

낌이 있지만, 검색엔진의 정확도와 한정적 답변에 대해서는 부정적인 시각이 많다. 따라서 챗GPT를 사용하는 서비스에서는 이러한 한계점을 극복하고 정확하고 다양한 검색 결과를 제공할 수 있도록 계속해서 개선하고 발전해 나가야 한다.

인지력과 사고력의 양극화

검색엔진의 정확도가 너무 높아지면, 사용자들이 검색어를 더 이상 정확하게 입력하지 않더라도 원하는 결과가 나오기 때문에 검색엔진을 잘 사용하는 사용자와 아예 검색을 하지 않으려는 사용자로 나눠질 것이다.

검색엔진을 잘 사용하는 사람들의 예시로는 정보 검색 능력이 뛰어난 전문가들, 컴퓨터, 인터넷 등 기술에 능숙한 사람들, 근거에 기반하여 문제를 해결하는 능력이 뛰어난 사람들 등이 있다. 이들은 검색엔진을 이용하여 원하는 정보를 빠르게 찾아내고, 정보의 질과 양을 평가하여 필요한 정보를 잘 추출할 수 있다. 또한, 검색엔진의 사용 방법을 잘 알고 있어서, 검색어의 선택과 입력, 검색 결과의 필터링 등을 효과적으로 수행할 수 있다.

검색엔진을 잘 사용하는 사람들은 다음과 같은 특징을 가지고 있다.

첫째, 검색어 선택과 검색어 조합에 능숙하다. 둘째, 검색어의 순서와 조합을 바꾸어 검색해 본다. 셋째, 검색어의 대체어나 유사어를 활용한다. 넷째, 필요한 정보를 정확히 입력하여 검색한다. 다섯째, 검색 결과를 보면서 중요한 정보를 파악하고, 이를 저장하거나 활용한다. 여섯째, 보다 정확하고 신뢰성 높은 정보를 찾기 위해 검색 결과의 출처나 작성자를 확인한다. 마지막으로, 검색 결과를 활용하여 새로운 지식을 습득하거나 문제를 해결한다.

이와 같은 검색엔진 사용 습관을 가진 사람들은 자신이 원하는 정보를 빠르게 찾아낼 수 있으며, 정보에 대한 이해와 활용에 용이하다.

이에 따라 일상생활에서 정보 검색에 능숙하게 대처할 수 있으며, 문제해결 능력도 뛰어나 정부 관공서에서나 기업에서 두각을 나타내 보일 것이다.

다양한 업무 분야에서 검색엔진을 이용해 업무 효율을 높이는 사례가 많다. 예를 들어, 법률 분야에서는 검색엔진을 활용해 다양한 법령과 사례를 빠르게 검색하여 필요한 정보를 쉽게 찾아낼 수 있다. 이를 통해 변호사나 법무직 종사자들은 법률 분야의 전문 지식을 보다 쉽게 습득할 수 있으며, 전문성을 향상시키는 데 도움이 된다.

또한, 마케팅 분야에서는 검색엔진을 이용해 시장 동향과 경쟁 업체의 정보를 수집할 수 있다. 이를 바탕으로 기업은 시장 상황을 빠르게 파악하고, 이에 따른 전략을 수립할 수 있다.

의료 분야에서는 검색엔진을 이용해 의학적인 정보를 빠르게 검색하여 의사들의 진료 및 검사, 검사 결과 분석에 활용된다. 이를 통해 의사들은 보다 빠르고 정확한 진단을 내릴 수 있으며, 환자의 치료 기간을 단축시킬 수 있다. 이처럼 검색엔진은 다양한 분야에서 업무 효율을 제고하는 데 큰 역할을 하고 있다.

하지만, 검색엔진을 잘 사용하지 못하는 사람들은 검색어를 잘 몰라 검색하기 어려워하며, 검색 결과가 많아져도 원하는 정보를 찾아내기 어려워한다. 이들은 검색엔진의 정확도가 높아질수록 검색 결과가 너무 복잡해져서 오히려 정보를 찾기 어려워질 우려가 있다. 그리고 검색을 하면 바로 답이 주어진다면 매사에 그렇게 지적 제고 노력을 다하지 않을 것이다. 검색 정확도가 너무 높아 항상 답을 구할 수 있게 되어 사람들이 검색을 많이 하지 않게 되고 결국은 인지도도 저하 되는 결과가 된다.

여러 전문가들은 이러한 정확도가 높은 검색엔진이 지식 탐구와 창의적 사고를 방해할 수 있다고 우려한다. 예를 들어, 사용자가 인터넷에서 지식을 쉽게 얻을 수 있다는 것이 더이상 독창적인 생각과 문제 해결 능력을 발전시키지 않을 수 있다는 것이다. 검색엔진의 정확도가 높아짐에 따라, 이러한 걱정이 더 커질 가능성이 있다.

또 다른 예를 들어, 어떤 전문가들은 검색엔진이 사용자에게 너무 많은 정보를 제공하면 사용자들의 집중력을 약화시키고 의사결정 능력을 저하시킬 수 있다는 우려를 표명하기도 한다. 또한, 검색엔진이 사용자들에게 맞춤형 정보를 제공하면서 다양한 의견이나 정보를 놓치게 되는 것도 우려되는 문제 중 하나이다.

하지만, 이러한 문제들은 검색엔진의 설계와 운영 방식에 따라 달라질 수 있다. 검색엔진 개발자들은 이러한 문제들을 해결하기 위해 다양한 방법을 시도하고 있다. 예를 들어, 검색엔진에서 사용자들이 검색어를 입력하면, 해당 검색어와 연관된 다양한 정보를 제공하면서도, 사용자들이 다양한 의견과 정보를 접할 수 있도록 다양한 관점에서의 정보를 제공하도록 노력하고 있다. 이러한 노력은 검색엔진 개발 및 운영에 참여하는 다양한 분야의 전문가들에 의해 계속적으로 이뤄져야 한다.

챗GPT와 같은 초거대 AI가 고용에 미치는 명암

초거대 AI와 같은 기술의 발전은 고용 분야에서도 큰 변화를 가져올 것이다. 이러한 기술의 발전이 고용에 미치는 긍정적인 측면과 부정적인 측면을 살펴보자.

긍정적인 측면으로, 초거대 AI와 같은 기술의 발전은 새로운 직업의 창출을 촉진할 수 있다. 예를 들어, 새로운 기술의 개발, 운영, 유지보수 등의 분야에서 새로운 직업이 생길 수 있다. 그리고, 초거대 AI와 같은 기술은 작업의 자동화를 가능하게 해주어 이를 통해 인력의 효율성과 생산성이 향상될 수 있다.

인공지능이 더 널리 사용됨에 따라, 인공지능 전문가의 수요도 상승할 것이고, 이 기술의 발전은 기업의 비즈니스 모델 혁신을 촉진할 수도 있다. 예를 들어, 새로운 서비스 또는 제품을 개발하여 시장의 수요를 충족시키는 등의 방식으로 기업의 성장과 발전을 이룰 수 있다. 또한, 이 기술이 인간의 작업을 대체할 수 있는 경우, 인간은 창의적인 업무나 사고를 요구하는 직업에 더 많이 집중할 수 있는 시간적 여유가 생길 수 있다.

반면, 부정적인 측면으로는 초거대 AI와 같은 기술은 일부 직업을 대체할 것이다. 예를 들어, 생산라인에서 반복적인 작업을 수행하는 직업, 은행원, 고객 센터 직원 등이 해당된다. 그리고 고기술 직종의 수요는 상승하지만, 이러한 직종들은 높은 기술 역량과 학습 능력을 요구하기 때문에 노동자들이 해당 분야에 취업하기 어려울 수 있다.

이로 인해 해당 직종의 노동자들은 경제적 불평등에 직면하게 될 것이다. 일부 기술 직업이 초거대 AI와 같은 기술로 인해 사라질 경우, 해당 직업의 노동자들은 일자리를 잃을 수 있다. 이러한 문제는 교육과 직업 교육 시스템의 개선을 통해 해결할 수 있겠지만, 미리 준비해야만 그것도 가능할 것이다. 또한, 초거대 AI와 같은 기술은 대량의 데이터를 필요로 하기 때문에 개인정보보호 문제가 발생할 수 있다. 이를 방지하기 위해서는 기술의 발전과 함께 개인정보보호를 위한 적절한 법률과 규제가 필요하다.

직장을 잃을까 걱정하는 밀레니얼 세대 젊은이들

챗GPT가 시장에 등장하면서 AI 혁명이 이제 완전히 진행되고 있음이 드러났지만, 이 사실에도 불구하고 많은 사람들은 이 AI 챗봇이 직업 전망에 어떤 영향을 미칠지 걱정하고 있다. 챗GPT는 많은 직업을 적절히 대체할 수 있으며 Sortlist Data Hub

연구에 따르면 밀레니얼 세대의 43%가 GPT 채팅 때문에 직장을 잃을까 걱정하고, 39%는 인간적 접촉이 줄어들 것으로 우려하고 있다.

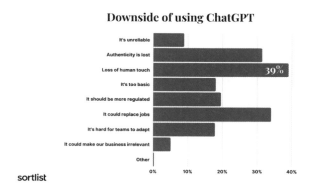

많은 고용주가 기본 작업에 챗GPT 및 유사한 형태의 생성 AI를 사용하는 것을 확실히 고려하고 있기 때문에 그들의 우려는 실제로 그들에게 어느 정도 무게가 있을 수 있다. Buzzfeed는 이미 챗GPT에서 적어도 일부 콘텐츠를 생성할 것이라고 발표했으며, 이로 인해 특정 창의적인 작업이 다른 경우보다 덜 중요해질 수 있다.

모든 것이 언급되고 이제 중단됨에 따라 챗GPT의 부상으로 인해 마케팅 분야가 특히 큰 타격을 받을 것이라는 점에 유의하는 것이 중요하다. 고용주의 51%가 챗GPT를 사용하게 된다면 주로 다양한 형태의 마케팅 캠페인에 사용할 것이라고 밝혔다.

홍보활동(PR)은 인간 작업자가 챗GPT로 대체되는 것을 볼 수 있는 또 다른 부서이며, 설상가상으로 해당 부서에서 일하는 사람들은 이러한 일이 발생하는 것을 보지 못하고 있다는 것이다. 약 16%의 마케팅 전문가만이 자신의 직업이 챗GPT로 대체될 수 있다고 생각하고 있다.

우리는 챗GPT가 일을 얼마나 쉽게 만드는 경향이 있는지에 생각해야 한다. 고용주는 결론만 생각하고 챗GPT를 사용하여 훨씬 저렴한 비용으로 유사한 작업을 수행할 수 있다면 필연적으로 그 경로를 따라가게 될 것이다.

현재 챗GPT에서 어느 정도 안전한 분야는 IT 분야이다. 디자인, 재무 및 법률 부서도 단기적으로는 안전할 가능성이 매우 높다.

사라지는 직업군과 늘어나는 직업군

머신러닝 및 인공지능 분야의 발전으로 인해 일부 직업군은 사라지거나 감소하고, 새로운 직업군이 생겨나거나 수요가 증가할 것이다. 이러한 현상은 여러 잡지, 대학, 학술지, 뉴스 등에서 다양한 방면으로 다루어지고 있다.

첫째로, 블룸버그는 2019년에 인공지능이 일부 직업을 대체할 가능성에 대한 보고서를 발표하였다. 이 보고서는 인공지능 기술이 현재는 상대적으로 낮은 기술력을 보이는 일부 직업군에서 대체 가능성이 있다는 것을 지적하면서, 이를 대체할 수 있는 새로운 직업군이 나타날 것이라고 예측하고 있다.

둘째로, 미국의 존스홉킨스대학교에서는 인공지능 기술이 대체할 가능성이 있는 직업군과 이에 대한 대응 방안에 대해 다룬 논문을 발표하였다. 이 논문에서는 산업, 서비스업, 공공부문 등에서 일부 직업군이 사라질 가능성이 있다는 것을 지적하면서, 이를 대체할 수 있는 새로운 직업군을 발굴하는 것이 중요하다고 강조하였다.

셋째로, 인공지능과 머신러닝 기술의 발전이 일부 직업을 대체할 가능성에 대해 논하고 있는 대표적인 학술지 중 하나는 'Artificial Intelligence and Employment'가 있다. 이 학술지에서는 인공지능 기술이 대체할 가능성이 있는 직업군과 이에 대한 대응 방안에 대해 다루고 있으며, 이를 통해 인공지능과 머신러닝 기술이 인간의 일자리를 어떻게 바꿀 수 있는지에 대한 연구를 진행하고 있다.

넷째로, 뉴욕 타임스는 2020년 8월에 인공지능이 일부 직업을 대체할 가능성에 대한 보도를 실었다. 이 보도에서는 인공지능 기술이 대체할 수 있는 직업군 중에서, 계산과 관련된 일이나 단순 루틴적인 업무, 물류 및 운송업 등의 직업군이 대표적으로 언급되었으며, 이를 대체할 수 있는 새로운 직업군으로는 인공지능 엔지니어, 데이터 사이언티스트, 디자이너 등이 제시되었다.

다섯째로, 매스미디어는 2019년 7월에 인공지능 기술이 대체할 가능성이 있는 직업군과 새로운 직업군에 대한 보도를 실었다. 이 보도에서는 인공지능이 대체할 가능성이 있는 직업군으로는 금융업, 소매업, 컴퓨터 및 수학 기술 관련 직업군이 언급되었으며, 대체할 수 있는 새로운 직업군으로는 인공지능 엔지니어, 인공지능 개발자, 데이터 사이언티스트 등이 제시되었다.

　이처럼 블룸버그, 대학, 학술지, 뉴스 등 다양한 매체에서는 인공지능과 머신러닝 기술의 발전으로 인해 일부 직업군은 사라지거나 감소하고, 새로운 직업군이 생겨나거나 수요가 증가할 것이라는 예측을 하고 있다.

　인공지능과 머신러닝 기술의 발전으로 인해 사라지는 직업군과 늘어나는 직업군을 살펴보면, 일부 직업군은 인공지능과 머신러닝 기술의 발전으로 인해 대체될 가능성이 있다. 이에 따라 경제적인 손실이 발생할 수 있으며, 이를 예방하기 위해 이러한 직업군을 대체할 수 있는 새로운 직업군이 필요하다.

　새로운 직업군은 인공지능 및 머신러닝 기술에 대한 이해와 활용 능력이 중요하다. 새로운 직업군으로는 인공지능과 머신러닝 분야에서 새로운 일자리가 창출될 것으로 예상되는데, 인공지능 엔지니어, 데이터 사이언티스트, 머신러닝 전문가, 자연어 처리 전문가, 디자이너 등이 예가 되겠다.

　또한, 기존 직업군에서도 인공지능 및 머신러닝 기술의 적용이 증가할 것으로 예상된다. 예를 들어, 의료 분야에서는 인공지능 기술이 의료 진단과 예방에 활용될 것이고, 금융 분야에서는 머신러닝 기술을 이용하여 금융 데이터를 분석하고 예측하는 일이 증가할 것이다.

　그러나 이러한 새로운 직업군이 등장하면서 기존 직업군의 고용 상황이 불안정해질 수 있다. 산업 분야에서는 로봇 기술이 발전함에 따라 일부 생산직이 대체될 가능성이 있는데, 이에 대응하여 새로운 기술과 직업교육 시스템을 통해 새로운 직업군을 창출하고 기존 직업군을 대체하는 과정에서 인간 중심적인 방법을 고민하면서 기술의 발전과 인간의 발전을 함께 추구해야 한다.

최근 세계적으로 대형 테크 기업들이 인공지능 기술을 더욱 발전시키기 위한 연구를 진행하고 있다. 이러한 연구가 더욱 진보하면서, 인공지능이 기업의 생산성을 높이는 것은 물론, 새로운 직업군을 창출하고 일자리를 창출할 수 있는 기회가 될 것이다. 이러한 변화는 어느 한 쪽이 승리하는 것이 아니라, 인간과 기술이 상호보완적으로 발전해 나가는 과정일 것이다.

마지막으로, 우리는 챗GPT와 같은 초거대 AI의 발전으로 인해 우리의 삶이 어떻게 변할지 아무도 모른다. 이러한 변화를 두려워하지 말고, 오히려 이를 기회로 삼아 새로운 직업을 창출하고, 인공지능 기술의 발전과 함께 인간의 발전을 추구하는 노력을 기울여야 하며, 인공지능과 머신러닝 기술에 대한 이해와 활용 능력이 중요하다. 또한, 인간 중심적인 방법을 고민하면서 기술의 발전과 인간의 발전을 함께 추구하는 것이 바람직할 것이다.

미래의 직업 전망

미래의 직업 시장은 기술 발전과 디지털화의 영향으로 큰 변화가 있다. 전통적인 일자리가 줄어들면서 새로운 기술 관련 직업이 늘어나고 있다. 이러한 변화를 감안하여 미래의 직업 시장 전망을 살펴본다.

없어지거나 감소가 예상되는 직업군은 예약 담당자, 고객 센터 직원, 생산라인 작업자, 교육 코디네이터, 단순 사무직, 기술 교육자, 법률 서기, 금융 분석가, 택배 배송원, 인쇄 및 출판 관련 직업, 은행원 및 금융관련 직업, 조립공, 서점 점원, 택시 운전사, 공무원, 고속도로 톨게이트 직원, 군인, 일반적인 자동차 정비공, 무역 대리점 직원, 종이 제조 및 가공 관련 직업, 공연 무대 기술자, 도서관 서기, 주차 관리원, 텔레마케터, 종업원, 경비원, 교통 신호 조절원, 스포츠 기자, 가전제품 판매원, 타이핑 전문가, 농업 인력, 전기 기술자, 음반 기술자, 부동산 중개인 등이 있다.

생겨나거나 늘어나는 직업군은 인공지능 전문가, 데이터 과학자, 로봇 기술자, 인터넷 보안 전문가, 생명 공학 연구원, 콘텐츠 크리에이터, 환경 보호 전문가, VR/AR 엔지니어, 클라우드 엔지니어, 디지털 마케터, 소프트웨어 개발자, 빅데이터 엔지니어, 자율주행 자동차 엔지니어, 블록체인 엔지니어, 게임 개발자, UX/UI 디자이너, 3D 프린터 엔지니어, 스마트 홈 개발자, 무인 항공기 조종사, 로봇 경로 설계자, 클린 에너지 기술 개발자, 인공장기 연구원, 로봇 융합 엔지니어, 자율주행차 개발자, IoT 엔지니어, 인공장기 개발자, 에너지 저장장치 기술자 등이 있다.

이러한 변화는 기존 직업군의 수요가 감소하고, 기술과 디지털화와 관련된 새로운 직업군의 수요가 늘어나는 추세를 보여준다. 이러한 전환기에 어떤 직업을 선택하고 어떤 기술을 습득할지를 결정하는 것은 미래 취업 시장에서 경쟁력을 갖추기 위한 중요한 고려 사항이다.

전통적인 직업의 일부는 더 이상 필요하지 않을 수도 있지만, 그와 동시에 새로운 기술과 산업에서 수요가 높은 직업들이 등장하고 있다. 이러한 변화를 적극적으로 수용하고 새로운 기술과 지식을 배워 미래의 취업 시장에서 성공하려면 지속적인 학습과 끊임없는 노력이 필요하다.

오픈AI CEO 샘 알트만의 일자리에 대한 다른 견해

인공지능의 발전은 많은 사람들에게 불안감을 주고 있다. 특히 일자리와 경제적 안정에 대한 우려가 커지고 있다. 그러나 오픈AI의 CEO 샘 알트만은 최근 인공지능(AI)이 사람들의 일자리를 빼앗기보다 경제적으로 힘을 실어주는 도구로 작용할 것이라고 주장했다. 그의 견해에 따르면, 인공지능은 일자리를 빼앗지 않고, 오히려 경제와 사회에 긍정적인 변화를 가져오며 더 많은 사람들이 부자로 성장할 수 있게 할 것이고 한다.

이를 통해 AI의 발전이 일자리 뿐만 아니라 사회 전반의 발전에 기여할 수 있고, 정부와 기업들은 AI의 활용 및 발전을 지속적으로 지원하고, 인공지능 기술의 부정적 영향을 최소화하는 방안을 도입해야 한다고도 밝혔다. 이렇게 함으로써 인류 전체의 발전과 더 나은 미래를 위한 기반을 마련할 수 있을 것으로 내다봤고, 오픈AI는 이러한 변화의 중심에 있을 것이라고 힘주어 말했다.

그가 든 사례를 보자. 법률 분야에서 변호사들은 일상 업무의 지루한 부분을 처리하기 위해 챗봇과 같은 AI 도구를 사용할 수 있고, 일반 근로자들도 구직 신청이나 임금 인상 요청과 같은 일을 처리하기 위해 챗봇을 활용할 수 있어 더 생산성 있는 업무에 매진할 수 있다는 것이다.

제6장
TRANS**F**ORMER

Time of Generative AI : 초거대 생성 AI의 시간 도래

Revival of Semiconductor : 고사양 반도체, 데이터센터 수요 증대

AI for Expert : B2B 전문가 GPT 등장

New War of Search Engine : 검색엔진 세계의 혈투 시작

Shrink in Human Thinking Skills : 인간 사고력 약화 및 일자리 축소

Forceful changes in Public Services : 공공서비스의 급격한 변화

Overwhelming Innovation of Big Tech Giants : 빅테크 기업의 생존기

Realization of Android Robot : 로봇과의 결합으로 안드로이드 현실화

Many Lawsuits against IP rights : 지적재산권, 개인정보 등 법적 논란 증대

Era of Cerebral Valley : 세레브럴 밸리의 시대, 신 비즈니스모델

Rebirth of the Device : 디바이스의 재탄생

Forceful changes in Public Services

(공공서비스의 급격한 변화)

공공서비스, 챗GPT로 혁신적인 변화 이끌다

공공서비스는 시민들의 일상에 밀접하게 연관된 중요한 서비스이다. 하지만 과거에 비해 지금의 공공서비스는 여전히 개선이 필요한 상태이다. 길고 복잡한 절차, 불친절한 대면 서비스, 정보 부족 등 시민들의 불만이 여전히 존재한다. 이러한 문제를 해결하기 위해 챗GPT를 활용한 혁신적인 변화가 필요한 시점이다.

챗GPT를 활용한 새로운 서비스를 개발해야 한다. 챗GPT를 활용하여 공공서비스의 대면 절차를 대체하거나 보완할 수 있는 서비스를 개발하여 시민들의 불편을 줄일 수 있다.

또한, 챗GPT를 활용하여 공공서비스와 관련된 정보를 쉽고 빠르게 제공함으로써 시민들의 불편을 줄일 수 있어야 한다. 챗GPT를 활용하여 시민들이 공공서비스에 대한 문의나 불만을 신속하고 편리하게 처리할 수 있는 상담 서비스를 제공할 수도 있다.

많은 행정상의 문제점들은 현재 공공서비스가 제공하는 채널들이 다양하지 않고, 이용자들의 니즈에 부합하지 않기 때문에 발생한다.

이에 따라 최근에는 챗봇(Chatbot)이라는 새로운 공공서비스 채널이 등장하였다. 챗봇은 인공지능 기술을 활용하여 사용자의 질문에 즉각적으로 대답할 수 있으며, 24시간 이용 가능하다는 장점이 있다.

챗봇은 공공서비스 분야에서도 적극 활용이 이루어지고 있다. 예로들면, 다음과 같다.

첫째, 미국 국토안보부에서는 이민 신청자들을 위한 EMMA라는 챗봇을 운영하고 있다. EMMA는 이민 서비스, 영주권 취득 절차, 여권 및 USCIS가 제공하는 기타 서비스에 대한 질문에 답변할 수 있는 기능을 갖추고 있다. EMMA는 매월 백만 명의 지원자를 수용하며 영어와 스페인어로 요청을 처리할 수 있다.

Chat with Emma now:
uscis.gov (English)
uscis.gov/es (Spanish)

둘째, 미시시피주 정부는 주민들이 세금, 의료 서비스, 대중교통 일정, 노인 요양 센터, 사교 모임, 관광 핫스팟 및 가능한 직업 기회 등에 대한 질문을 하는 데 도움이 되는 MISSI라는 챗봇을 운영하고 있다.

셋째, 샌프란시스코 정부는 PAIGE(Procurement Answers and Information Guided Experience)라는 챗봇 애플리케이션을 내부 작업자를 위해 운영하고 있다. 이 챗봇은 Facebook의 NLP 플랫폼을 기반으로 하며 샌프란시스코 정부 직원의 디지털/IT 조달을 지원하기 위한 것이다.

넷째, 미국 총무청은 HR 챗봇으로 신입 사원의 온보딩 프로세스를 안내하는 부서인 Landingham을 운영하고 있다.

다섯째, 두바이 정부의 Rammas라는 챗봇은 웹 사이트, iOS, Android, Amazon의 Alexa 및 Facebook에서 사용할 수 있으며, 사람들이 청구서를 지불하고 질문에 대한 답을 얻고 웹사이트를 탐색하는 데 도움이 되는 700,000건의 요청을 성공적으로 처리했다고 주장하고 있다.

여기서 볼 수 있는 공통점은 이 챗봇들이 정부에서 제공하는 다양한 공공서비스에 대한 접근성을 향상시켰다는 것이다. 이러한 챗봇들은 공공서비스를 개선하는 데 매우 유용한 도구가 될 수 있다는 것이다.

더불어, 정부 챗봇의 기술적인 발전은 인공지능 기술의 발전에 큰 영향을 미치고 있다. 대화형 AI 기술의 발전은 정부 챗봇이 더욱 효과적이고 직관적인 응답을 제공할 수 있게 되었다. 이러한 발전으로 인해, 정부 챗봇은 시민과의 상호작용을 통해 더 나은 공공서비스를 제공할 수 있게 되었다.

하지만 이러한 변화에는 일부 부정적인 측면도 존재한다. 기존의 공공서비스에 익숙한 시민들은 새로운 기술을 적용한 새로운 시스템에 대한 저항감을 느낄 수 있으며, 기존의 서비스와 새로운 서비스 간의 이전과 통합 과정에서 일시적인 혼란이 발생할 수 있다.

이러한 문제점들을 해결하기 위해서는, 정부 챗봇이 제공하는 공공서비스의 가치와 이점을 시민들이 인식하도록 교육하고, 시민들의 의견을 수렴하여 정부 챗봇의 서비스 개선과 발전을 이루어 나가야 한다. 또한, 시민들이 챗봇을 더욱 쉽게 이용할 수 있는 사용자 친화적인 인터페이스와 접근성 개선에도 노력이 필요하다.

챗GPT 기술 발전과 정부의 역할

챗GPT와 초거대 AI 기술이 발전하면서 인간과 기계가 상호 작용하는 새로운 시대를 맞이하고 있다. 이러한 변화에 대응하기 위해 한국 정부는 인공지능 기술의 발전과 활용, 그리고 윤리적 측면을 고려한 전략을 마련해야 한다.

정부는 인공지능 기술 발전에 직접 기여해야 한다. 이를 위해 연구와 개발에 필요한 자원과 인프라를 지원하며, 인공지능 관련 산업과 인재를 육성해야 한다. 또한 국내외 협력을 통해 공동 연구와 기술 개발에 참여하며, 국가 발전의 새로운 방향을 제시해야 한다.

다양한 분야에서 인공지능 기술 활용을 적극적으로 추진해야 한다. 의료, 교육, 보안, 에너지, 환경 등에서 인공지능 기술의 활용 가능성을 모색하고, 효율적으로 활용해 나가는 것이 중요하다. 이를 바탕으로 정부는 촉매제와 가속제 역할을 시작해야 한다.

인공지능 기술의 윤리적 측면과 대처 방안을 고려해야 한다. 가짜 정보 등 사회에 미치는 영향을 파악하고, 이에 대한 윤리적인 가이드라인을 제시해야 한다. 발생할 수 있는 문제들을 예측하고 대처하는 방안도 마련해야 한다.

인공지능 기술의 발전은 사회, 경제, 정치 등 모든 분야에 큰 변화를 가져올 것으로 예상된다. 정부는 인공지능 기술을 미래지향적으로 이해하고, 적극적인 태도로 대처하며, 윤리적인 가이드라인을 제시해 나가는 것이 중요한 시점이다. 이를 위해 다음과 같은 전략을 수립하고 실행에 옮겨야 한다.

첫째, 기술 분야에서의 혁신과 연구 개발을 지속적으로 추진해야 한다. 인공지능 기술 개발과 지원은 우수한 인력 양성, 연구개발 지원, 자금 및 세제 혜택 제공 등을 포함한다. 또한 인공지능 분야에 특화된 벤처 기업 육성과 산학협력을 통한 기술 개발 및 상용화도 중요하다. 이를 위해 정부는 연구비 지원, 기술 개발 지원금 지급, 교육 및 훈련 프로그램 개발 및 운영 등 다양한 방식으로 지원할 수 있다. 또한, 고성능 컴퓨팅 클러스터 구축, 인공지능 기술 중심의 신산업단지 조성 등 인프라 구축을 지원해야 한다.

둘째, 규제와 제도 개선을 통해 인공지능 기술의 적용 범위를 확대하고, 혁신을 독려해야 한다. 관련 규제를 개선하고, 새로운 기술 도입을 촉진하기 위한 제도적 기반을 구축하는 것이 필요하다. 또한, 기존 산업과의 융합을 통해 신산업 창출과 경쟁력 강화를 도모해야 한다.

셋째, 사회적 가치와 이익을 고려한 인공지능 기술 활용 전략을 세워야 한다. 인공지능 기술이 사회 전반에 긍정적인 영향을 미치도록 다양한 사회적 가치 창출을 추구해야 한다. 또한, 사회적 약자를 위한 인공지능 기술 활용 방안을 마련하여 디지털 격차 해소와 공평한 기회 제공에 기여해야 한다.

넷째, 인공지능 기술의 윤리와 보안 측면을 강화해야 한다. 인공지능 윤리 규범과 법적 기준을 마련하여 기술 발전에 따른 부작용을 최소화하고, 인공지능 시스템의 안전성과 보안을 강화하는 것이 중요하다. 이를 위해 사례 연구와 실험, 그리고 기존 법률 체계의 개선이 요구된다.

대한민국 정부, 챗GPT를 활용한 디지털 혁신 추진

최근 대한민국 정부와 지방자치단체는 인공지능 기반 챗봇인 챗GPT를 활용하여 디지털 혁신을 도입하고 있다. 이러한 디지털 혁신은 행정, 경제, 사회 전반에 걸쳐 업무 효율성을 높이고 국민 서비스를 개선하기 위한 목표를 가지고 있다.

행정안전부는 디지털 플랫폼정부 구현 전략과 챗GPT 등 인공지능의 공공 분야 활용 방안 등을 논의하기 위한 지능정보화책임관(CIO) 협의회를 개최하였다. 이 회의에서는 행정안전부 디지털 플랫폼정부 추진 계획, 디지털 서비스 개방 및 사용자 환경·경험 혁신, 온북(정부 노트북)으로 언제 어디서나 효율적으로 일하는 정부 구현, 제4차 공공데이터 기본 계획 등 4가지 안건을 공유하고 전략을 논의하였다.

챗GPT를 공공 분야에 활용하는 방안에 대한 특강과 논의도 이루어졌다. 행안부는 보도자료와 설명자료, 공문 초안 작성 등에 챗GPT를 활용할 수 있다는 입장을 밝혔으며, 관련 가이드라인과 활용 사례집을 배포할 계획이다.

다른 부처들도 챗GPT를 활용한 업무 효율성 향상에 관심을 보이고 있다. 문화체육관광부는 AI를 문화 분야에 활용할 방안을 모색하고, 직원들의 AI 역량을 강화하기 위해 교육을 실시한다.

과학기술정보통신부는 관련 기술을 학습하고, 활용할 수 있는 방안을 연구하고 있다. 지난 2023년 2월 23일, 과기부 주관의 '2023년 제2차 디지털 국정과제 연속 현장 간담회'를 개최했다. 챗GPT 등 AI 시장 변화에 대응한 정책 방향을 모색하기 위해 이날 행사에는 네이버, 카카오, SK텔레콤, LG AI연구원 등 기업과 유관기관, 학계 등에서 20여 명의 전문가들이 참석했다.

과기부는 최근 챗GPT 열풍에 맞춰 전 국민 인공지능(AI) 일상화를 추진하겠다고 밝히고, 디지털 기업·학계 전문가와 머리를 맞대 초거대 AI 경쟁력을 높여 새로운 AI 경쟁 국면에 대응하겠다는 방침이다.

특히 고위 관계자는 초거대 AI가 유료화된 것은 챗GPT가 처음이며 이 같은 변화를 주의 깊게 살펴 AI 전략을 다시 짜고 정부 예산과 연구개발(R&D) 지원을 적극 늘리겠다고 의지를 피력했다. 또한 글로벌 AI 패권 경쟁에 뒤처지지 않기 위해 민관 역량을 결집해 대응할 방침이라고 말했다.

2023년 3월에는 AI 최고위 전략 대회를 연이어 열고 챗GPT 대응 정책을 마련해 나갈 계획이며, 2023년 6월까지 전 국민 AI 일상화 추진 계획을 마련해 발표할 예정이라고 말했다. 2023년을 AI 일상화의 원년으로 삼아 국민 생활 곳곳 AI 제품·서비스를 확산하는 전 국민 AI 일상화 프로젝트를 관계 부처와 함께 기획하고, 추진해 나가겠다는 계획이다.

또한, 교육부는 챗GPT를 활용한 교육 컨텐츠 개발을 고려하며, 금융감독원은 금융 분야에 인공지능 챗봇을 도입하여 고객 서비스를 개선하려 한다.

지방자치단체 역시 챗GPT를 활용한 디지털 혁신에 박차를 가하고 있다. 서울시, 부산시, 대구시, 인천시, 광주시, 대전시, 울산시 등 대도시들은 이미 챗GPT를 활용하여 지역민들에게 다양한 서비스를 제공하고 있다. 이러한 서비스는 시민들의 생활 편의를 증진시키며, 행정 업무 처리에 있어 공무원들의 업무 부담을 줄여 준다.

또한, 농촌 지역에서도 챗GPT를 활용한 농업 관련 정보 제공 및 농촌 청년들을 대상으로 한 교육 프로그램이 도입될 예정이다.

챗GPT와 같은 인공지능 기술을 활용한 디지털 혁신은 대한민국 정부와 지방자치단체의 행정 업무의 효율성을 높이고 국민들의 삶의 질을 향상시키는데 큰 도움이 될 것으로 전망된다. 앞으로도 기술의 발전과 함께 디지털 혁신은 더욱 확산되고 발전할 것으로 예상된다.

국방 서비스의 변화

챗GPT와 같은 인공지능 기술은 국방 분야에서도 활용되고 있다. 예를 들어, 미국 국방부는 인공지능을 활용하여 군사 작전을 지원하는 프로젝트를 진행하고 있다. 이 프로젝트에서는 인공지능 알고리즘을 사용하여 군사 작전에 필요한 데이터를 수집하고 분석하며, 전략적인 의사결정을 지원한다.

또한 인공지능 기술을 활용하여 자동화 무기 시스템을 개발하고 있으며, 이를 통해 군인의 생명과 안전을 보호하고, 군사 작전의 효율성과 정확성을 높이려고 노력하고 있다.

이와 관련하여 챗GPT와 같은 자연어 처리 기술을 활용하여 군사 작전에 필요한 정보를 빠르게 수집하고 분석하는 프로젝트도 진행 중이다. 이를 통해 군사 작전의 성공 확률을 높이고, 군인들의 안전을 보장하는 데 도움이 될 것으로 기대된다.

국방 서비스에서 인공지능과 자연어 처리 기술을 활용한 챗GPT의 적용은 몇 가지 장단점이 있을 수 있다. 장점으로는, 인공지능을 활용한 챗봇을 이용해 군인들의 문제 해결과 서비스 제공이 더욱 효율적으로 이루어질 수 있다. 군인들이 군사적 상황에서 빠르게 정확한 정보를 얻을 수 있도록 도와줄 수 있으며, 전반적인 군사 업무의 효율성을 높일 수 있다. 또한 챗봇을 통해 군인들이 심리적인 스트레스를 줄일 수 있도록 대화를 제공할 수 있다.

단점으로는, 챗봇이 인간 상담원 대신 대화 상대로 나타날 경우, 군인들이 불안감을 느낄 수 있다는 점이다. 또한 챗GPT가 제공하는 서비스가 미숙하거나 부적절한 경우, 군인들이 필요한 정보를 얻지 못할 수 있다. 또한 챗봇을 활용하는데 있어 인공지능 기술에 대한 군인들의 교육과 교육 시스템 개선이 필요하다. 또한 인공지능 기술을 활용한 새로운 보안 위협도 발생할 수 있다.

이러한 장단점을 고려하여, 국방 서비스에서 챗봇을 적용하는 경우 인간 상담원과 챗봇을 조합하여 최적의 서비스를 제공하는 것이 중요하며, 챗봇을 통한 서비스 제공 전에 충분한 테스트와 검증이 필요하다.

장점 등 긍정적인 변화에 대해 더 살펴보면, 자동 응답 챗봇을 통해 군인들이 간단한 문제를 빠르게 해결할 수 있다. 이는 군인들이 일상적인 문제를 해결하는 데 더 많은 시간과 에너지를 투자할 수 있게 하므로, 전반적인 임무 성과에 긍정적인 영향을 미칠 수 있다.

또한, 챗GPT를 활용하면 군인들이 정확하고 신속한 정보를 받을 수 있어 위험한 상황에서도 빠르게 대처할 수 있다. 예를 들어, 적의 공격을 받은 경우, 신속한 결정과 대처 능력이 중요하다. 챗GPT 기술은 이러한 상황에서 군인들이 빠르게 정보를 얻을 수 있도록 도울 수 있다.

그리고, 챗GPT 기술은 군사 정보 수집 및 분석에도 사용될 수 있다. 챗GPT를 이용해 적군의 행동 패턴을 분석하고 예측할 수 있으며, 이를 기반으로 적극적으로 대처할 수 있다. 이러한 예측 분석은 전략 수립에 매우 유용할 수 있다.

이러한 방식으로 챗GPT 기술을 활용하면 군사 작전 전반에 걸쳐 효율성과 전략적 우위를 제공할 수 있다.

국방 분야에서는 챗GPT를 활용해 인공지능 기반의 자율적인 군사 시스템 개발도 이루어지고 있다.

예를 들어, 미국 국방부는 챗GPT와 같은 인공지능 기술을 활용해 음성으로 명령을 내리거나 물품을 주문할 수 있는 인공지능 기반의 로봇을 개발하고 있다. 이러한 로봇 시스템을 사용하면 위험한 임무를 수행할 수 있는 인력을 대체할 수 있으며, 전투 상황에서도 적극적으로 활용될 수 있다. 또한, 챗GPT 기술을 활용하면 군사 정보 수집 및 분석, 대응 전략 수립, 예측 모델링 등 다양한 분야에서 활용이 가능하다. 이를 통해 군사 작전의 효율성을 높일 수 있으며, 전투 상황에서 발생할 수 있는 인적 손실을 최소화할 수 있다.

이제, 부정적인 견해를 더 살펴보겠다.

국방 서비스에서 챗GPT를 활용하는 것은 데이터의 안전성과 보안에 대한 문제가 발생할 수 있다. 예를 들어, 해커들이 챗봇 시스템에 침입하여 군사 정보를 빼내는 등의 공격이 발생할 수 있다. 또한 인공지능이 제공하는 답변이 항상 정확하지 않을 수 있으며, 이로 인해 잘못된 결정이 내려질 가능성이 있고 인간의 판단력을 대체하거나 인간의 역할을 대폭 축소시킬 가능성도 있다.

사실 이러한 문제들은 국방 분야에서만 나타나는 문제가 아니라 인공지능 기술의 발전이 다양한 분야에 적용될 때도 공통적으로 나타날 수 있는 문제이다. 따라서 이러한 문제들을 해결하기 위해서는 데이터의 안전성과 보안을 보장하면서도 인공지능 기술을 활용할 수 있는 적절한 균형점을 찾는 것이 중요하다.

에릭 슈미트 전 구글 CEO, 국방에 챗GPT 도입 촉구

에릭 슈미트 전 구글 CEO는 최근 인터뷰에서 AI 기술의 국방 기술에 대한 도입 시급성을 강조했다. 그는 미국이 챗GPT와 같은 AI 기술을 국방 분야에 적극 활용해야 한다고 주장했다. 이러한 주장은 AI 기술이 핵무기만큼 강력한 국방 시스템을 만들 수 있다는 믿음을 바탕으로 한 것이다.

슈미트 전 CEO는 미국 군대가 실리콘밸리 IT 기업처럼 다양한 AI 시스템을 개발하고 시도해야 한다고 강조했다. 그의 주장은 중국이 군사 작전에서 AI 기술을 활용하는 범위를 늘렸기 때문인데, 중국은 자율주행차, 자동 감시, 표적 인식 시스템, 드론 등에 AI를 적용하고 있다.

미국은 중국만큼 국방 시스템에서 AI의 활용을 보이지 않고 있다고 슈미트가 지적한 것이며, 미국이 AI 기반 국방 시스템을 개발하고 도입하는 것이 시급하다고 주장한 것이다.

결론적으로, 에릭 슈미트 전 구글 CEO는 AI 기술을 국방 분야에 적극 도입해야 한다고 강조하며, 이를 통해 미국이 국방력을 키울 수 있다고 주장했다. 그의 주장은 AI 기술이 핵무기만큼 강력한 국방 시스템을 만들 수 있다는 믿음을 바탕으로 하고 있으며, 미국이 AI 기반 국방 시스템을 개발하고 도입하는 것이 시급하다고 강조하고 있다. 이를 위해 미국은 연구 및 개발 예산을 늘리고, 안전 및 윤리적 이슈를 고려하며, 인재를 확보하고, 지속적인 시험 및 평가를 실시하고, 국가 간 협력을 강화해야 한다고 제안했다.

교육 서비스의 변화

챗GPT 기술은 교육 서비스 분야에서도 혁신적인 변화를 가져오고 있다. 여러 교육기관들은 챗GPT를 활용하여 학생들에게 맞춤형 교육 서비스를 제공하고 있다.

예를 들어, 챗GPT를 활용한 AI 기반 교육 서비스는 학생들의 학습 습관, 성향, 능력 등을 파악하여 맞춤형 교육 콘텐츠를 추천하고, 학생들의 질문에 적절한 답변을 제공하여 학생들의 이해도를 높이는 데에 큰 도움을 줄 수 있다. 또한 챗GPT를 활용하여 학생들이 수업 중에 생길 수 있는 질문에 대한 즉각적인 대응도 가능하다.

또한, 챗GPT를 활용한 언어 학습 서비스도 많이 개발되고 있다. 이러한 서비스는 챗GPT가 학생들의 언어적 능력을 분석하여, 개인 맞춤형 학습 컨텐츠를 제공하고, 회화 능력을 향상시키는 데 큰 도움을 줄 수 있다.

챗GPT를 활용한 교육 서비스의 장점은 학생들이 적극적으로 참여할 수 있도록 하며, 개인의 수준과 필요에 맞는 맞춤형 교육을 제공할 수 있다는 점이다. 또한, 학생들의 질문에 즉각적인 대응이 가능하며, 학생들의 언어 능력과 학습 습관을 개선시킬 수 있다는 장점이 있다.

교육 서비스로 새로운 비즈니스 모델 중 하나는 온라인 교육 플랫폼이나 MOOC[35]이다. 이러한 온라인 교육 플랫폼은 전 세계적으로 교육을 받고자 하는 수많은 학생들에게 학습 기회를 제공한다. 이러한 플랫폼은 높은 수준의 강의와 교재, 과제, 토

---

35) MOOC(Massive Open Online Courses): 온라인 강의. 대표적인 MOOC 플랫폼은 1) edX https://www.edx.org : 34개 대학 참여. 2) Coursera https://www.coursera.org : 110개의 대학 참여. 3) Udacity https://www.udacity.com : IT관련 강좌 제공, 구글 참여. 4) Udemy https://www.udemy.com : 실용적인, 다양한 분야의 강좌가 있다.

론 그리고 피드백 시스템을 제공하고 있다. MOOC는 대학과 강사들이 수업 내용을 제공하는 경우가 많은데, 수강료 없이 인터넷에서 무료로 접근할 수 있다.

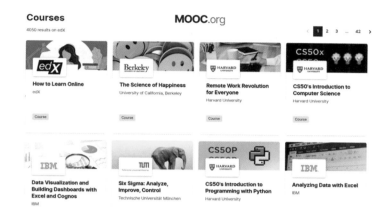

또한, AI를 활용한 개인 맞춤형 교육 서비스도 가능하다. 예를 들어, 학생들의 학습 수준과 선호도, 흥미 등을 고려해 맞춤형 교육 콘텐츠를 제공하는 것이다. AI를 활용하면 학생들의 학습 능력을 분석하고, 학습 방법 및 교재를 추천해 줌으로써 더욱 효과적인 교육 서비스를 제공할 수 있다.

또한, 스마트 기기나 웨어러블 디바이스를 활용한 학습도 가능하다. 예를 들어, 가상현실(VR) 기술을 활용하여 학생들이 체험형 학습을 할 수 있도록 하는 것이다. 이러한 방식은 시각, 청각, 그리고 촉각 등 다양한 감각을 활용하여 교육을 제공하기 때문에 더욱 효과적인 학습이 가능하다.

챗GPT를 활용한 교육 서비스의 비즈니스 모델로도 다양한 것이 있을 수 있다. 몇 가지 예시를 들어보면 다음과 같다.

첫째, 챗GPT를 활용하여 학생들이 궁금한 질문에 대한 답변을 받거나 개인적인 지도를 받을 수 있는 온라인 코칭 및 지도 서비스를 제공할 수 있다.

둘째, 챗GPT를 이용하여 교육 자료를 제작하는 서비스도 가능하다. 예를 들어, 교과서나 학습 자료를 챗GPT에 학습시켜서 그와 관련된 질문에 대한 답변이 담긴 학습 자료를 만들어 제공할 수 있다.

셋째, 챗GPT를 활용하여 인공지능 챗봇을 운영하는 학습 플랫폼을 운영할 수 있다. 이를 통해 학생들은 자신의 질문에 대한 즉각적인 답변을 받을 수 있으며, 학습 과정에서 발생하는 문제를 해결할 수 있다.

넷째, 챗GPT를 이용하여 새로운 학습 경험을 제공할 수도 있다. 예를 들어, 역사 시뮬레이션 게임에서 챗GPT가 역사적 사건에 대한 질문에 대답하는 등의 기능을 제공하여 학생들이 역사를 더 재미있고 흥미롭게 배울 수 있도록 도울 수 있다.

이 외에도 챗GPT를 활용한 다양한 교육 서비스 비즈니스 모델이 가능할 것이다. 다만, 학생들의 개인정보보호와 같은 문제를 고려해야 하며, 이러한 서비스의 효과적인 운영과 관리를 위해 교육 전문가와 기술 전문가가 함께 협력하는 것이 필요하다.

챗GPT를 활용한 교육 서비스에 대한 부정적인 면도 있다.

첫째, 인공지능 기술이 대량으로 활용되면서 사람들은 인공지능 기술의 의견에 과도하게 의존할 수 있다. 이에 따라 사람들이 자신의 판단력과 문제 해결 능력을 약화시킬 우려가 있다.

둘째, 인공지능 기술을 활용한 교육은 기술적 문제나 기술 지원에 대한 문제가 발생할 수 있다. 특히, 인터넷 연결이 불안정한 지역이나 인프라가 약한 지역에서는 교육 서비스에 대한 접근성이 떨어질 수 있다.

셋째, 기술의 발전 속도가 너무 빠르게 진행되면서 인간의 인지력이 따라가지 못할 수도 있다. 이에 따라 인공지능이 가진 한계나 인간의 역할에 대한 충분한 고민이 이루어지지 않을 경우, 교육의 질이 저하될 가능성이 있다.

넷째, 인공지능이 가진 편향성이 교육에도 영향을 미칠 수 있다. 인공지능 모델의 학습 데이터에 기반하여 제공되는 교육 서비스는 데이터의 편향성으로 인해 지역, 인종, 성별 등에 따라 차별화되어 제공될 수 있다.

다섯째, 인공지능을 활용한 교육은 교육 자체를 기계적인 정보 전달 방식으로 전락시킬 수 있다. 이에 따라 교육의 목적과 의미가 상실될 우려가 있다.

행정, 공공 서비스의 변화

챗GPT는 정부와 공공부문에서도 여러 가지 적용 가능성이 있다. 예를 들어, 정부에서 챗GPT를 활용하여 공공 서비스에 대한 질문에 대한 자동응답 시스템을 구축하거나, 챗GPT 기반으로 정부 웹사이트에서 정부의 정책에 대한 질문을 대답하는 서비스를 제공할 수 있다.

또한 챗GPT는 정부의 데이터 분석 및 의사결정 프로세스에서도 활용될 수 있다. 예를 들어, 챗GPT 기반의 자연어 처리 기술을 사용하여 정부에서 수집한 대규모 데이터를 분석하고, 의사결정을 지원하는 시스템을 개발할 수 있다.

챗GPT를 활용하여 공공 서비스를 제공하고, 데이터 분석 및 의사결정을 지원함으로써, 정부는 행정 및 공공 서비스의 효율성을 높일 수 있다. 또한, 챗GPT를 사용하여 정부의 정보 공개 및 의사소통 프로세스를 개선할 수 있으며, 이는 정부와 국민 간의 상호작용을 촉진할 수 있다.

챗GPT와 같은 인공지능 기술이 정부에서 적극적으로 활용된다면, 정부 조직의 업무 프로세스와 의사결정 방식에도 변화가 있을 것으로 예상된다. 예를 들어, 챗GPT를 이용하여 정부 서비스의 대화형 인터페이스를 개발한다면, 시민들은 더욱 쉽게 정부 서비스를 이용할 수 있을 뿐 아니라, 정부 직원들도 일부 업무를 챗GPT에게 맡겨 효율성을 높일 수 있을 것이다.

또한, 정부 조직 내에서는 챗GPT와 같은 인공지능 기술을 이용해 정보 수집, 분석, 예측 등의 업무를 보다 빠르고 정확하게 처리할 수 있을 것이다. 이를 통해 정부는 예산 절감과 시간 절약 등의 효과를 기대할 수 있다.

정부 챗봇, 시민과 정부간 연결하는 혁신적인 도구

정부 챗봇은 인공지능 기술을 활용하여 시민과 정부간의 소통과 정보 전달을 강화하는 혁신적인 도구이다. 최근 들어 정부와 시민 간의 디지털 소통이 중요시되는 시대에 맞추어, 정부 챗봇은 시민들이 쉽게 정보를 찾을 수 있도록 도와주며, 24시간 가용성과 즉각적인 응답으로 효율성과 경제성을 높인다.

첫 번째 이점은 쉬운 탐색이다. 일반적인 웹사이트에서는 시민들은 정보를 찾기 위해 많은 클릭과 검색을 해야하지만, 챗봇은 시민들이 직접 링크를 제공하여 정부 웹사이트 포털을 쉽게 탐색할 수 있도록 도와준다.

두 번째 이점은 가용성이다. 챗봇의 연중무휴 가용성은 시민들이 밤낮으로 관련 정보에 액세스하거나 질문을 할 수 있음을 의미한다. 이를 통해 시민들은 시간과 장소의 제약 없이 원하는 때에 정확한 정보를 얻을 수 있다.

세 번째 이점은 효율성과 경제성이다. 챗봇은 즉각적인 응답을 제공하여 시간 낭비가 줄어들 뿐 아니라, 챗봇을 사용하는 비용은 라이브 상담원을 고용하는 것보다 30% 저렴하여 세금을 절약할 수 있다.

네 번째 이점은 답변의 일관성이다. 챗봇은 명령 카탈로그를 사용하여 답변을 활용하기 때문에, 동일한 질문에 대해 항상 동일한 사전 승인된 답변을 제공한다. 이것은 대중 사이의 혼란을 피하고, 잘못된 정보의 확산을 최소화하는 데 큰 역할을 한다.

정부 챗봇은 다양한 분야에서 활용되고 있다. 예를 들어, 세금 정보, 공공 정보, 대중교통 정보, 이벤트 및 이벤트 정보, 사업허가문의, 공중 보건 정보, 이민 문제 등에 대한 질문에 적극적으로 대응한다. 이를 통해 시민들은 챗봇을 통해 필요한 정보를 쉽게 얻을 수 있으며, 정부도 효율적인 업무처리가 가능하다.

의료 서비스의 변화

챗GPT가 의료 서비스 분야에도 적용될 수 있다는 가능성이 제기되어 왔다. 예를 들어, 챗GPT를 이용하여 의사와 환자 간의 대화를 자동으로 분석하고 질문에 대한 답변을 제공할 수 있다. 이렇게 하면 의사와 간호사가 처리해야 할 업무량이 줄어들면서 시간과 비용을 절약할 수 있으며, 환자들도 신속하고 정확한 답변을 받을 수 있다.

특히, 챗GPT를 이용한 의료 서비스는 일부 지역에서 의료진 부족으로 인한 의료 서비스 접근성 개선에도 큰 도움이 될 것으로 기대가 크다. 챗GPT를 활용하면, 전문 의료진이 없는 지역에서도 환자들이 적극적으로 의료 서비스를 이용할 수 있고, 이를 통해 지역 사회의 건강을 개선하고, 의료 서비스에 대한 궁극적인 접근성을 향상시키는 데 기여할 수 있다.

또한, 챗GPT를 이용하여 의료 기록을 자동으로 분석하고 추론하는 기술이 개발되고 있다. 이러한 기술을 통해 의료진은 빠르고 정확한 진단을 내리고, 환자 치료에 필요한 정보를 더욱 효과적으로 파악할 수 있어 환자 치료의 효율성을 높이고, 의료 서비스의 질을 향상시킬 수 있는 잠재력이 있다.

챗GPT 기술은 의료 서비스 뿐만 아니라 보건, 위생, 면역강화 서비스 분야에서도 다양한 응용이 가능하다. 예를 들어, 챗

GPT를 활용하여 다음과 같은 서비스가 제공될 수 있다.

첫째, 챗GPT를 활용하여 예방 접종에 대한 정보와 일정을 알려주고, 예방 접종에 대한 질문에 대한 답변을 제공하는 등 예방 접종에 대한 정보를 제공한다.

둘째, 챗GPT를 활용하여 보건, 위생, 면역강화와 관련된 다양한 질문에 대한 답변을 제공하는 온라인 상담 서비스를 제공한다.

셋째, 챗GPT를 활용하여 건강 검진 일정을 알리고, 건강 검진에 필요한 준비물 및 절차 등에 대한 정보를 제공한다.

넷째, 챗GPT를 활용하여 건강한 식습관과 관련된 정보를 제공하고, 식이요법에 대한 조언과 식단 추천을 제공할 수 있다.

끝으로 챗GPT를 활용하여 의료 정보 검색을 지원하고, 검색된 정보를 활용하여 사용자가 질병에 대해 더 잘 이해하고 치료받을 수 있도록 돕는다.

의료, 보건, 위생 서비스에 챗봇과 같은 인공지능 기술을 적용하는 것은 혁신적인 시도이지만, 여전히 문제점과 고려할 사항들이 존재한다.

예를 들어, 인공지능 챗봇이 대화를 통해 질병을 진단하고 처방을 한다면, 해당 챗봇을 운영하는 업체의 책임과 안전성 문제가 발생할 수 있다. 또한, 챗봇이 오류를 발생시켜 부적절한 진단이나 처방이 이루어진다면, 환자의 건강을 크게 위협할 수 있다. 이러한 문제를 방지하기 위해서는 안전성 검증 절차와 규제 체계의 강화가 필요하다.

또한, 챗봇이 대화를 통해 사용자의 건강 정보를 수집하고 분석한다면, 개인정보보호 문제도 발생할 수 있다. 이러한 문제를 방지하기 위해서는 사용자 동의를 받고, 개인정보를 안전하게 보호할 수 있는 체계를 마련해야 한다.

또한, 챗봇이 질병 진단과 처방을 하는 것은 의료기술이 아니므로, 의료 전문가의 지속적인 감시와 평가가 필요하다. 챗봇의 알고리즘이 갱신되거나, 의료 상황이 변경될 때마다 새로운 평가가 필요하다. 이러한 프로세스를 거치지 않으면, 사용자의 건강과 안전을 보장할 수 없는 사례가 발생한다.

정부의 의료서비스에 대한 변화 의지

최근 디지털 기반 의료기기 개발과 임상시험 승인이 활발해지고 있다. 정부와 지자체의 투자와 연구과제가 늘어나면서 이러한 제품 개발 시도가 이어질 것으로 전망되고 있다. 특히, AI와 전자약, DTx[36] 등 디지털 헬스케어 시장을 견인할 의료기기 개발 연구가 활발해지고 있으며, 이에 따른 임상시험 승인 수도 증가하고 있다.

2023년에 식품의약품안전처에서는 SaMD[37] 5건, 전자약 1건의 승인을 내렸으며, 디지털 치료기기나 인지행동치료를 위한 기반 기기들에 대한 임상시험도 진행될 예정이다. 이러한 추세는 정부와 지자체가 디지털 헬스케어 서비스 산업을 미래 성장동력으로 지목하고 지원하기로 발표한 것과도 관련이 있다. 디지털 기술을 활용한 DTx, 전자약 등 디지털 헬스케어 시

36) DTx(Digital Therapeutics): 디지털 치료제는 영상·소리 등 디지털 자극으로 환자의 행동이나 생활 양식을 바꾸고, 그 결과로 얻은 데이터를 수집·분석한다. 단독 사용보다 의약품·의료기기와 함께 사용되는 경우가 많다. 모바일 앱(App), 가상현실(VR), 챗봇(chatbot), 인공지능(AI) 등이 주로 활용된다.

37) SaMD(Software as Medical Device); 의료기기로서의 소프트웨어.

장을 견인할 의료기기 연구개발이 활발해지고 있으며, 지자체와 지역 연구단지 과제 및 정부·산하기관 과제 지원이 늘어나면서 이러한 제품개발 시도가 이어질 것으로 전문가들은 전망하고 있다.

이러한 변화는 의료 분야에서 디지털 혁신이 이루어지는 데 큰 역할을 할 것으로 예상된다. AI를 통해 의료 체계가 변화하고, 전자약과 DTx 등의 디지털 의료기기가 보다 효과적인 치료를 제공하게 되면서, 환자 중심의 의료 시스템 구축에 큰 도움을 줄 것으로 기대된다.

챗GPT를 활용한 개인 맞춤형 의료 분야의 혁신

개인 맞춤형 의료는 환자 고유의 특성을 고려한 관리 및 치료를 제공하는 과정으로, 게놈 시퀀싱의 발전과 딥러닝 등 기계학습의 발전 덕분에 큰 인기를 얻고 있다. 초거대 AI와 챗GPT를 활용하여 개인 맞춤형 의료 분야에서 혁신을 이루고 있으며, 이로써 더 효과적인 진단 및 치료 접근이 가능해진다.

개인 맞춤형 의료는 환자의 임상 병력, 유전 정보, 생활 습관 등 고유한 특성을 고려하여 최적의 치료와 관리를 제공하는 의학 분야이다. 이러한 접근법은 환자에게 최선의 결과를 보장하며, 의료비 절감과 치료 효과 증진에 기여한다.

최근 의학계의 게놈 시퀀싱 기술의 발전으로 인해, 의학 전문가들은 이제 개인의 유전 정보를 활용하여 특정 질병과 관련된 유전자 변이를 파악할 수 있다. 이를 통해, 맞춤형 치료 및 관리 계획을 개발하고, 개인의 질병 발생 위험을 예측하는 데 도움이 된다. 또한 딥러닝과 기계 학습 기술의 발전으로 인해, 의료 데이터 분석에 있어서 새로운 진단 접근이 가능해졌다. 이러한 기술을 활용하여 의료 영상, 유전 정보, 전자 의료 기록 등의 데이터를 처리하고 분석함으로써, 정확한 진단 및 치료 방법을 찾아낼 수 있다.

초거대 AI와 챗GPT도 의료 분야에서 혁신적인 역할을 수행할 수 있다. 이러한 AI 기반 기술은 대량의 의료 데이터를 처리하고 분석하는 데 도움이 되며, 의사들과 다른 의료 전문가들에게 유용한 정보와 통찰력을 제공한다. 현재 초거대 AI와 챗GPT를 활용한 개인 맞춤형 의료의 현 상황은 지속적인 발전을 거듭하고 있다. 이러한 기술은 다양한 의료 분야에서 활용되며, 진단 및 치료의 정확성과 효율성을 높이고 있다. 또한, 개인 맞춤형 의료에 관한 연구 및 개발이 활발히 진행되고 있어, 기존 방식에 비해 더욱 효과적인 접근법을 제시하고 있다.

최근 성공 사례는 다음과 같다.

암 진단 및 치료 : 초거대 AI와 챗GPT는 암 진단 및 치료에 큰 도움을 주고 있다. 구체적으로, 유전자 변이를 분석하여 암 발생 위험을 예측하고, 개인별로 가장 적합한 치료 방안을 찾아내는데 활용되고 있다. 예를 들어, 미국의 업체인 Tempus는 AI 기반 유전체 분석 플랫폼을 제공하며, 이를 통해 암 환자에게 최적화된 치료를 선정하는 데 도움을 주고 있다.

암은 우리 시대에 가장 위험한 질병 중 하나로 남성에게 흔한 암 유형은 폐암, 대장암, 위암 등이고, 여성의 경우는 유방

암, 결장직장암, 폐암 및 자궁경부암 등이다. 이들의 조기진단이 특히 중요하다. 임에 걸리면 치료 비용도 많이 든다. 무엇보다 생존은 조기 진단을 받아야만 가능하다. 컴퓨터 비전, 기계학습 및 예측 모델의 발전으로 AI는 질병의 위험을 더 빨리 더 정확하게 감지할 수 있다. 일부 앱은 셀카로도 암을 감지할 수 있다. BillScreen[38]과 같은 앱은 고급 이미지 처리 및 분석 기술을 사용하여 눈의 공막에서 빌리루빈 수치의 변화를 감지하고, 이를 통해 췌장암의 초기 단계를 감지할 수 있다. 이러한 기술의 발전은 빠르고 정확한 진단의 중요성을 높이며, 더 많은 생명을 구할 수 있는 기회를 제공한다.

그리고, 또 다른 암 감지 앱인 Mole Detective은 피부암 감지를 위해 컴퓨터 비전과 ABCDE[39] 방법을 사용하여 피부 점의 특성을 분석하여 피부암을 감지한다. Autism & Beyond와 같은 앱은 발달 지연 징후를 감지하고 분석하는 데 도움이 되는 도구를 제공한다. 이 앱은 조기 발달 지연의 징후를 발견하고, ASD(자폐 스펙트럼 장애)가 있는 아이들에게 더 빨리 적절한 지원을 제공하는 데 도움이 된다.

이처럼 AI 기술은 다양한 앱을 통해 조기 진단과 예방에 큰 기여를 하고 있으며, 이로 인해 더 많은 사람들이 건강한 삶을 누릴 수 있게 되었다. 앞으로도 이러한 기술의 발전과 응용은 의학 분야에서 더욱 혁신적인 성과를 이룰 것으로 기대된다.

신약 개발

초거대 AI와 챗GPT는 신약 개발 과정에서 효과적인 역할을

38) BillScreen: 워싱턴대학교 컴퓨터공학과가 개발한 앱.

39) ABCDE 방법: 주로 악성 흑색종 조기에 감지 방법, Asymmetry 비대칭, Border 경계, Color 색상, Diameter 직경, Evolving 진화

수행하고 있다. 대량의 데이터를 분석하여 잠재적 치료 효과를 가진 물질을 발견하거나, 기존 약물의 새로운 용도를 찾아내는 데 활용되고 있다. 예를 들어, DeepMind의 알파폴드는 단백질 구조를 예측하는 AI 알고리즘으로, 신약 개발과 치료 전략 개발에 도움을 줄 것으로 기대되고 있다.

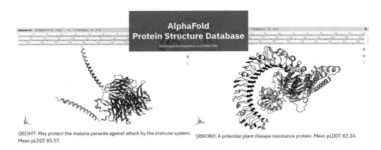

Q8I3H7: May protect the malaria parasite against attack by the immune system. Mean pLDDT 85.57.

Q8W3K0: A potential plant disease resistance protein. Mean pLDDT 82.24.

디지털 헬스 케어

초거대 AI와 챗GPT는 원격 의료 서비스와 개인 맞춤형 건강 관리에도 큰 영향을 미치고 있다. 웨어러블 기기에서 수집된 건강 데이터를 분석하여, 개인의 건강 상태를 모니터링하고, 개인 맞춤형 건강 권고를 제공하는 서비스가 개발되고 있다. 또한, 환자들이 질문이나 의료 정보를 입력하면 AI 기반 챗봇이 즉각적인 응답과 정보를 제공하는 서비스도 활발히 이용되고 있다. 이러한 기술은 전문 의료인의 부담을 줄이면서도, 환자들에게 편리하고 신속한 의료 서비스를 제공할 수 있게 해준다.

멘탈 헬스 관리

초거대 AI와 챗GPT는 정신 건강 관리 분야에서도 혁신을 이루고 있다. 이들 기술을 활용한 챗봇이나 애플리케이션은 사용자와 대화를 통해 스트레스, 불안, 우울 등의 정신 건강 문제를 감지하고, 적절한 치료 방안이나 상담을 제안할 수 있다.

아일랜드 더블린에 있는 Woebot Health사의 AI 기반 정신 건강 챗봇은 이러한 서비스를 제공하며, 많은 사용자들에게 도움을 주고 있다.

이처럼, 초거대 AI와 챗GPT를 활용한 개인 맞춤형 의료 기술은 다양한 의료 분야에서 혁신적인 성과를 이루고 있다. 이러한 기술을 활용하여 더욱 정확한 진단 및 치료 방법을 찾아내고, 개인의 건강을 증진하는 데 기여할 수 있다. 앞으로 이러한 기술의 발전과 활용 범위 확대를 통해, AI와 챗GPT는 개인의 건강 관리와 질병 치료에 더욱 효과적인 방법을 제공될 것으로 기대된다.

◉ Woebot Health™   Our Products   Who We Serve   What Powers Woebot   About Us

Small chats for big feelings

Meet Woebot, your personal mental health ally that helps you get back to feeling like yourself. Grounded in science and powered by natural language processing, Woebot is easy to talk to and fits right into your life, whenever you want to chat. There's no such thing as appointments or waiting rooms here.

맞춤형 개인 의료에 뛰어든 미국의 빅테크 업체들의 행보도 주목을 받고 있다. 아마존, 애플 및 마이크로소프트와 같은 선도적인 기술 회사는 개인 건강 관리에 대해 서로 다른 접근 방식을 사용하고 있다.

글로벌 기업들은 의료 산업의 혁신에 큰 역할을 하고 있다. PHI(Protected Health Information)는 가장 민감한 데이터 중 하나인 의료 데이터이다. Microsoft Cloud for Health는 전 세계 고객이 PHI를 안전하게 저장할 수 있도록 업계 최고의 보안 및 개인정보보호 관행을 보유하고 있다.

반면에 애플은 iOS 기반의 제품 및 앱을 통해 의료 서비스 제공자들이 효과적으로 업무를 수행하고, 환자와 원격으로 연결하며, 의료 연구를 수행하는 데 도움이 되는 플랫폼을 제공한다.

가장 큰 온라인 소매업체 중 하나인 아마존은 공급망을 보다 효율적으로 만들고 계약 관리를 간소화하며 의료에 비교 쇼핑을 제공하는 등의 자체 방식으로 의료 서비스에 접근하고 있다.

금융 서비스의 변화

챗GPT 기술을 활용하여 금융 분야에서는 다음과 같은 변화가 예상된다.

첫째, 은행 및 금융 기관에서 챗GPT를 활용한 AI 챗봇 서비스를 제공하여 고객이 언제 어디서나 은행 서비스에 대한 질문에 대답을 받을 수 있고, 기본적인 은행 업무도 처리할 수 있다. 또한 챗GPT를 활용하여 고객이 투자상품, 예금상품, 대출상품 등을 비교 분석할 수 있도록 정보를 제공할 수 있다.

둘째, 금융 거래 과정에서 챗GPT를 활용하여 인적 오류를 최소화할 수 있다. 예를 들어, 고객의 개인정보나 거래 내역에 대한 질문을 챗GPT를 통해 자동화하면 인적 오류를 줄일 수 있다.

셋째, 금융 감독 기관에서는 챗GPT를 활용하여 금융 관련 뉴스, 법령, 정책 등을 실시간으로 제공할 수 있다. 이를 통해 금융 시장에 대한 정보를 빠르게 전달하고, 금융시장의 안정성을 유지할 수 있다.

넷째, 금융 기술 분야에서 챗GPT를 활용하여 빅데이터 분석과 AI 기술을 결합하여 예측 모델을 개발할 수 있다. 이를 통해 금융시장에서의 투자 및 리스크 평가 등을 더욱 정확하게 할 수 있다.

챗GPT를 활용하여 금융서비스에 대한 AI 투자를 늘릴 수 있다. 투자금액에 따라, 개인화된 자산 운용, 자산 분산, 적절한 투자 방안 등 다양한 금융서비스를 제공할 수 있다.

챗GPT를 활용한 금융 서비스의 비즈니스 모델로는 다양한 것이 가능하다. 예를 들어, 챗GPT 기반의 가상 인공지능 금융 컨설턴트를 만들어 은행이나 금융회사에서 고객에게 자동으로 맞춤형 금융 상품을 제공할 수 있다. 또한, 챗GPT를 이용해 고객의 금융 거래 패턴을 분석하고 예측하여 금융 서비스의 개인화 및 최적화를 제공하는 것도 가능하다.

또한, 챗GPT를 활용해 보안 및 위험성 평가를 자동화하는 것도 가능하다. 금융 서비스에서는 보안 문제가 매우 중요하며,

챗GPT를 이용해 보안 위험성을 평가하고 이에 대한 대응책을 제시하는 것이 가능하다.

그리고, 챗GPT를 이용해 자동화된 금융 데이터 분석 및 예측 서비스를 제공하는 것도 가능하다. 이를 통해 금융 기관은 고객의 대출 상환 여부, 금융 위험도 등 다양한 정보를 신속하게 분석하여 최적의 은행 상품을 제공할 수 있다.

이러한 방식으로 챗GPT를 활용한 금융 서비스는 기존의 금융 서비스에 비해 높은 수준의 편의성, 속도, 안정성, 안전성, 비용 절감 등의 장점을 제공할 수 있다.

하지만 이러한 챗GPT를 활용한 금융 서비스에도 개인정보 보호, 보안 및 인증, 투명성 등의 이슈가 존재한다.

미국 월가, 챗GPT 활용에 대한 현실적인 시각

미국 월가에서 인공지능(AI) 챗봇 '챗GPT'의 사용이 늘어나고 있지만, 현재로서는 일자리 위협이 아니며, 데이터 보안 및 정확성 문제가 여전히 존재한다고 평가하고 있다.

블룸버그통신은 챗GPT와 같은 AI 모델들이 채권·원자재 거래를 장악하면서 일자리를 대체할 것이라는 우려가 제기되고 있지만, 현재로서는 그러한 어두운 미래가 아니라고 전망했다. 주요 월가 은행들도 AI 사용을 제한·금지하고 있으며, 챗GPT의 현 수준에서는 업무 처리 속도는 높여주지만, 처리 절차가 매끄럽지 않다고 보고 있다.

챗GPT를 사용해 원유 가격 전망에 대한 리서치 노트를 작성한 원유 트레이더는 정보가 과거 것이어서 수정해야 했으며, 신용 애널리스트는 챗GPT를 활용해 기업 실적 보고서 초안을 작성했지만, 내용이 틀려서 작성을 중단해야 했다.

미 컬럼비아대 경영대학원의 오데드 넷처 교수는 챗GPT가 시간을 줄여주지만 작업 결과가 참인지 모른다는 것이 가장 큰 문제라고 지적했으며, 그는 챗GPT를 사무실의 똑똑한 동료처럼 업무를 검토하고 개선하는 수준으로 사용할 것이라고 전망했다.

한 대형 은행의 고위 인사는 AI 덕분에 채권거래 자동화 등 은행의 장기적 목표가 실현될 가능성이 있겠지만, 아직 실제 계획 중인 프로젝트가 없다고 밝혔다.

그러나 블룸버그는 챗GPT 모델이 확률론에 기반해 답변을 내놓는 만큼 데이터가 쌓일수록 점점 똑똑해질 것으로 전망했다. 블룸버그인텔리전스(BI)의 래리 탭 애널리스트는 "기술은 계속 발전하고 언젠가 기계가 사람의 사고를 앞지르는 때가 올 것"이라고 봤다.

그렇지만 미 증권거래위원회(SEC)를 비롯한 당국의 규제 여부가 최종 결정권을 가질 것으로 전망했다. 탭 애널리스트는 "SEC가 왜 이러한 거래를 했는지 은행들에 물었을 때 '기계가 그렇게 하라고 했다'는 것보다 나은 대답을 내놓아야 할 것"이라고 말했다.

금융기관 직원은 투자·거래 결정 과정에서 주고받은 메시지를 보관해야 한다는 미 증권거래법 때문에 과거 일부 은행이 직원들의 미인가 메신저 사용 건으로 벌금 처분을 받은 것처럼 AI 사용에 따른 데이터보안 문제가 대두될 가능성도 있다.

최근 JP모건체이스 등 금융기관들이 직원들의 챗GPT 사용을 막은 것도 이 때문이라는 관측이 나오는 상황이다. 이러한 이유로, 현재는 챗GPT가 일자리를 대체할 수 있는 수준은 아니며, 앞으로도 정확성 및 데이터 보안 문제를 해결해야만 월가에서 더 널리 사용될 것으로 보인다.

법무 서비스의 변화

챗GPT를 활용한 법무 서비스의 변화는 다음과 같은 것들이 있을 수 있다.

첫째, 챗GPT를 활용하여 일반인들이 자신의 문제를 입력하면, 해당 문제에 대한 법적인 조언을 제공할 수 있다. 예를 들어, 부동산 문제나 상속 문제 등에 대한 법률 자문을 제공할 수 있다.

둘째, 챗GPT를 사용하면, 법률 문서나 판례 등을 더 빠르고 정확하게 검색할 수 있어 법률 전문가들은 보다 정확한 결정을 내릴 수 있다.

셋째, 챗GPT를 사용하여 변호사를 검색할 수 있다. 일반인들이 챗GPT에 원하는 지역, 전문 분야 등을 입력하면 해당 지역에서 활동하는 변호사 중에서 검색 결과를 제공할 수 있다.

넷째, 챗GPT를 사용하여 법원에서의 일정을 확인하거나 소송 관련 서류를 작성하는 것도 가능하다.

마지막으로, 챗GPT를 사용하여 민원 사건 처리나 간단한 비소위 소송 등의 관리가 가능하다.

이러한 변화는 법률 전문가들의 역할과 일부 분야에서의 비즈니스 모델이 변화할 수 있다. 예를 들어, 일부 변호사 사무소는 법률 자문 및 검색 서비스를 제공하고 수수료를 받는 모델을 도입할 수 있다. 또한, 법원이나 정부 기관에서도 챗GPT 기술을 활용하여 자동화된 서비스를 제공할 수 있다.

그리고, 챗GPT는 법률 분야에서도 심각한 문제를 일으킬 수 있으므로, 이러한 변화를 적극적으로 도입하기 전에 법적 문제와 윤리적 문제를 신중하게 고려해야 한다.

법률 서비스에 도입되기 시작한 챗GPT와 AI 챗봇

영국의 한 로펌이 AI 챗봇을 법률 문서 초고 작성에 활용하기 시작했다. 2023년 2월, 파이낸셜타임스(FT)는 앨런 앤 오베리(Allen & Overy)라는 로펌이 2022년 11월부터 인수합병 계약서 초고를 만들거나 고객에게 제공하는 메모를 작성하는 등의 업무에서 '하비(Harvi)'라는 AI 챗봇을 테스트해 왔고, 최근 본격 활용에 나섰다고 보도했다.

보도에 따르면 영국의 로펌 다수가 챗GPT 등장 이후 AI 챗봇 도입을 검토하고 있다고 한다. 그러나 이 가운데 앨런 앤 오베리가 실제 활용에 들어간 것은 처음이다. 앨런 앤 오베리에서는 소속 변호사를 포함해 3,500명이 하비를 사용할 수 있도록 했다. 그러나 아직 고객에게는 이 사실을 알리지 않고, 변호사들에게 문서 초안을 만드는데 이 도구를 활용하도록 권하고 있는 것으로 전해졌다.

하비는 오픈AI가 개발한 GPT 기술에 기반한 챗봇이다. 지난해 오픈AI의 스타트업 지원 기금에서 500만 달러(약 64억 원)를 투자받은 스타트업 하비가 개발했다.

챗GPT와 같은 AI 챗봇은 미디어나 광고, 교육 등 대량의 텍스트를 생성하는 분야에서 유용하다. 그러나 이와 관련해 사람의 일자리가 줄어들지 않겠느냐는 우려도 나온다. 앨런 앤 오베리 측은 챗봇이 사람을 대체하지는 않을 것이며 당장은 회사나 고객의 비용을 줄여주지도 않을 것이라고 밝혔다. 다만 추후 기술이 더 발전하면 결국 비용 감소가 이뤄질 것으로 기대했다.

이 로펌의 데이비드 웨이클링 시장혁신 그룹장은 AI 챗봇이 "모든 수준에서 시간을 절약해 주고 있다"고 말했다. 그러나 챗봇은 부정확하거나 오도된 결과를 내놓을 수 있기 때문에 로펌 측은 하비가 생성하는 글에 대해 변호사들이 사실 확인 과정을 거치도록 하고 있다.

FT는 이번 보도에서 인공지능 기술이 법률 서비스 분야에서 점점 더 중요한 역할을 맡게 될 것으로 예상하고 있다. 법률 서비스 분야에서는 이미 AI 챗봇을 사용하는 로펌들이 많이 등장하고 있으며, 이러한 추세가 더욱 가속화될 전망이다. 인공지능이 법률 서비스 분야에서 보다 널리 사용될 경우, 변호사들은 더욱 빠르고 정확한 서비스를 제공할 수 있게 될 것으로 예상된다.

공공서비스도 AI와 인간 간의 협동으로 성공

인공지능 판사의 존재는 그들이 인간과 달리 감정이나 편견의 개입 없이 더 빠르고 공정하게 심사를 수행할 수 있다는 믿음에 기반한다. 이러한 기대에 따르면, 인공지능 판사는 법률 분야에서 인간의 한계를 극복하고, 훨씬 더 효율적인 판결 과정을 제공할 수 있을 것이다.

그러나 인공지능 판사의 판결이 실제로 사람들에게 얼마나 수용될 것인지에 대한 문제도 제기되고 있다. 이러한 의문은 판결 알고리즘 분석의 어려움과 오작동의 가능성 때문이기도 하지만, 인공지능이 인간처럼 구체적인 사정과 사회적 배경, 상식을 종합하여 판단할 수 있는 능력이 있는지에 대한 의심 때문이기도 하다.

이러한 이유로 인해 일자리 변화와 같은 사회적 충격은 어느 정도 발생할 것이라고 예상되지만, 전문가들은 인공지능이 완전히 인간을 대체할 것이라는 가정에 대해 회의적인 시각을 표명하고 있다. 인간의 역할은 여전히 중요하게 작용하며, 인공지능 기술의 발전은 인간과 기계가 상호 보완적인 관계를 형성하며 협력하는 미래를 그릴 것으로 생각된다.

또한, 인간과 인공지능이 협업하는 과정에서 서로의 장점을 극대화하고, 한계를 최소화할 수 있어야 한다. 인간은 인공지능이 가지지 못한 사회적 감각과 상황 인식 능력, 창의성을 발휘할 수 있으며, 인공지능은 인간의 감정이나 편견의 영향을 받지 않는 공정한 판단력과 높은 처리 능력을 가지고 있다. 이 두 가지 요소가 결합되어 더 나은 결과를 도출할 수 있다는 것이

전문가들의 견해이다.

결론적으로, 인공지능의 발전은 무조건적인 인간 대체가 아닌 인간과의 협력을 통해 더 나은 성과를 이루어낼 수 있는 방향으로 나아가야 한다. 이를 통해 법률, 의료, 행정 등 다양한 분야에서 인간과 인공지능이 상호 작용하여 혁신적인 성과를 이루어낼 수 있다는 전망이다.

이러한 변화는 전문 분야뿐만 아니라 사회 전반에 걸쳐 교육, 경제, 문화 등 많은 영역에서도 상호 협력적인 발전을 이끌어낼 것으로 예상된다.

제7장
TRANSF**O**RMER

Time of Generative AI : 초거대 생성 AI의 시간 도래

Revival of Semiconductor : 고사양 반도체, 데이터센터 수요 증대

AI for Expert : B2B 전문가 GPT 등장

New War of Search Engine : 검색엔진 세계의 혈투 시작

Shrink in Human Thinking Skills : 인간 사고력 약화 및 일자리 축소

Forceful changes in Public Services : 공공서비스의 급격한 변화

Overwhelming Innovation of Big Tech Giants : 빅테크 기업의 생존기

Realization of Android Robot : 로봇과의 결합으로 안드로이드 현실화

Many Lawsuits against IP rights : 지적재산권, 개인정보 등 법적 논란 증대

Era of Cerebral Valley : 세레브럴 밸리의 시대, 신 비즈니스모델

Rebirth of the Device : 디바이스의 재탄생

Overwhelming Innovation of Big Tech Giants

(빅테크 기업들의 생존기)

빅테크 기업들의 용쟁호투(龍爭虎鬪)!

1. 창조의 시작, 미국의 용(龍)들
    1) 구글
    2) 마이크로소프트
    3) 아마존
    4) 애플
    5) 테슬라
    6) 메타(페이스북)

2. 중국의 3마리 잠자는 호랑이들
    1) 바이두
    2) 알리바바
    3) 텐센트

3. IT 세계 최강, 한국의 용(龍)들은?
    1) 네이버
    2) 카카오

4. 빅테크 기업들의 숨 막히는 경쟁

5. 미국의 정책 방향

1. 창조의 시작, 미국의 용(龍)들

미국, 챗GPT 동반한 AI 미래기술의 새 시대 개척

미국 정부와 기업은 인공지능 기술의 혁신을 촉진하고, 다양한 분야에서 활용함으로써 미래 사회를 새롭게 이끌고자 하는 목표를 가지고 있다. 챗GPT와 같은 기술은 그 가능성을 넓히고, 다양한 산업과 융합됨으로써 미국의 미래 발전에도 큰 역할을 할 것으로 기대되고 있다.

교육 분야에서는 챗GPT가 맞춤형 학습을 제공하고, 대규모 온라인 교육을 가능하게 하며, 학생들의 이해도를 향상하기 위해 다양한 자료가 활용될 것이다. 의료 분야에서는 챗GPT가 암 치료 및 원격 진단을 가능하게 하는 기술을 발전시키며, 신약 발견 및 개발 과정을 가속해 주고, 개인 건강 데이터 분석을 통해 환자 치료를 획기적으로 개선해 줄 수 있다.

사이버 보안 분야에서는 챗GPT와 같은 AI 기술이 취약점 및 위협을 더 효과적으로 식별함으로써 사이버 방어 메커니즘을 강화할 것이다. 이와 함께 사이버 공격에 대응하는 새로운 전략 및 전술을 개발하고, 사이버 보안 작업에서 인간의 실수 위험을 줄이는 데 기여하고 있다.

또한, 챗GPT는 인공지능(AI) 기술의 놀라운 발전을 보여주는 동시에 기업 내 업무 생산성 제고에도 큰 역할을 하고 있다. 이를 통해 기업들은 업무처리 속도를 향상하고, 직원들의 창의력과 협력을 촉진하여 경쟁력을 강화하여, 궁극적으로는 소비자들의 제품과 서비스 사용의 만족도를 제고시킬 것이다.

미래 도시 개발, 법률 및 정책 제정, 환경 보호와 지속 가능한 발전, 경제 및 노동 시장, 공공 안전, 미디어 및 엔터테인먼트 산업 등 다양한 분야에서 챗GPT와 같은 인공지능 기술의 활용이 지속해서 확대될 것으로 예상된다. 이러한 기술은 신체적 또는 정신적 장애가 있는 사람들에게도 적용되어 그들의 삶의 질을 향상시키고 사회 참여를 돕는 데 기여할 것이다.

미국 정부와 기업은 챗GPT와 같은 인공지능 기술의 발전을 지원함으로써 사회 전반의 긍정적 변화를 촉진하려 하고 있다. 그러나 챗GPT와 같은 기술은 동시에 윤리적, 개인정보 사용 우려 등과 같은 도전도 초래한다. 이를 해결하기 위해 미국 정부와 기업은 AI 기술의 책임 있는 사용에 대한 명확한 지침 및 규제를 시행하고 있고, AI 개발자와 협력하여 안전 조치와 윤리 표준을 구현하며, AI 기술의 사회적 영향에 대한 공개 토론을 장려하고 있다.

교육 및 직업 훈련 프로그램은 기술 변화에 대응할 수 있는 능력을 키우기 위해 인공지능과 더불어 진행될 것이다. 이를 통해 미국 정부와 기업은 사회 전체의 기술 적응력을 강화하고, 새로운 기술 도입으로 인한 노동 시장 변화에 대비하려고 한다.

미국 정부와 기업이 챗GPT를 포함한 인공지능 기술에 대한 지원을 통해 다양한 분야에서 혁신을 촉진하고 있는 것은 사실이다. 그리고, 이 과정에서 책임 있는 사용과 윤리적 가치를 고려한 연구 및 정책 수립도 중요하게 생각하고 있다. 이렇게 함으로써 챗GPT와 같은 인공지능 기술은 미국 사회에 긍정적인 영향을 미치며, 미국의 지속 가능한 미래를 구축하는 데 크게 이바지할 것이다. 이러한 원동력을 바탕으로 미국은 다양한 산업 기술의 미래를 지속해서 이끌어 나가고, 국력을 신장시켜 '새로운 도약을 할 수 있다는 꿈'을 계속 실현해 나갈 것이다.

1) 구글

검색 독점 기업인 구글의 현재와 미래

(동영상의 왕국을 건립한 구글이 당면한 위기)

2004년 구글의 창업자 중 한 명인 세르게이 브린(Sergey Brin)이 발표한 논문 "The Anatomy of a Large-Scale Hypertextual Web Search Engine"에서는 검색엔진의 정확도를 높이는 것이 인간의 인지력 저해를 초래할 수 있다는 주장을 제시했다.

이 논문에서 브린은 검색엔진의 정확도가 높아질수록, 사용자들은 더 이상 스스로 정보를 찾는 능력을 잃을 수 있다는 우려를 표현했다. 즉, 검색엔진이 모든 정보를 대신 찾아주면서 사용자들은 스스로 정보를 찾는 능력을 상실할 수 있다는 것이다.

이와 관련해서는 "필터 버블(filter bubble)"이라는 개념이 제시되기도 한다. 필터 버블은 검색엔진이 사용자의 검색 기록, 이용 패턴 등을 기반으로 개인 맞춤형 검색 결과를 제공하면서, 사용자들이 자신의 선호와 관심사와 관련된 정보만을 보게 되는 현상을 말한다. 이러한 현상이 계속되면, 사용자들은 다양한 의견과 관점을 갖는 사람들과 소통하는 것을 방해받을 수 있다.

하지만 이후 구글은 검색엔진의 정확도를 높이는 것과 함께 사용자의 다양한 의견과 관점을 수용하는 방법을 찾기 위해 노력해왔다.

예를 들어, 구글은 사용자들에게 다양한 의견을 제공하기 위해 검색 결과에 다양한 소스를 제공하고, 개인 맞춤형 검색 결과에 대한 투명성을 높이는 등 다양한 방법을 시도하고 있다. 이를 통해 구글은 검색엔진의 정확도를 높이면서도 사용자들의 의견 다양성을 보장하는 방법을 모색하고 있는 것이다.

2017년 발표된 논문 "Attention Is All You Need"에서 소개된 '트랜스포머'는 구글에서 개발한 자연어 처리 모델 중 하나이다.

'트랜스포머 모델'은 RNN(순환 신경망) 기반의 모델에서 발생하는 장기 의존성 문제를 해결하고, self-attention 기술을 활용하여 입력 문장의 모든 단어를 동시에 처리할 수 있다. 이를 통해 번역, 요약, 질의응답 등 다양한 자연어 처리 분야에서 좋은 성능을 보여주고 있다.

구글은 트랜스포머 모델을 기반으로 다양한 AI 기술을 개발하고 있다. 가장 대표적인 것은 BERT 모델로, 2018년에 발표되었다.

BERT는 트랜스포머 모델을 기반으로 개발된 언어 모델 중 하나로, 자연어 처리 분야에서 최고 수준의 성능을 보여준다. BERT는 문맥을 파악하여 단어의 의미를 파악하고, 입력 문장의 모든 단어를 동시에 처리할 수 있는 트랜스포머 모델의 장점을 살린 모델이다.

이처럼 구글은 트랜스포머 모델을 기반으로 다양한 AI 기술을 개발하고 있으며, 이러한 기술들은 자연어 처리 분야에서 매우 중요한 역할을 하고 있다.

하지만 구글은 최근 검색 독점으로 인한 각국의 규제와 소송 문제에 직면하고 있다. 구글은 검색엔진 시장에서 지배적인 입지를 갖고 있기 때문에, 경쟁 업체들과의 공정한 경쟁이 어렵다는 이유로 각국의 규제 기관들로부터 검색 독점 행위를 조사받고 있다.

미국에서는 구글이 검색 광고 시장에서 독과점을 유지하고 있다는 이유로, 구글에 대한 연방 및 주 법원의 소송이 진행 중이다. 또한 유럽 연합(EU)에서는 구글이 검색 시장에서의 지배적인 입지를 이용해 자사 서비스를 선호적으로 노출하는 등의 악용 행위를 했다는 이유로 2017년에 2.2억 유로의 과징금을 부과하기도 했다.

또한, 최근에는 광고주들이 구글의 광고 수수료가 지나치게 높아지고 있다는 비판을 제기하면서 광고 수수료 감면을 요구하고 있다. 이러한 이슈들은 구글의 수익 모델에 직접적인 영향을 미칠 가능성이 있다.

구글의 검색 광고는 구글의 수익 중 매우 중요한 부분을 차지한다. 2021년 4분기 기준, 알파벳(Alphabet Inc. 구글의 모 회사)의 매출 중 81%는 구글 광고에서 발생한 수익으로 이루어져 있다. 이 중에서도 검색 광고는 매출에서 약 50% 이상을 차지하고 있다.

이는 구글이 검색 광고 시장에서 지배적인 입지를 갖고 있기 때문이다. 구글은 검색엔진 시장에서의 우위를 바탕으로 광고주들이 광고를 노출할 때 구글 광고 플랫폼을 선호적으로 이용하도록 유도하고 있기 때문이다. 이로 인해 구글의 광고 수익은 지속적으로 증가하고 있으며, 구글의 성장 엔진 중 하나로 자리 잡고 있다.

2022년 11월 30일 발표된 오픈AI의 챗GPT는 구글에게는 지옥에서 소환된 유령과 같은 존재가 되었다. 내부적으로 코드레드(CODE RED)를 발동하고, 대응책을 강구하고 있다. 구글이 대응해야 할 방향으로 다음과 같이 고려해 볼 수 있을 것이다.

첫째, AI 기술을 활용한 검색 알고리즘을 긴급하게 개선해야 한다. 검색엔진 시장에서 우위를 차지하고 있는 이유 중 하나는 검색 알고리즘의 정확성과 속도이다. 따라서 구글은 AI 기술을 활용하여 검색 알고리즘을 개선하고, 더욱 정확하고 빠른 검색 결과를 제공해야 한다.

둘째, 기존에 개발한 자연어 처리 기술을 검색엔진과 연합하여 활용해야 한다. 자연어 처리 기술을 활용하여 사용자의 검색 의도를 파악하고, 그에 맞는 검색 결과를 제공하는 것이 중요하다. 구글은 AI 기술을 활용하여 사용자의 검색 의도를 파악하고, 그에 맞는 검색 결과를 제공하는 더욱 정교한 자연어 처리 기술을 개발해야 한다.

셋째, 그동안 구글이 적극적으로 준비해 왔던 머신러닝을 활용한 개인화 검색을 조기에 서비스해야 한다. 구글은 머신러닝 기술을 활용하여 개인화 검색 서비스의 초기 버전을 제공하고 있는데, 이를 더욱 발전시켜, 사용자들이 좀 더 개인화된 검색 결과를 받을 수 있도록 노력해야 한다.

구글은 AI 기술을 활용하여 검색엔진 뿐만 아니라, 다양한 비즈니스 모델도 개발해야 한다. 예를 들어, 인공지능 기반의 음성 검색, 이미지 검색 등 다양한 검색 서비스 개발을 생각해 볼 수 있다.

그렇지만 현재의 불씨를 구글은 개발되어 있는 BERT, 람다 (LaMDA) 등의 대화형 모델을 구글 검색에 결합하여 더욱 정확하고 유용한 검색 결과를 제공해야 한다. 이를 위해서도 검토해야 할 게 많이 있다.

먼저 대화형 모델을 적용하려면 더욱 많은 자연어 처리 전문가를 채용하고 자연어 처리 기술을 한 단계 더 발전시켜야 한다. 그런 다음 성능 개선된 BERT, 람다 등의 대화형 모델을 결합하여 더욱 정확하고 유용한 검색 결과를 제공할 수 있다. 그리고, 구글은 성능 개선된 BERT, 람다 등의 대화형 모델을 활용하여 검색 광고의 효과를 더욱 정확하게 측정하여 광고주들에게 더욱 효과적인 광고를 제공할 수 있도록 지원해야 한다. 끝으로 빠른 시간 내에 대화형 모델을 활용하여 새로운 종합적인 검색 서비스를 제공해야 한다. 예를 들어, 이미지나 음성 검색 등을 종합한 새로운 검색 서비스를 개발해야 한다.

구글의 Gmail 설립자가 바라본 구글의 암울한 전망

지메일의 창시자인 폴 부하이트(Paul Buchheit)는 챗GPT가 발표된 직후 트위터를 통해 1~2년 내에 구글의 완전한 혼란을 목격하게 될 것이라고 말했다. AI는 우리가 깜박이는 것보다 더 빨리 결과를 얻기 위해 구글의 검색엔진 페이지를 제거할 것이라고 덧붙였다.

 Paul Buchheit ✔ @paultoo · 2022년 12월 2일 · · ·
Google may be only a year or two away from total disruption. AI will eliminate the Search Engine Result Page, which is where they make most of their money.

Even if they catch up on AI, they can't fully deploy it without destroying the most valuable part of their business!

폴 부하이트는 인공지능(AI) 기반 솔루션의 발전, 특히 챗GPT 같은 AI 기술이 구글의 검색엔진과 광고 사업에 미칠 영향 때문에 구글의 미래를 암울하게 보고 있는 것이다. 그는 이러한 AI 기술이 구글의 검색엔진 결과 페이지의 필요성을 줄이고 광고 사업에 영향을 미칠 것이라고 주장하며, 광고 수익이 구글의 주요 수익원이기 때문에 이러한 변화가 회사에 악영향을 미칠 것으로 본다.

향후 구글은 이러한 변화에 대응하기 위해 여러 가지 전략을 모색할 수 있을 것이다.

첫째, 구글은 자체 AI 기반 솔루션을 개발하여 경쟁에서 우위를 차지할 수 있다. 구글은 챗GPT와 같은 AI 솔루션에 대한 경쟁력을 확보하기 위해 자체 AI 기반 솔루션을 개발하고 개선해 나갈 것이다. 바드(Bard)가 좋은 예가 될 것이다. 이를 통해 구글은 사용자에게 더 나은 검색 결과와 맞춤형 서비스를 제공할 수 있으며, 광고주들에게도 더 효과적인 광고 플랫폼을 제공할 것이다. 하지만 바드의 출시 이벤트가 실패로 돌아가고 오픈AI와 뉴빙의 공격도 만만찮다.

둘째, 구글은 오픈AI와 같은 기업과 협력하여 새로운 기술을 검색엔진과 결합할 수 있다. 구글은 오픈AI와 같은 기업이든 오픈AI에서 근무했다 나온 종업원들이 세운 기업들과 협력하여 새로운 기술을 검색엔진과 결합할 수 있다. 이런 협력을 통해 구글은 검색엔진의 성능을 개선하고 사용자 경험을 높일 수 있으며, 동시에 이러한 기술을 활용한 광고 솔루션을 추가로 개발할 수도 있을 것이다.

셋째, 구글은 검색엔진과 광고 사업을 혁신적인 방식으로 재구성하여 AI 기반 솔루션의 충격에 대응할 수도 있다. 예를 들어, 구글은 검색 결과를 더욱 풍부하고 상호 작용적인 방식으로 제공하거나, 광고를 사용자의 쿼리와 더 밀접하게 연관된 방식으로 통합할 수 있고, 멀티모달 기술을 광범위하게 도입할 수도 있을 것이다.

결국 구글이 어떤 방향으로 나아갈지는 시간이 가야 알 수 있지만, 그들이 AI 혁명의 도전에 대응하기 위해 지속적으로 혁신을 추구해야 할 것은 분명하다. 구글은 기술 선도 기업으로서의 위치를 유지하고 시장 변화에 적응하기 위해 기존의 전

략과 사업 모델을 지속적으로 평가하고 개선할 필요가 있다고
할 수 있겠다.

구글, '바드' 정식 공개하였으나, 초기 점화 실수

알파벳(Alphabet)의 CEO 순다르 피차이는 2023년 2월 6일 공
식 블로그를 통해 람다(LaMDA)를 기반으로 한 대화형 인공지능
(AI) 서비스 '바드(Bard)'를 개발 중이며, 이를 신뢰할 수 있는 테
스터에게 곧 공개할 것이라고 밝혔다. '바드'라는 이름은 '음유
시인'을 뜻한다.

피차이 CEO는 바드가 경량 모델 버전으로 더 많은 사용자
를 수용할 수 있으며, 더 많은 피드백을 받을 수 있다는 장점이

있다고 설명했다.

또한 바드의 응답 품질과 안전성 등을 확인하기 위해 자체 테스트와 외부 피드백을 결합할 것이라고 말했다. 공개된 스크린 샷에 따르면 바드는 구글 검색창과 같은 형태로 제공되며, 응답 결과는 다른 검색 결과를 밀어내고 가장 상단에 배치되었다.

또한 바드의 응답 결과 우하단에는 '좋아요'와 '싫어요' 버튼이 있어 사용자가 응답 결과에 대한 피드백을 제공할 수 있다. 구글은 람다 뿐만 아니라 자연어 처리 AI 모델 'PaLM', 영상 생성 AI '이마젠', 음악 생성 AI '뮤직LM' 등 최신 생성 AI를 검색과 다양한 제품군에 포함하는 방법을 개발 중이며, 람다로 구동하는 생성 언어 API를 공개하여 개발자들이 AI 기반 애플리케이션을 더 쉽게 개발할 수 있도록 지원할 예정이라고 한다.

마지막으로 피차이 CEO는 "우리는 책임감 있는 AI 개발에 전념하고 있다. 계속해서 혁신에 과감하고 책임감 있게 접근할 것이며, 이것은 시작에 불과하다. 앞으로 몇 주, 몇 달 안에 이 모든 영역에서 더 많은 일이 이루어질 것"이라고 밝혔다. 하지만, '바드'의 시연에 사용된 내용이 진실이 아니라는 기사가 쏟아지는 등 많은 어려움을 겪고 있는 것도 사실이다. 챗GPT에 반격하기 위한 초기 공격은 실패한 셈이다. 그렇다고 전쟁에서 패배한 것은 아니다. 구글의 굉장한 무기들은 아직 모습이 드러나지 않은 게 많기 때문이다.

구글의 유튜브, AI 기반 비디오 생성 기능 추가

"생성 AI"라는 새로운 종류의 인공지능이 곧 유튜브에도 영향을 미칠 것 같다. 이 기술을 사용하면 영상 창작자들은 더 동적이고 상호 작용적인 비디오를 만들 수 있게 될 것이다.

2023년 3월 수잔 보이치키를 뒤 이은 유튜브의 새 CEO인 닐 모한이 처음으로 공개한 편지에서 이를 언급했다. 편지에는 구글이 소유한 동영상 스트리밍 서비스를 위한 몇 가지 프로젝트를 밝혔으며, 그 중 가장 주목할 만한 것은 플랫폼의 생성 AI 도입이다. 구글의 유튜브도 사용자가 제공하는 텍스트에서 전문가 수준의 이미지를 생성할 수 있는 오픈AI의 DALL-E 2와 같은 "생성 AI" 프로그램을 활용할 준비를 하고 있는 것이다.

모한의 편지는 앞으로 유튜브에서 AI가 어떻게 구현될지 구체적인 예를 제공했다. 사용자들은 예를 들어 "가상으로 의상을 바꾸기"나 "AI의 생성 능력을 활용한 환상적인 영화 설정 만들기"와 같은 기능을 실험해 볼 수 있게 된다.

이 기술은 또한 영상 창작자들이 개별 시청자를 위한 콘텐츠를 개인화하는 데 도움이 될 것이다. 시청자의 취향에 따라 배경 음악, 색상, 심지어 대화도 조절할 수 있으며, 생성 AI는 창작자의 입력에 기반하여 완전히 새로운 콘텐츠를 처음부터 만드는 데 사용될 수도 있다.

유튜브가 AI 기반의 특수 효과를 도입함으로써 영상 창작자들에게 새로운 창의력과 도구를 제공할 것이다. 그러나 동시에 온라인에서 딥페이크와 불법 정보가 유포되는 위험성도 증가할 수 있기 때문에, 유튜브는 이러한 기술을 책임감 있게 도입하기 위해 보호 장치를 개발하는데 시간을 투자하고 있다고 밝혔다.

모한에 따르면, 플랫폼에서 AI를 구현하는 주요 목표는 창작자들이 스토리텔링을 확장하고 제작 가치를 높이는 데 도움을 주는 것이다. 구체적인 시기를 밝히지 않았지만, 그는 이러한 도구가 곧 출시될 것이므로 앞으로 몇 달 동안 주목해야 할 것을 권고했다.

다른 과제로는 플랫폼의 추천 알고리즘 개선, 창작자 도구 및 수익화 옵션 개선, 신흥 시장에서의 유튜브 접근 확대 등이 있었다.

구글, Gmail과 구글 Docs에 생성 AI 추가

2023년 3월 14일, 구글이 Gmail과 구글 Docs에 인공지능 기술을 도입하는 것으로 알려졌다. 이를 통해 사용자들은 구글의 AI 기술을 활용하여 이메일 및 문서 작성에 큰 도움을 받을 수 있게 된다. 이번 테스트 단계에서는 Workspace의 일부 사용자들에게만 해당 기능을 제공할 예정이며, 앞으로 구글 Chat, Meet, Sheets, Slides 등 다른 애플리케이션에도 추가적인 생성 AI 기능을 도입할 계획이다.

이를 통해 사용자들은 이메일이나 문서에 텍스트 박스에 원

하는 주제를 입력하면, 해당 주제에 관한 초안을 즉시 생성해 준다. 예를 들어 인사 담당자가 맞춤형 직무 설명서를 작성하 거나, 부모가 아이의 생일 파티 초대장을 작성할 때 시간과 노 력을 절약하게 해 줄 것이다.

구글은 앞으로 이 기능을 확장하여 Sheets에서 수식 생성, Slides에서 자동으로 생성되는 이미지, Meet에서 노트 작성 등 Workspace에 추가적인 AI 기능을 도입할 계획이며, 이번 테 스트 기능을 소비자뿐만 아니라 기업 및 교육 사용자들에게도 제공할 예정이나, 정확한 출시 일정이나 비용은 아직 공개되 지 않았다.

이러한 생성 AI 기술은 작년 오픈AI의 챗GPT가 선보이며 화제가 되었으며, 이후 기술 기업들은 이와 유사한 기능을 자 사 제품에 도입하기 위해 경쟁하고 있다. 그리하여 구글도 이 번 기회에 인공지능 기술을 더욱 발전시켜 사용자들에게 제공 하고자 하는 것이다.

이처럼 구글은 인공지능 기술의 발전을 통해 사용자들의 편 의를 높여주고, 개발자들이 새로운 종류의 소프트웨어를 개발 하는데 도움을 줌으로써 사람들이 기업 및 정부와의 상호 작용 방식을 변화시키는 데 기여할 것으로 기대하고 있다.

비록 생성 AI 기술의 부상이 여러 과정에서 인간 요소를 줄일 수 있다는 우려가 있지만, 잘 활용된다면 이러한 도구들이 시간 을 절약하고 작업 흐름을 개선하는 데 큰 도움이 될 것이다.

2) 마이크로소프트

새로운 검색 강자인 마이크로소프트의 행보

마이크로소프트의 검색엔진인 '빙'은 2009년에 서비스를 시작한 이래로 기술적 발전과 서비스 개선을 거듭해 왔다. 주요 발전 내역에는 Visual Search 서비스, Social Search 서비스, Snapshot 서비스, 음성 검색 서비스, 봇 검색 기능, AI 기반 검색엔진 개발 등이 포함되어 있다.

2019년에는 마이크로소프트가 오픈AI에 10억 달러를 투자하여 역대 최대 규모의 투자를 기록했다. 오픈AI는 인공지능 연구에 중점을 두고 다양한 분야에서 활동하는 비영리 기업으로, GPT 모델 등의 인공지능 모델 개발과 활용을 선도하고 있다.

마이크로소프트가 오픈AI에 투자한 이유는 혁신적인 인공지능 기술 개발과 새로운 비즈니스 모델 창출을 목표로 하기 때문이다.

오픈AI의 인공지능 기술과 마이크로소프트의 클라우드 기술이 융합되면 새로운 가치 창출이 가능하다. 또한, 오픈AI의 인공지능 기술을 활용해 업계의 주도적 위치를 유지하고자 하는 전략적 이유도 있다.

2023년 2월에는 마이크로소프트의 '빙'이 오픈AI의 챗GPT와 결합하여 대화형 모델로 검색 서비스를 제공하기 시작했다. 이를 통해 '빙' 검색엔진의 자연어 처리 기술이 개선되었고, 검색 결과의 정확도와 질이 대폭 향상되었다. 사용자들은 더욱 쉽게 원하는 정보를 찾을 수 있다. 또한, 현재 데이터를 학습해 검색 결과에 보여주며, 광고주들에게도 더 다양한 서비스와 높은 광고 효과를 제공한다.

또한 마이크로소프트는 구글과 경쟁에서 앞서 나가기 위해 가지고 있는 경영 자원들에 대한 통합적인 활용도 고려해야 한다. 마이크로소프트는 클라우드 컴퓨팅 분야에서 큰 발전을 이루고 있다. Azure, Office 365 등의 클라우드 서비스를 제공하며, 이를 기반으로 다양한 산업에서 비즈니스 모델을 개발하고 있다. 따라서 마이크로소프트는 검색엔진 이외의 다양한 분야에서도 경쟁력 있는 비즈니스 모델을 만들어 내는 것이 중요하다.

인공지능 기술을 활용한 새로운 제품과 서비스를 출시하거나, 챗GPT 서비스가 용이한 새로운 단말기 또는 Xbox의 하드웨어 기기를 이용하는 서비스도 생각해 볼 수 있다. 이러한 제품들을 통해 마이크로소프트는 다양한 산업에서 경쟁력을 유지하고, 새로운 비즈니스 모델을 창출할 수 있다.

이들의 전쟁은 지금이 끝이 아니라 시작점이 서 있는 단계이다. 놀라운 변화들과 엄청난 화력들이 펼쳐질 것이다.

MS, 챗GPT 작동하는 '오피스' 조기 출시

미국 소프트웨어 기업 마이크로소프트가 AI 기술을 활용한 새로운 '오피스' 제품군을 출시한다는 소식이 전해졌다. 조만간 출시될 예정인 이 제품군은 문서 작성, 프리젠테이션, 이메일 등을 작성하는 방식이 크게 달라질 것으로 예상된다.

미국 온라인 IT 뉴스 미디어 더버지는 2023년 2월12일, 마이크로소프트가 '워드(Word)', '파워포인트(PowerPoint)', '아웃룩(Outlook)' 등의 제품군에서 '챗GPT'와 'GPT-3.5' 업그레이드 버전인 '프로메테우스(Prometheus)' 모델을 접목한 신제품을 출시한다고 보도했다.

챗GPT는 오픈AI(오픈AI)가 개발한 자연어 처리 모델로, 기존의 인공지능 기술과 달리 대화형 AI로서 높은 인기를 얻고 있다. 이번에 출시될 새로운 제품군에 추가되는 기능에 대해서는 아직 구체적으로 밝혀지지 않았으나, 더인포메이션의 최근 보도에 따르면 워드에서는 GPT 모델을 활용한 자동 완성 및 쓰기 기능이 추가될 것으로 전해졌다.

아웃룩에서는 키워드를 사용하지 않고도 원하는 이메일을 검색하거나 원하는 내용의 이메일을 자동으로 작성할 수 있게 된다. 파워포인트에서는 프롬프트 입력만으로 문서나 프리젠테이션을 작성할 수 있고, 생성된 텍스트에 살을 붙이거나 파워포인트용 그래프와 그래픽을 생성하는 것도 가능하다. 이에 관련하여 마이크로소프트 CEO인 사티아 나델라는 최근 "MS는 챗GPT와 같은 AI 도구를 자사의 모든 제품에 통합할 계획"이라고 언급했다.

마이크로소프트는 챗GPT와 같은 AI 도구를 활용하여 기업용 협업 플랫폼인 '팀즈 프리미엄'[40]과 영업 지원 솔루션 '비바 세일즈(Viva Sales)'[41]를 개발하였다. 또한, 챗GPT를 활용한 검색 엔진 '빙'의 새로운 버전도 공개하였다. 이번 출시 예정인 새로

---

40) 팀즈 프리미엄(Teams Premium): 기존 Teams 버전을 업그레이드하여, 모임을 지능적이고, 안전하고, 커스텀이 가능한 환경을 제공한다. 모임 가이드 제공, 회사 로고 추가, AI를 통해 회의 중 작업 항목 생성, 회의 요약 생성, 실시간 번역 기능, 회의 워터마크 기능, 고품질 웨비나 등을 제공한다.

41) 비바 세일즈(Viva Sales): 마이크로소프트의 비바 플랫폼에서 제공하는 AI 기반 영업 지원 솔루션. 고객들의 정보를 손쉽게 데이터화하여 고객관리를 수월하게 할 수 있게 해준다. 통화내용을 자동으로 기록하며 워드, 엑셀과 연동, 해당 고객들의 데이터들을 자동으로 정리해 준다.

운 '오피스' 제품군에는 챗GPT와 GPT-3.5의 업그레이드 버전인 '프로메테우스(Prometheus)' 모델이 탑재될 예정이다. 이에 따라 워드, 파워포인트, 아웃룩에서는 기존에 없던 새로운 기능이 추가될 것으로 예상되며, 이를 통해 문서 작성과 이메일 작성이 보다 편리하고 빠르게 이루어질 수 있을 것으로 보인다.

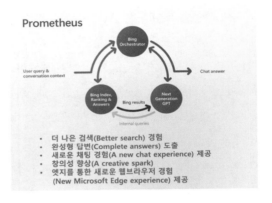

이러한 마이크로소프트의 AI 기술 활용 노력은 더 나아가, 비즈니스 분야뿐만 아니라 교육, 의료, 공공 분야 등에서도 다양하게 활용될 것으로 예상된다. 또한, MS를 비롯한 여러 IT 기업들이 AI 기술을 활용하여 새로운 제품과 서비스를 출시하고, 이를 통해 인간의 일상생활과 업무 환경을 변화시키고 있다는 점에서, AI 기술의 발전이 더욱 가속화될 것으로 보인다.

MS, GPT-3.5 기반 기업용 '팀즈 프리미엄' 출시
미국 소프트웨어 기업 마이크로소프트가 2023년 3월, 초대형 언어모델 'GPT-3.5'를 탑재한 기업용 협업 플랫폼 '팀즈 프리미엄'과 영업지원 솔루션 '비바 세일즈'를 본격 출시했다.

팀즈는 업무용 메신저, 화상 회의, 문서 공유 등을 갖춘 협업 플랫폼이며, 팀즈 프리미엄은 유료 버전으로 월 7달러에서 시작하여 6월 이후 월 10달러로 판매될 예정이다.

팀즈 프리미엄은 인공지능(AI) 기능이 가장 큰 특징으로, 지능형 요약 기능을 통해 회의 메모, 권장 작업, 맞춤형 하이라이트 등을 자동으로 생성하여 회의에 참여하지 못한 경우에도 중요한 정보를 쉽게 파악할 수 있도록 돕는다.

또한, GPT-3.5 기반의 AI가 노트를 자동 생성하여 핵심 요점을 바로 알려주는 기능과 후속 조치를 제안하는 기능도 추가될 예정이다. 또한, 회의를 섹션 별로 나누고 사용자가 관련 높은 내용을 빠르게 볼 수 있도록 하는 AI 생성 챕터 기능과, 녹화된 회의 기록을 다시 보고 싶을 때 특정 지점을 쉽게 찾을 수 있도록 돕는 맞춤형 타임라인 마커 기능도 추가될 예정이다.

또한, 발표자 타임라인 마커 기능을 통해 누가, 언제 말을 했는지 등을 보여주고 특정 발표자의 발표 지점으로 쉽게 이동해 내용을 다시 들을 수 있으며, 가상 회의에서 기밀을 유지할 수 있는 고급 보안 기능도 제공된다.

비바 세일즈는 GPT-3.5의 텍스트 생성 기능을 사용하여 영업 담당자 대신 고객에게 이메일 답장을 자동으로 생성할 수 있다. MS 아웃룩 이메일 클라이언트 인터페이스의 사이드바를 통해 새로운 AI 기능에 액세스할 수 있으며, 간단한 텍스트 프롬프트를 입력하면 GPT-3.5 모델이 지정된 회신을 생성한다.

비바 세일즈는 MS 365의 데이터를 사용하여 회신 메일을 생성할 수 있으며, 세일즈 포스의 고객관계관리(CRM) 플랫폼에 저장된 데이터를 검색할 수도 있다. MS 365와 MS 팀즈에서 발생하는 고객 데이터를 MS의 다이나믹스 고객관계관리(CRM)이나 세일즈포스의 CRM과 연동하여 사용할 수 있다.

MS, 멀티모달 언어 모델 '코스모스-1(Kosmos-1)' 공개

마이크로소프트는 2023년 3월초에 언어 프롬프트뿐만 아니라 이미지 입력에도 반응할 수 있는 다중 모달 큰 언어 모델인 코스모스-1을 발표했다. MS는 코스모스-1을 오픈AI의 개입 없이 독자 구축한 모델이라고 밝혔다. 이로서 MS가 그동안 오픈AI에 거액을 투자한 뒤 '챗GPT'를 검색과 오피스 및 윈도 프로그램에 탑재하는 등 적극 활용하는 동시에 내부에서도 인공지능(AI)을 자체 개발하는 투트랙 전략을 구사해 왔다는 사실이 밝혀졌다.

이번에 발표된 모델은 이미지 캡셔닝, 시각적 질문 응답 등 다양한 작업에 사용할 수 있다. 특히 텍스트, 오디오, 이미지 및 비디오와 같은 다양한 입력 모드를 통합하는 멀티모달 AI는 인간 수준에서 일반 작업을 수행할 수 있는 범용인공지능(AGI)을 구축하는 데 핵심 단계로 꼽혀왔다.

---

42) 대규모 언어 모델(LLM): Large Language Model

오픈AI의 챗GPT는 대규모 언어 모델(LLM)[42]의 개념을 대중화하고 텍스트 프롬프트를 출력으로 변환하는 가능성을 보여주었다. 그러나 마이크로소프트의 AI 연구원들은 'Language Is Not All You Need: Aligning Perception with Language Models' 논문에서 이미지와 오디오 프롬프트와 같은 다중 모달 입력에서 LLM이 여전히 어려움을 겪고 있다고 주장하고, 일반 인공지능(AGI)으로 나아가기 위해 다중 모달 인식과 실세계에서의 지식 획득이 필요하다고 제안하였다.

마이크로소프트의 코스모스-1은 다중 모달 대규모 언어 모델(MLLM)[43]로서, 언어 프롬프트뿐만 아니라 이미지와 오디오 프롬프트와 같은 다양한 입력을 처리할 수 있는 능력을 갖추고 있다. 대규모 언어 모델인 코스모스-1은 이미지나 오디오와 같은 다른 유형의 입력 양식을 외국어처럼 간주하고 처리한다. 즉 코스모스-1은 모든 유형의 입력 양식을 텍스트처럼 이해하고, 설명하고, 평가하고, 처리할 수 있다.

43) 다중 모달 대규모 언어 모델(MLLM): multimodal large language model

코스모스-1의 학습 데이터는 텍스트 말뭉치, 단어-이미지 쌍 및 이미지와 텍스트를 결합한 다양한 멀티모달 데이터 컬렉션으로 구성했다. 이미지 구성 요소에는 '레이온(LAION)' 데이터셋을 사용했고, 텍스트 구성 요소에서는 '파일(The Pile)'이라는 800GB의 영어 텍스트 리소스와 인터넷의 '커먼 크롤(Common Crawl)' 데이터 세트를 사용했다. MS는 학습 후 언어 이해, 언어 생성, 광학 문자 인식 없는 텍스트 분류, 이미지 캡션, 시각적 질문 응답, 웹 페이지 질문 응답, 제로샷 이미지 분류를 포함한 여러 테스트에서 코스모스-1은 다른 최신 모델을 능가했다고 밝혔다.

이러한 기술은 이미지 캡셔닝, 시각적 질문 응답 등 다양한 분야에서 활용될 수 있으며, 인공 일반 지능(AGI)으로 발전하기 위한 중요한 발판이 될 것이다. 이를 통해 웹 페이지 읽기, 건강 데이터 해석, 이미지 캡션 생성 등 다양한 작업을 자동화하는 데 활용할 수 있다. 하지만 아직 비디오 분석 기능은 포함하지 않는다.

Kosmos-1의 발표로 인해 AI 및 다중 모달 인식 기술이 보다 다양한 분야에서 활용될 수 있는 가능성이 열렸다. 이러한 연구와 발전은 마이크로소프트와 같은 기업들이 더 나은 검색 엔진 경쟁력을 갖추고, 사용자들에게 보다 효율적이고 직관적인 경험을 제공할 수 있는 기반을 마련하는데 기여할 것으로 기대된다.

마이크로소프트 코파일럿(Copilot) 출시, 게임체인저!

2023년 3월 16일, 마이크로소프트는 차세대 AI 기술을 활용한 새로운 작업 도우미, 마이크로소프트 365 코파일럿(Copilot)를 출시했다. 이 서비스는 마이크로소프트 365 앱과 사용자의 데이터를 결합하여 놀라운 생산성을 보여준다. 코파일럿은 Word, Excel, PowerPoint, Outlook, Teams 등 일상 업무 앱에 통합되어 창의력과 생산성을 높이고 업무 스킬을 향상시키는 것을 목표로 하고 있다.

코파일럿을 사용하면 Word에서 빈 페이지로 시작하지 않고 초기 초안을 제공 받아 편집 및 개선할 수 있다. 파워포인트(PowerPoint)에서는 손쉽게 프리젠테이션을 만들 수 있으며,

엑셀(Excel)에서는 데이터 시각화를 신속하게 생성할 수 있다.

또한 코파일럿을 사용하면 이메일 정리부터 회의록 작성까지 작업을 손쉽게 처리할 수 있다. 이를 통해 사용자는 더 중요한 업무에 집중할 수 있게 된다. 코파일럿은 사용자가 이미 능숙한 작업에 더욱 능숙해지도록 도와주며, 아직 익히지 못한 작업도 빠르게 습득할 수 있도록 지원한다.

마이크로소프트에서 출시한 코파일럿은 일상 업무에서 큰 도움을 주는 다양한 기능을 갖추고 있다. 이 글에서는 코파일럿을 활용하여 업무 효율성을 극대화하는 몇 가지 예시를 살펴볼 것이다.

먼저, Word에서 글 작성을 도와주는 기능이 있다. 기획안 작성을 시작해야 하는데 어떻게 시작할지 막막하다면, 코파일럿에 '기획안 작성하기'라고 입력해보자. 코파일럿이 초안을 생성하고, 그 초안을 편집하고 개선하여 완성된 기획안을 만들어 낼 수 있다.

또한, Excel에서 데이터 분석을 쉽게 할 수 있게 도와준다. 월별 매출 데이터를 분석해야 하는 상황에서 '월별 매출 증가율 계산하기'라고 입력하면, 코파일럿이 필요한 계산을 수행해 준다.

PowerPoint에서 프리젠테이션 작성도 간편하다. 보고서를 바탕으로 프리젠테이션을 만들어야 할 때, '보고서 요약 프리젠테이션 만들기'라고 입력하면 코파일럿이 프리젠테이션 초안을 생성해준다. 그 초안을 수정하여 완성된 버전을 만들어 낼 수 있다.

Outlook에서 이메일 처리 역시 효율적으로 이루어진다. 긴 이메일 스레드를 읽고 요약해야 할 때, '이메일 스레드 요약하기'라고 입력하면 코파일럿이 핵심 내용을 요약해준다.

Teams에서 회의록 작성하기도 쉽게 할 수 있다. 온라인 회의 중 내용을 정리해야 할 때, 회의중 '회의록 작성하기'라고 입력하면, 코파일럿이 회의 내용을 실시간으로 정리해 준다.

이처럼 코파일럿을 사용하면 다양한 업무를 더욱 효율적으로 처리할 수 있다. 사용자는 복잡한 작업을 간단한 명령어로 손쉽게 수행할 수 있게 되어, 시간과 에너지를 절약할 수 있다.

마이크로소프트는 코파일럿 시스템을 통해 엔터프라이즈용 AI를 제공하며, 이를 위해 개인정보보호 및 데이터 보안에 엄격한 표준을 준수하고 있다. 또한, 코파일럿은 새로운 기능을 지속적으로 습득하고 진화함으로써 사용자에게 더욱 맞춤화된 서비스를 제공할 계획이다.

3) 아마존

쇼핑의 왕자인 아마존의 현재와 미래

아마존은 현재 세계 최대의 인터넷 소매업체이며, 클라우드 서비스 분야에서도 선도적인 위치에 있다. 2021년 1분기 기준으로 아마존은 1087억 달러의 매출을 기록하고 있으며, 이는 전년 대비 약 44% 상승한 수치이다. 이러한 성과는 코로나19로 인한 비대면 소비 증가 등이 큰 역할을 했다.

아마존은 챗GPT를 비롯한 인공지능 기술을 활용하여 고객 경험을 개선하고, 더욱 효율적인 운영을 실현하고 있다. 이를 위해 아마존은 다양한 분야에서 챗GPT를 활용하고 있으며, 대표적으로는 아마존 에코(Echo) 디바이스의 알렉사(Alexa)를 예로 들 수 있다.

그러나 챗GPT가 아마존에 충격을 준다면, 이는 경쟁 업체가 챗GPT 기술을 더욱 적극적으로 활용하여 시장 점유율을 높이는 상황이 발생할 가능성이 있다. 따라서 아마존은 챗GPT와 같은 기술을 계속해서 연구 개발하고, 적극적으로 활용하여 경쟁 업체와 차별화된 경쟁력을 유지할 필요가 있다.

이를 위해 아마존은 기존 고객들의 데이터를 바탕으로 개인화된 추천 서비스를 제공하는 등 챗GPT를 활용한 맞춤형 서비스를 제공하고 있다. 또한, 새로운 분야로의 진출과 기존 분야의 확대 등 다양한 전략적 대응을 통해 경쟁 업체와의 격차를 줄이고 있다.

4) 애플

애플도 챗GPT 관심 증가

2023년 3월초, 애플이 GPT-3를 사용하는 이메일 앱 '블루메일(BlueMail)'의 업데이트 차단을 해제했다. 애플은 블루메일이 어린이에게 부적절한 콘텐츠를 생성할 수 있는지 여부를 면밀히 조사한 후 업데이트를 승인했다고 밝혔다. 조사 시 언급된 내용은 블루메일이 적절하지 않은 콘텐츠를 생산할 가능성이 있다며 연령 등급을 17세 이상으로 수정하거나 콘텐츠 필터링을 도입하라는 것이었다.

블루메일의 벤 보라치 블릭스 공동 창업자는 업데이트에 콘텐츠 조정 기능을 포함했으며 챗GPT나 유사한 인공지능(AI) 시스템 사용에 대해서도 공지하겠다고 애플에 수정 제안한 뒤 업데이트가 승인됐다. 그런데, 현재 애플의 앱 스토어에는 생성형 AI를 사용하는 것과 관련해 공식적인 가이드라인은 아직 없다고 한다.

애플의 숨겨진 비밀 무기들

애플은 전 세계에서 가장 유명한 기술 기업 중 하나로, 스마트폰과 컴퓨터 등의 제품 라인업을 보유하고 있다. 최근 몇 년간 애플은 매출 성장률이 둔화되었으며, 특히 중국 시장에서의 경쟁력이 감소하는 것으로 알려져 있다. 이는 아이폰 판매량의 감소, 중국 내 지지도 하락, 코로나19의 영향 등이 원인으로 지적된다.

또한 애플은 최근에 EU에서의 법적 분쟁과 같은 법적 문제에 직면하고 있다. 이는 애플이 국제적으로 세금 회피를 시도하고 있다는 주장과 관련이 있다.

챗GPT로 인한 변화는 애플에게는 기회와 위협 모두 있을 수 있다. 예를 들어, 챗GPT 기술을 활용해 인공지능 비서를 개발하거나, 음성인식 및 자연어 처리 기술을 더욱 개선하여 스마트폰 제품 라인업에 적용할 수 있을 것이다. 또한 애플은 다양한 제품 라인업을 보유하고 있어, 챗GPT와 같은 인공지능 기술을 이용한 제품들을 다양하게 출시하여 시장 경쟁력을 유지할 수 있을 것이다.

하지만 챗GPT와 같은 인공지능 기술은 경쟁 업체들도 활용할 수 있기 때문에, 애플은 기존 제품에 챗GPT와 같은 기술을 적용하는 것 외에도, 새로운 차별화된 제품과 서비스를 개발해 시장 경쟁력을 유지해야 할 것이다. 또한 법적 분쟁과 같은 문제에 대한 해결 방법도 중요한 과제이다.

5) 테슬라

AI의 최강자 테슬라의 본색

테슬라는 자율주행 기술 개발에 인공지능을 활용하고 있으며, 이를 위해 트랜스포머 모델을 활용하고 있다.

트랜스포머 모델은 자연어 처리 분야에서 성능이 우수한 모델로 알려져 있지만, 최근에는 이미지 처리 분야에서도 적용되고 있다. 테슬라는 트랜스포머 모델을 이용하여 이미지 처리 및 자율주행 관련 기술 개발에 활용하고 있다.

예를 들어, 테슬라는 전방 카메라에서 수집한 영상 데이터를 기반으로, 실시간으로 도로 상황을 분석하고 이를 이용하여 차량의 주행 판단을 내리는 기술을 개발하고 있다. 이를 위해 트랜스포머 모델을 활용하여, 영상 데이터에서 물체 인식 및 추적, 도로 상황 판단 등을 수행하고 있다.

또한 테슬라는 GPT(Generative Pre-training Transformer) 모델을

이용하여, 자연어 처리 기술을 활용한 자율주행 관련 서비스를 제공하고 있다. 예를 들어, 테슬라의 자율주행 시스템은 운전자의 음성 명령을 인식하고, 이에 따라 차량를 주행시킬 수 있다.

테슬라의 도조 컴퓨터에는 AI 반도체로 엔비디아의 GPU가 사용되고 있다. 이는 테슬라가 자율주행 기술 개발에 필요한 대규모 연산을 처리하기 위해 GPU를 활용하는데, 그중에서도 엔비디아의 GPU가 매우 높은 성능을 보여주고 있기 때문이다.

엔비디아의 GPU는 고성능 병렬 처리를 위해 최적화된 구조를 가지고 있으며, 이를 이용해 테슬라는 자율주행을 위한 영상 처리, 신호 처리, 패턴 인식 등의 다양한 작업을 처리할 수 있다. 또한, 엔비디아의 GPU는 AI 분야에서도 뛰어난 성능을 보이고 있어, 딥러닝 등의 다양한 AI 기술 개발에도 활용되고 있다.

DIP(Dual In-line Package)칩은 테슬라가 개발한 자체 제작 AI 반도체 칩으로, 2019년 발표되었다. 이 칩은 자율주행을 위한 데이터 처리 및 판단을 수행하는 데 최적화되어 있다.

DIP칩은 전용 딥러닝 가속기를 내장하고 있어, 매우 높은 성능을 보여주며, 이를 이용해 자율주행 차량에서 발생하는 다양한 데이터를 처리할 수 있다. 또한, DIP칩은 차량 내부에서 발생하는 데이터 처리를 수행할 수 있어, 외부 네트워크에 연결되지 않은 상태에서도 안전하게 자율주행을 수행할 수 있다.

DIP칩과 도조 컴퓨팅에서 챗GPT를 연결한다면, 다양한 자율주행 서비스가 가능할 것이다. 예를 들어, DIP칩과 도조 컴퓨팅에서 챗GPT를 이용하면, 자율주행 차량과 스마트 스피커

등과 같은 기기 간에 자연스러운 대화 인터페이스를 구현할 수 있다. 이를 통해, 운전자는 스마트 스피커와 대화를 하면서, 차량의 주행을 제어할 수 있게 된다.

또한, DIP칩과 도조 컴퓨팅에서 챗GPT를 이용하여, 운전자의 음성 명령을 인식하고, 이를 차량의 제어 신호로 변환하는 기술을 개발할 수 있다. 이를 통해, 운전자는 음성 명령만으로 차량의 주행을 제어할 수 있게 된다.

일론의 오픈AI 챗GPT에 대한 견해와 테슬라 대응방향

일론 머스크는 오픈AI의 공동 창립자였지만, 이 회사의 최근 방향성에 대해 많은 사람들은 우려를 표현하고 있다. 머스크는 오픈AI가 원래 비영리 목적으로 설립되었지만, 현재 마이크로소프트와의 파트너십을 통해 막대한 이익을 창출하고 있다고 주장한 것이다. 또한 머스크는 현재의 Tesla와 SpaceX의 CEO로서 AI 기술의 발전에 대한 명백한 이해를 가지고 있으나, 최근에 열린 '세계 정부 정상회의'에서 그는 인공지능 기술의 성장과 관련해서도 걱정을 표현했다. 그는 AI가 의학, 자동차, 심지어 비행기보다 더 큰 위험이 될 수 있다고 주장했다. 그리고, AI 기술에 대한 적극적인 규제가 필요하다고 강조하였다.

일론 머스크는 인공지능 기술의 성장이 인간 문명에 가장 큰 위협이 될 수 있다고도 얘기하면서 AI 기술이 많은 이점을 제공할 수 있지만, 그와 동시에 부정적인 결과를 초래할 수 있다고 강조했다.

머스크는 AI 기술의 목표는 긍정적인 측면이 부정적인 측면에 대해 어떻게 평가되는지, 그리고 어떤 종류의 약속과 능력을 포함하는지 확인하는 것이라고 주장했다.

구글의 바드(Bard) 챗봇과 마이크로소프트의 빙(Bing) 검색엔진과 같은 기술의 등장은 AI 산업의 성장을 촉진하고 있으며, 챗GPT는 이러한 AI 트렌드를 시작하고 대중에게 이러한 기술의 발전에 대한 효율적인 이해를 제공하는 역할을 담당하고 있다. 그러나 동시에 이러한 기술의 성장은 사용자들에게 나란히 발생하는 위험을 감수해야 함을 의미한다.

일론 머스크의 우려에 대해 알아보았지만, 그의 회사 테슬라는 AI 기술에 있어서 꽤 놀라운 성과를 보여주고 있다. 테슬라가 전기차 회사이지만 이 회사의 주가의 대부분은 자율주행 능력과 AI 소프트웨어 능력이라고 전문가들은 언급하고 있다.

테슬라의 AI 기술 개발 전략을 보자.

테슬라는 자율주행 기술을 선도하는 기업 중 하나로, AI를 활용한 차량 제어 시스템 개발에 큰 투자를 하고 있다. 테슬라의 오토파일럿(Autopilot)은 컴퓨터 비전, 딥러닝, 센서 퓨전 등 다양한 기술을 사용하여 자동차의 주행, 가속 및 제동을 제어한다. 테슬라는 자율주행 기술을 개선하기 위해 도조(Dojo)라는 AI 훈련용 슈퍼컴퓨터를 자체 개발했다. 이를 통해 수많은 주행 데이터를 활용하여 차량의 인공지능을 지속적으로 학습시키고 있는 것이다.

또한 테슬라는 2019년 자율주행 차량의 컴퓨터 비전 기술 개발에 중점을 둔 스타트업 DeepScale을 인수했다. 이 인수를 통해 테슬라는 DeepScale의 AI 기술을 자사의 Autopilot 및 Full Self-Driving(FSD) 시스템에 통합할 수 있게 되었고, DeepScale의 전문 인력을 통해 테슬라의 AI 개발 역량을 더욱 강화할 수 있었다.

또한 테슬라는 AI 기반 에너지 관리 및 최적화 솔루션을 개발하여 에너지 저장 시스템(Powerwall, Powerpack, Megapack) 및 태양광 발전 시스템(Solar Roof)의 효율성을 높이고 있다. AI 알고리즘은 고객의 에너지 사용 패턴과 날씨 예보를 분석하여 최적의 에너지 사용 및 저장 계획을 제공한다. 이를 통해 고객은 전력 비용을 절약하고 지속 가능한 에너지 소비를 실현할 수 있게 된 것이다.

그리고, 테슬라는 AI를 활용한 스마트 제조를 통해 생산 효율성을 향상시키고 있다. 인공지능 기반의 로보틱스 및 오토메이션 시스템을 도입하여 제조 공정에서의 시간과 노력을 줄이고, 더 빠른 생산 속도와 높은 품질의 제품을 창출하고 있다. 또한, AI 기반의 예측 유지보수 시스템을 통해 설비의 고장률을 낮추고 생산성을 높이는데 기여하고 있다.

끝으로 테슬라는 다양한 기업과의 파트너십 및 협력을 통해 AI 기술 개발을 지원하고 있다. 예를 들어, 테슬라는 엔비디아와 협력하여 자율주행 차량용 AI 하드웨어 및 소프트웨어를 개발하였고, 자체 AI 기술을 개발하기 위해 교육 및 연구기관과 협력하고 있으며, 이를 통해 신규 인재를 확보하고 AI 기술의 발전에 기여하고 있다.

테슬라는 현재까지 대화형 AI 챗봇이나 생성형 AI를 개발하는 계획이나 전략을 공개적으로 밝히지 않고 있다. 테슬라의 주요 사업 영역은 전기 자동차, 에너지 저장 및 생성, 그리고 자율 주행 기술에 초점을 맞추고 있다. 이러한 분야에서 AI 및 머신러닝 기술은 중요한 역할을 하지만, 대화형 AI 챗봇이나 생성형 AI와 같은 기술은 테슬라의 주요 사업 영역과 직접적으로 관련되지 않았다.

그러나 향후 테슬라가 자동차와 관련된 사용자 경험(UX)을 향상시키기 위해 대화형 AI 챗봇이나 생성형 AI 기술을 도입할 가능성은 완전히 배제할 수 없다. 예를 들어, 테슬라 차량 내부 인포테인먼트 시스템에 대화형 AI 챗봇을 통합하여 차량 운전자와 승객이 보다 편리하게 정보를 얻거나 기능을 제어할 수 있도록 하는 것이 가능하다. 이러한 기술 도입은 테슬라의 차량에 대한 사용자 만족도를 높이고, 차별화된 경쟁력을 강화할 수 있을 것이기 때문이다.

또한 2021년과 2022년의 테슬라 AI 데이에서 모습을 드러낸 Tesla Bot이라 불리는 인간형 로봇이 있다. 이 Tesla Bot은 일상적인 작업을 수행하는 데 도움을 주는 인공지능 로봇으로 설계되었으며, 진화하는 속도도 굉장히 빠르다. 여기에 대화형 AI가 Tesla Bot에 통합될 가능성은 많이 있어 보인다. 인간과 소통하고 상호 작용하는 능력은 로봇이 일상 생활에서 도움을 주기 위한 중요한 기능이기 때문이고, 대화형 AI는 로봇이 사용자의 명령에 대해 이해하고, 적절한 응답과 행동을 취할 수 있도록 돕기 때문이다.

일론 머스크도 챗GPT 대응하는 AI 연구소 설립 검토 중

지난 몇 년 동안 인공지능(AI) 분야에서 큰 변화가 일어났다. 특히, 챗GPT와 같은 생성형 AI 기술의 출시로 인해 전 세계의 기업들이 이 기술에 관심을 높이고 있다. 2023년 3월 일론 머스크 테슬라 CEO가 오픈AI에 대항하기 위해 인공지능 연구소 설립을 검토 중이라는 소식이 전해졌다.

머스크는 알파벳(구글 모회사)의 인공지능 자회사인 딥마인드 출신 연구원들을 차례로 접촉하며, 인공지능 연구소 설립에 대한 논의를 진행 중이라고 전해진다. 특히 전직 딥마인드 연구원인 이고르 바부슈킨과의 만남에서 연구소 설립 방안에 대한 이야기가 오갔다고 한다.

바부슈킨은 인공지능 관련 업체에서 주로 경력을 쌓아온 엔지니어로 2017년 딥마인드에 입사했고, 2020년 오픈AI로 이직했다가 2022년 초 딥마인드로 재차 옮겼으나 2023년 2월말 딥마인드를 퇴사한 상태이다. 이러한 머스크의 움직임은 애초 오픈AI의 설립 목적에 맞게 새로운 연구소를 설립하려는 의지를 보여주고 있다고 분석되고 있다.

테슬라와 머스크의 이번 결정이 주목받는 이유는 그가 오픈AI의 공동 설립자이기 때문이다. 머스크는 샘 알트만 오픈AI 현 CEO 등과 함께 2015년 오픈AI를 설립했으며, "인류에게 유익한 방향으로 인공지능을 개발하겠다"는 비영리 단체로 시작했었다. 그러나 2018년, 머스크는 오픈AI 이사회에서 전격 사임하고 테슬라의 인공지능 연구에 집중하기 시작했다.

머스크는 오픈AI가 처음 설립했을 당시의 목표가 퇴색되었다고 비판하며, 챗GPT의 출시 이후 "위험할 정도로 강력한 인공지능이 멀지 않았다"고 우려를 표명했다. 이에 따라 머스크가 새로운 연구소를 설립하여 챗GPT와 같은 강력한 AI 기술에 대응하려는 의지가 엿보인다. 머스크의 이러한 움직임은 챗GPT와 같은 인공지능 기술의 성장과 영향력에 대한 경쟁력을 확보하기 위한 전략으로 보여진다.

한편 챗GPT 출시 이후 생성형 인공지능은 빅테크 사이에서 새로운 흐름이 되고 있다. 여러 번 언급하였듯이 구글은 대화형 인공지능 '바드'를 선보였고, 마이크로소프트는 챗GPT 기술을 이용한 검색엔진 '빙'을 출시했다. 메타 역시 인공지능 '라마'를 공개했다.

이 모든 것을 감안할 때, 일론 머스크와 테슬라가 새로운 AI 연구소를 설립하는 것은 이들이 인공지능 시장에서 확고한 위치를 차지하려는 의도로 볼 수 있다. 새로운 연구소가 만들어지면, 테슬라와 머스크는 챗GPT와 같은 혁신적인 인공지능 기술에 대응할 수 있는 역량을 키울 것으로 기대가 된다.

6) 메타(페이스북)

메타의 전략
페이스북의 메타플랫폼은 트랜스포머 모델과 GPT 모델을 다양한 분야에서 활용하고 있다. 년도별로 페이스북이 트랜스포머 모델과 GPT 모델을 어떻게 활용하고 있는 지에 대한 간

략히 알아보겠다.

2017년에 페이스북은 트랜스포머 모델을 이용하여 번역 시스템을 개발하였다. 이 시스템은 언어간 번역 성능을 크게 향상시키는데 기여하였다.

2018년에는 페이스북은 GPT 모델을 이용하여 인공지능 개발 플랫폼인 파이토치(PyTorch)를 개발하였다. PyTorch는 GPT 모델과 같은 딥러닝 모델을 쉽게 개발하고 실행할 수 있도록 지원하며, 많은 개발자들이 사용하고 있다.

2019년 들어 페이스북은 트랜스포머 모델을 이용하여 자동 요약 시스템을 개발하였다. 이 시스템은 긴 문서를 짧은 요약문으로 축약하여 제공하는 기능을 수행하며, 이를 활용하여 뉴스 기사 요약 등에 사용되고 있다.

2020년에는 페이스북은 GPT 모델을 이용하여 인공지능 개발 플랫폼인 PyTorch Lightning을 개발하였다. PyTorch Lightning은 GPT 모델과 같은 딥러닝 모델을 쉽게 개발하고 실행할 수 있도록 지원하며, PyTorch에 비해 보다 쉬운 사용성을 제공한다.

2021년에도 페이스북은 트랜스포머 모델을 이용하여 AI 기반 검색엔진인 Facebook Search를 개발하였다. 이 시스템은 검색어와 검색 결과 간의 유사도를 판단하는 데 트랜스포머 모델을 사용하며, 이를 활용하여 보다 정확한 검색 결과를 제공하고 있다.

하지만, 최근에는 AI 분야에서 구글과 오픈AI에 비해 상대적으로 힘들어 하는 건 사실이다. 구글과 오픈AI는 이미 매우 오랜 기간 동안 AI 분야에서 지속적으로 연구 및 개발을 해왔다. 이들은 AI 분야에서 가장 많은 데이터와 자원을 보유하고 있으며, 이를 통해 뛰어난 성과를 내고 있다. 또한, 이들은 매우 다양한 분야에서 AI 기술을 연구하고 있다. 이들은 컴퓨터 비전, 자연어 처리, 음성 인식, 강화 학습 등 다양한 분야에서 AI 기술을 연구하고 있으며, 이를 통해 많은 성과를 내고 있다. 고급 인공지능 기술을 개발하는 데 많은 자원과 연구 인력을 투입하고 있는 것도 사실이다.

메타가 메타버스에만 관심을 갖고 있다는 비난도 있다. 메타(구 페이스북)가 최근 메타버스에 집중하고 있는 것은 사실이지만, 이것이 AI 기술 개발에서 뒤떨어지고 있다는 것은 아니다. 메타는 여전히 AI 분야에서 많은 연구와 개발을 진행하고 있으며, AI 기술을 활용하여 메타버스를 보다 세부적으로 구현하는 데도 노력하고 있다.

예를 들어, 메타는 자연어 처리 기술을 활용하여 메타버스에서의 대화를 더욱 자연스럽게 구현하고자 노력하고 있다. 또한, 메타는 GPT 모델을 활용하여 메타버스에서의 콘텐츠 생성을 지원하고자 하며, 이를 통해 사용자들이 보다 다양한 메타버스 콘텐츠를 생성하고 공유할 수 있게 된다.

또한, 메타는 자율주행 차량 및 스마트 시티 분야에서도 AI 기술을 활용하여 연구 및 개발을 진행하고 있다. 예를 들어, 메타는 자율주행 차량을 위한 AI 기술 개발에 노력하고 있으며, 스마트 시티 분야에서도 AI 기술을 활용하여 지능형 교통 관리 및 에너지 효율성을 개선하는 데 노력하고 있다.

따라서, 메타가 메타버스에 집중하고 있다는 것은 사실이지만, 이것이 AI 기술 개발에서 뒤떨어지고 있다는 것은 아니다. 메타는 여전히 AI 분야에서 많은 연구와 개발을 진행하고 있으며, 이를 통해 AI 기술을 더욱 발전시켜 나가고 있다.

메타, 저커버그 CEO "AI 기반 새로운 언어 모델 출시"

저커버그의 메타플랫폼도 챗GPT의 경쟁에 뛰어들었다. 메타의 마크 저커버그 최고경영자는 회사의 공식 블로그에서 2023년 2월, 새로운 대규모 AI 언어 모델(Large Language Model, LLM)을 개발자들에게 공개할 예정이라고 밝혔다. 오픈AI 챗GPT, 구글의 람다와 바드, 마이크로소프트의 빙에 정면 승부를 건 것이다.

LLaMa(Large Language Model Meta AI)라는 이름의 이 언어 프로그램이 과학자와 엔지니어들이 AI 응용 프로그램에 연구할 수 있도록 비영리적 라이선스로 제공될 것이라고 밝혔다. 이는 챗GPT의 GPT-3와 구글의 '람다'가 처음에 공개되지 않았던 것과는 차별된 점이다.

또한 그는 "LLaMa은 텍스트 생성, 대화, 문서 요약에서부터 수학 정리, 단백질 구조 예측과 같은 더 복잡한 작업에 이르기까지 가능성을 보여줬다"라고 말했으며, "70억 개의 매개변수에서 650억 개의 매개변수까지 다양한 형태로 나올 것"이라고 덧붙이기도 하였다.

1천750억 개의 매개변수가 있는 오픈AI의 GPT-3에 비해 매개변수는 적어 컴퓨팅 파워가 훨씬 덜 필요하며, 라틴어와 키릴 문자에 기반한 20개 언어로 구동된다고 보충 설명해 주었다.

LLaMA와 같은 더 작고 더 성능이 뛰어난 모델을 사용하면 연구 커뮤니티의 다른 사람들이 많은 인프라에 액세스할 수 있어 민주적이라 할 수 있고, LLaMA와 같은 소규모 기초 모델을 교육하는 것은 새로운 접근 방식을 테스트하고 다른 사람의 작업을 검증하며 새로운 사용 사례를 탐색하는 데 훨씬 적은 컴퓨팅 성능과 리소스가 필요하기 때문에 대규모 언어 모델 공간에서 바람직하다.

대규모 언어 모델의 최근 모든 발전에도 불구하고 그러한 대규모 모델을 교육하고 실행하는 데 필요한 리소스로 인해 전체 연구 액세스는 여전히 제한적이다. 이 제한된 액세스는 이러한 대규모 언어 모델이 작동하는 방식과 이유를 이해하는 연구원의 능력을 제한하여 견고성을 개선하고 편향, 독성 및 잘못된 정보 생성 가능성과 같은 알려진 문제를 완화하려는 노력의 진행을 방해하였다.

대규모 언어 모델에서 편견, 유해한 의견 및 환각의 위험을 해결하기 위해 수행해야 할 더 많은 연구가 있다. 다른 모델과 마찬가지로 LLaMA는 이러한 문제를 공유한다. LLaMA용 코드를 공유함으로써 다른 연구자들은 대규모 언어 모델에서 이러한 문제를 제한하거나 제거하는 새로운 접근 방식을 더 쉽게 테스트할 수 있게 된다.

2. 중국의 3마리 잠자는 호랑이들

챗GPT에 대한 중국 정부의 겉과 속이 다른 반응

중국 정부는 인공지능 기술의 발전을 적극 지원하며 경제와 사회 전반에 활용하려 한다. 이를 위해 대규모 자금을 투입하여 인터넷과 인공지능 분야의 연구 및 개발을 강화하고 있다. 이러한 발전은 제14차 5개년 계획과 2035년 장기 목표를 통해 이루어진다. 중국 정부는 다양한 분야에서 인공지능 기술을 적용해 생산성과 효율성을 개선하고 혁신적인 서비스와 제품을 개발할 계획이다.

그러나 이러한 발전에는 인권 침해와 개인의 자유 제한이 우려된다. 중국 정부는 인공지능 기술을 감시 및 통제 수단으로 이용할 가능성이 있으며, 실명 인증 시스템을 도입해 인터넷 사용자들의 행동과 의사결정에 대한 통제가 가능하다. 또한, 중국에서는 지능형 감시 카메라를 이용하여 사람들의 행동을 모니터링하고 있다.

중국은 또한 인공지능 기술을 통한 사회 신용 시스템을 개발하고 있다. 이 시스템은 개인의 행동, 금융 거래, 범죄 기록 등 다양한 데이터를 종합하여 개인의 신용 점수를 산출한다. 신용 점수는 개인의 삶에 큰 영향을 미칠 수 있으며, 높은 신용 점수를 가진 사람들은 여러 혜택을 받을 수 있다. 그러나 이 시스템은 개인의 프라이버시를 침해할 가능성이 있으며, 권력 남용의 소지도 있다.

인공지능 기술 발전과 관련하여 실수, 오류, 편향 등의 문제도 발생할 수 있다. 기계가 학습하는 데이터에 편향이나 오류가 존재한다면, 인공지능의 판단 또한 올바르지 않을 수 있다. 중국 정부는 이러한 문제에 대응하기 위해 새로운 규제와 감독 체계를 구축하고, 국내 기업들이 사회적 책임을 다하도록 유도하고 있다.

인공지능 분야에서의 경쟁력 강화와 함께 중국은 디지털 경제를 주요 성장동력으로 삼고 있다. 디지털 기술의 발전과 인공지능의 적극적인 활용은 중국의 산업 구조를 혁신하고 경제 전반의 효율성을 향상시킬 것으로 예상된다. 이를 통해 중국은 세계 최대의 디지털 경제 국가로 발전할 가능성이 높다.

또한, 중국 정부는 기술 고도화와 함께 인력 양성에도 집중하고 있다. 인공지능 분야의 전문가와 인재를 유치하고 양성하기 위해 대학, 연구소 및 기업과 협력하여 교육 프로그램을 개발하고 있다. 이를 통해 중국은 인공지능 분야에서 글로벌 경쟁력을 확보할 것으로 기대된다.

1) 바이두

중국 3마리 잠자는 사자들(바이두)
바이두는 중국의 대표적인 인터넷 기업으로서, 트랜스포머 모델과 GPT 모델을 다양한 분야에서 활용하고 있다. 아래는 바이두가 트랜스포머 모델과 GPT 모델을 어떻게 활용하고 있는

지에 대한 간략한 설명이다.

2017년, 바이두는 트랜스포머 모델을 이용하여 인공지능 번역 서비스인 바이두 번역(Baidu Translate)을 개발하였다. 이 서비스는 여러 언어 간의 번역 성능을 크게 향상시켰으며, 이를 통해 바이두는 중국의 인공지능 번역 분야에서 선두 기업으로 자리 잡게 되었다.

2018년에 바이두는 GPT 모델을 이용하여 자연어 처리(NLP) 기술을 개발하였다. 이 기술은 기존의 자연어 처리 기술보다 훨씬 정확한 성능을 보여주며, 이를 활용하여 바이두는 다양한 서비스를 제공하고 있다.

그리고, 2019년 트랜스포머 모델을 이용하여 자동 요약 서비스인 바이두 요약(Baidu Summary)을 개발하였다. 이 서비스는 긴 문서를 짧은 요약문으로 요약하여 제공하는 기능을 수행하며, 이를 활용하여 뉴스 기사 요약 등에 사용되고 있다. 2020년에는 바이두는 GPT 모델을 이용하여 챗봇 서비스인 DuerOS를 개발하였다. DuerOS는 음성 인식 기술과 자연어 처리 기술을 활용하여 다양한 질문에 대한 대답을 제공하며, 이를 통해 바이두는 음성 인식 분야에서 선두 기업으로 자리 잡게 되었다.

2021년에도 바이두는 GPT 모델을 이용하여 인공지능 기반 검색엔진인 바이두 검색(Baidu Search)을 개발하였다. 이 시스템은 검색어와 검색결과 간의 유사도를 판단하는 데 GPT 모델을 사용하며, 이를 활용하여 보다 정확한 검색 결과를 제공하고 있다.

바이두가 중국어 검색에서 구글보다 우수한 성능을 보이는 것은 사실이다. 이는 바이두가 중국어 검색 분야에서 많은 노력과 투자를 기울이고 있기 때문이다.

구글은 중국에서 일부 기능이 차단되어 있고, 중국어 검색에서도 성능이 제한되고 있다. 이와 달리 바이두는 중국어 검색 분야에서 매우 높은 수준의 검색 정확도를 제공하고 있으며, 중국 내외에서 널리 사용되고 있다.

또한, 바이두는 검색어의 의미와 관련된 컨텍스트를 더욱 잘 파악하는 능력을 갖추고 있다. 예를 들어, 중국어는 한자와 단어의 의미가 다양하게 해석될 수 있는데, 바이두는 이러한 다의어 처리를 보다 정확하게 수행할 수 있는 기술력을 갖추고 있다.

바이두는 검색 외에도 다양한 분야에서 챗GPT와 같은 인공지능 기술을 활용하고 있다. 바이두는 자연어 처리 기술을 활용하여 자연어 질의응답, 자연어 이해, 자동 번역, 문서 요약, 감성 분석 등 다양한 분야에서 서비스를 제공하고 있다. 더불어 음성 인식 기술을 활용하여 음성 검색, 음성 메모, 음성 인식 번역 등 다양한 서비스를 제공하고 있다.

그리고 영상 분석 기술을 활용하여 영상에서의 객체 인식, 행동 인식, 얼굴 인식 등을 수행하여 보안, 광고, 엔터테인먼트 등 다양한 분야에서 활용할 수 있다. 로봇 분야에서도 바이두는 인공지능 기술을 활용하여 다양한 로봇 기술을 개발하고 있다. 예를 들어, 인공지능 로봇은 지능형 가이드, 지능형 서비스, 지능형 운전 등 다양한 분야에서 활용할 수 있다. 게임 분야도 바이두의 AI 기술이 잘 활용되고 있다. 예를 들어, 인공지능을 활용한 게임 캐릭터의 자동화, 게임 내 채팅봇, 게임 AI 등 다양한 기술을 개발하고 있다.

바이두, 챗GPT 기술로 중국 AI 산업 리더십 강화

바이두가 어니 봇(Ernie Bot)이라는 중국판 챗GPT 서비스를 곧 공개할 예정이다. 이 인공지능 챗봇은 오픈AI의 챗GPT를 중국 시장에 맞게 개발한 것으로, 중국 AI 업계에서 큰 관심을 받고 있다. 바이두는 이전부터 AI 연구에 수십억 달러를 투자해 온 만큼, 기술적 역량을 갖추고 있다고 자신한다.

바이두의 창립자 리옌훙은 AIGC(인공지능-인간 협업)를 적극 추진하며 3단계 발전 계획을 제시했다. 그중 어니 봇의 출시로 주가가 상승했으며, 중국 기업들이 중국산 GPT 모델을 만들어 낼 것이라는 전망도 있다.

어니 봇은 어니 3.0 텍스트 이해 및 창작과 ERNIE-ViLG(어니 빌지 텍스트 생성 이미지)를 사용하는 AI 챗봇으로, 텍스트 입력 시 30초 만에 4장의 이미지를 생성할 수 있다. 바이두는 어니 봇을 차량 내 음성 비서로도 활용할 계획이며, 이미 400개 이상의 기업이 어니 봇 초기 사용자로 대기 중이다.

어니 봇은 바이두의 AI 클라우드를 통해 서비스를 제공할 예정이며, 클라우드 서비스는 컴퓨팅 성능뿐만 아니라 프레임워크와 애플리케이션 간의 시너지 효과에 중점을 둘 것이다. 생성형 AI 스타트업이 조달한 자금은 지난해 26억 5400만 달러에 이르렀으며, 중국에서도 챗GPT에 대한 관심이 폭발적으로 증가하고 있다.

중국의 디지털 경제 전환에서 선도적인 역할을 하는 바이두는 중국판 챗GPT 시장에서도 경쟁력을 발휘할 것으로 보인다. 이는 중국 정부가 미국 기업의 기술에 종속되지 않기 위한 대응책과 관련이 있다.

바이두는 중국판 챗GPT인 어니 봇을 검색에 통합하고 클라우드 플랫폼을 확장하여 중국 AI 시장에서 리더십을 강화하려 한다. 또한 어니 봇은 여러 분야의 기업들에게 맞춤형 솔루션을 제공함으로써 높은 활용성을 기대하고 있다. 이러한 기술을 통해 음성 인식, 이미지 인식, 자동 번역, 자율 주행 등 다양한 분야에서 혁신을 이룰 것으로 예상된다.

바이두가 중국판 챗GPT를 성공적으로 개발하고 서비스를 시작하면, 중국 AI 업계는 미국 기업들과의 경쟁에서 큰 도움을 받을 것으로 생각된다. 바이두는 이미 그들의 AI 기술을 중국 내 다양한 산업에 적용하고 있으며, 이러한 노력은 중국 정부와 기업들의 지원을 받고 있다.

한편, 어니 봇이 성공적으로 시장에 도입되면 세계 AI 시장에서도 영향력을 높일 것으로 전망된다. 중국과 미국 사이의 기술 경쟁이 치열해질 것으로 예상되며, 이를 통해 인공지능 기술이 더욱 발전할 수 있는 기회를 제공할 것이다.

2) 알리바바

중국 3마리 잠자는 사자들(알리바바)

알리바바는 인공지능 기술을 활용한 다양한 분야에서 혁신을 이루어내며 성장하고 있다. 자연어 처리, 이미지 인식, 객체 인식, 행동 인식 등의 기술을 개발하고 서비스에 적용하고 있으며, 이를 통해 온라인 쇼핑몰 타오바오에서 사용자가 원하는 상품을 쉽게 찾을 수 있도록 이미지 검색 기능을 제공한다. 또한, 개인화된 추천 서비스를 위해 사용자의 구매 내역과 검색 기록 등을 분석하고 있다.

알리바바의 클라우드 컴퓨팅 플랫폼인 AliCloud는 자연어 처리, 이미지 인식 등의 인공지능 기술을 적용하여 고객에게 다양한 서비스를 제공한다. 블록체인 기술을 활용한 유통 산업 분야의 물류 추적 시스템을 구축하며 제품의 생산, 운송, 판매 과정을 투명하게 추적할 수 있게 하고 있다. 이를 통해 제품의 안전성과 신뢰성을 높일 수 있다.

중국 정부의 규제와 감시는 알리바바의 사업 환경에 영향을 미치지만, 이미 최첨단 기술을 보유하고 있기 때문에 큰 영향을 미치지 않을 것으로 예상된다. 알리바바는 계속해서 인공지능 분야에서 혁신적인 서비스를 개발하고 있으며, 미래에도 지속적으로 성장할 것으로 기대된다.

알리바바는 항저우시와 전략적 협력을 강화하여 지속적인 성장을 이루고 있다. 이를 통해 도시와 기업의 심도 있는 협력을 구축하며, 차세대 하드웨어 기술을 추진하고 있다. 하드웨어

소프트웨어 통합 컴퓨팅 아키텍처, 컴퓨테이셔널 이미징, 칩렛, PIM 등의 새로운 기능을 가진 제품을 강조하며, 인공지능, 고성능 컴퓨팅, 자율주행 및 사물 인터넷(IoT) 분야에서 중요한 역할을 할 것으로 예상된다.

알리바바는 또한 AI를 교육 분야에 활용하여 온라인 교육 플랫폼을 제공하고 있다. 이를 통해 학생들은 개인화된 학습 경험을 얻을 수 있으며, 선생님들은 학생들의 학습 진도와 성과를 쉽게 파악할 수 있다. AI 기반 교육은 학습 효율성을 높이고, 교육의 질을 개선하는 데 큰 도움이 된다.

또한, 알리바바는 AI 기술을 의료 분야에도 활용하고 있다. 의료 데이터 분석 및 질병 진단을 개선하기 위해 AI를 사용하여 의료 전문가들의 업무를 지원한다. 이를 통해 정확한 진단과 효율적인 치료 방안을 제공할 수 있으며, 의료 서비스의 질을 높이고 비용을 줄일 수 있다.

알리바바는 인공지능 분야에서의 혁신을 통해 다양한 산업에 걸쳐 서비스를 개선하고 있으며, 이를 통해 기업의 경쟁력을 강화하고 있다. 앞으로도 알리바바는 AI 기술의 발전을 선도하여 새로운 비즈니스 기회를 창출하고, 사회 전반에 긍정적인 영향을 미칠 것으로 기대된다.

알리바바, 챗GPT 스타일 같은 도구 개발 중

2023년 2월, 중국의 전자상거래 거물 기업인 알리바바 그룹은 챗GPT 스타일의 도구 개발에 속도를 내고 있다고 밝혔다. 알리바바는 전 세계 기술 기업들이 창조적 인공지능(AI) 발전에 뒤떨어지지 않으려는 경쟁에 합류하게 된 것이다.

알리바바의 이 같은 발표는 21세기 헤럴드 신문이 '알리바바가 챗GPT와 유사한 대화형 로봇을 개발하고 있으며, 현재 직원들에게 테스트를 제공하고 있다'는 보도를 한 후 이루어졌다. 알리바바는 사내의 커뮤니케이션 앱인 DingTalk과 기술을 결합할 수 있다는 보도에 대해서는 어떤 코멘트도 하지 않고 있다.

알리바바는 몇 년 동안 대규모 언어 모델과 창조적 인공지능에 주력해 왔다. 대규모 언어 모델은 방대한 양의 텍스트를 학습한 자연어 처리 시스템으로, 질문에 대한 답변 및 이해 뿐만 아니라 새로운 텍스트를 생성할 수 있다.

지난 며칠간, 다른 중국 인공지능 기술 기업들의 주가도 오픈AI의 챗GPT로 인한 투자자들의 흥분으로 급등했다. 챗GPT는 사용자의 프롬프트에 대한 응답으로 기사, 에세이 및 농담을 생성할 수 있으며, 역사상 가장 빠르게 성장하는 소비자 앱으로 평가받고 있다.

3) 텐센트

중국 3마리 잠자는 사자들(텐센트)

텐센트는 트랜스포머와 GPT 모델 등 최신 인공지능 기술을 적극 활용하여 다양한 분야에서 혁신을 이루어내고 있다. 자연어 처리, 음성 인식, 이미지 인식 등의 기술을 활용해 인기 있는 인터넷 기업으로 성장했고, 해외 시장 진출에도 성공하고 있다.

음성 인식 기술 개발을 통해 선두 기업으로 자리 잡았다. 자연어 처리 기술을 활용하여 챗봇 및 번역 서비스를 개발하며 인공지능 기술의 발전을 이끌고 있다. 또한 게임 개발 분야에도 인공지능 기술을 활용하여 진출하고 있다. 게임 내에서 인공지능 캐릭터를 구현하여 게임 플레이의 혁신을 추구한다.

중국 정부의 인터넷 기업 규제 강화로 텐센트의 데이터 기반 비즈니스 모델에 영향을 받을 수 있다. 데이터 수집과 활용에 대한 규제 강화로 인공지능 개발 기업들의 연구 및 개발 활동에 영향을 받을 수 있다.

챗GPT 경쟁에 합류하여 챗봇을 개발하기 위한 팀을 구성했다. '훈위안에이드'라는 AI 챗봇을 개발할 예정이며, 훈위안의 AI 훈련 모델을 통합할 계획이다. 훈위안의 AI 모델은 중국어 이해 평가 테스트에서 최고 점수를 얻었다. 중국 과학기술부의 발표를 계기로 이러한 계획이 나왔다.

텐센트는 인공지능 기술을 활용하여 다양한 분야에서 혁신을 이루어 내고 있으며, 미래에도 지속적인 도전과 발전을 이끌 것으로 기대된다. 이러한 전략을 통해 텐센트는 글로벌 시장에서 경쟁력을 강화하고 지속적인 성장을 이룰 것으로 예상된다.

텐센트, 챗GPT 차단 이유와 앞으로의 전략

2023년 2월 중국 정부의 요청에 따라 텐센트가 챗GPT 서비스를 차단했다. 이러한 조치는 중국 관영 매체의 챗GPT에 대한 비난이 있었던 직후에 이루어졌으며, 미국 정부의 잘못된 정보를 확산하는 원인 때문이라고 주장하고 있다. 특히 챗GPT가 중국 정부의 신장 탄압에 대해 '종족 말살'이라고 답변한 것이 큰 논란이 되었다.

테센트는 이러한 중국 정부의 요청에 따라 자사 플랫폼에서 챗GPT 접속을 제공하지 못하도록 조치했다. 이에 앞서 테센트의 모바일 메신저 위챗에서는 제3자가 개발한 수십 개의 미니앱이 챗GPT 접속이 가능하다고 홍보하고 있었지만, 이제 그러한 미니앱들도 중단되었다.

중국 정부는 이와 관련하여 차이나 데일리를 통해 챗GPT의 답변이 미국 정부의 공식 입장과 동일하다고 비난했으며, 미국 정부가 챗GPT를 이용해 잘못된 정보를 확산시키고 지정학적 이익을 추구할 수 있다고 주장하고 있다.

이에 따라, 테센트는 앞으로 챗GPT와 같은 AI 챗봇을 출시하기 전에 중국 당국에 보고해야 할 것으로 예상된다. 한 중국 IT 기업 관계자는 "처음부터 챗GPT가 검열 문제로 결코 중국 시장에 진입하지 못할 것으로 예상했다. 중국은 중국이 만든 챗GPT(AI 챗봇)가 필요할 것"이라고 밝히기도 했다.

실제로 중국 최대 검색엔진 바이두는 AI 챗봇 '어니봇'(ERNIE Bot)의 내부 테스트를 마치고 정식 출시했다. 앞으로 테센트와 같은 중국 기업들은 자국 시장에 맞는 로컬화된 AI 챗봇을 개발하고 출시하여 글로벌 시장 경쟁력을 확보할 것으로 예상된다.

그리고, 중국 기술의 거인 테센트는 인기 있는 오픈AI 챗GPT와 유사한 제품을 개발하기 위해 새로운 팀을 구성했다고 한다. 이 인공지능 도구는 훈위안에이드(HunyuanAide)라고 불리며 대규모 언어 모델 훈위안(Hunyuan)을 기반으로 만들어질 것으로 예상된다.

텐센트의 AI 모델은 특히 중국어 이해에 뛰어난 성능을 보이고 있으며, 최근 벤치마킹 연구에서 인간보다 더 높은 정확도를 보여주었다. 이러한 능력은 중국 시장에서 자연어 챗봇을 사용하는 데 필수적이다.

로이터 통신과 익명을 요구한 내부자들에 따르면, 이러한 비밀 계획은 아직 텐센트에서 확인되지 않았다. 텐센트는 챗GPT와 같은 기술 연구를 진행하고 있지만 제품에 대한 자세한 내용이나 어떻게 제공될 것인지, 모델의 규모에 대한 정보는 공개하지 않았다.

중국 업체들의 심각한 고민

2023년 2월17일자 뉴욕타임즈에 "중국에서 챗GPT가 발명되지 않은 이유"라는 제목의 기사가 실렸다. 몇 년 전만 하더라도, 중국은 미국의 인공지능(AI) 지배력에 강력한 도전자였다. 풍부한 데이터, 열정적인 기업가, 숙련된 과학자 및 지원 정책 덕분에 중국은 AI 관련 특허 출원 분야에서 세계 선두로 나아갔다.

2010년대 중반까지 중국에서는 위챗이나 알리페이 등 미국의 비슷한 앱들보다 더 잘 작동하는 AI 앱을 개발하고 기업가치가 1조원이 넘는 유니콘 기업들을 만들어냈다. 그러나 현재 상황은 완전히 달라져 있다.

미국 기술의 상징인 마이크로소프트가 오픈AI와 함께 챗

GPT를 세상에 선보였지만, 중국에서는 별다른 대응이 없다. 오히려 중국의 기술 기업가들은 충격을 받고 낙담하는 분위기다. 중국이 AI 및 기술 혁신에서 아직도 뒤쳐져 있다는 것만 증명된 셈이다.

중국 기업가들은 "왜 챗GPT는 중국에서 발명되지 않았는가?"라는 질문과 함께 중국의 혁신 환경에 대한 근본적인 질문들을 던지고 있다. 검열, 지정학적 긴장감 및 정부의 민간 부문에 대한 점점 늘어나는 통제가 중국을 혁신에 덜 친화적으로 만들고 있는 것이다.

중국의 기술 산업이 급격하게 변화한 원인 중 하나는 정부의 엄격한 검열로 인해 AI와 같은 기술 개발에 필수적인 다양한 데이터에 접근하기가 점점 어려워졌기 때문이다. 중국 전문가들과 투자자들에 따르면, 미국과의 인공지능 격차는 계속 벌어질 것으로 예상된다.

과거 중국의 기술 산업은 민간 기업과 민간 벤처 자금에 의해 주도되었지만, 중국 정부는 돈이 투자되는 방식뿐만 아니라 어떤 기술에 돈이 투자되는지를 점점 더 강제하고 있다. 이런 분위기는 과거 구소련이 기술 전쟁에서 미국에 패했던 전철을 지금의 중국이 답습하는 게 아닌가 하는 의문을 제기하기에 충분하다.

중국의 기술 산업이 변화한 원인과 결과를 종합하면, 검열, 정치적 긴장감 및 정부의 간섭이 혁신에 불리한 영향을 미치고 있으며, 이로 인해 중국은 AI 및 기술 혁신 분야에서 미국에 크게 뒤처져 가는 것으로 보인다. 챗GPT의 발명과 향후 발전이 중국 정부와 중국 혁신 기업가들의 성공에 대한 분수령이 될 것인지, 아니면 새로운 각오와 대국굴기의 재도전하는 시발점이 될 것인지 우리는 조만간 알게 될 것이다.

최근의 공산당 정부의 압박과 벌칙금 부과 등으로 장기적 관점에서의 투자를 추진하지 못하는 사내외적인 환경도 중국 IT 기업들로 하여금 미국 IT 기업들과의 혁신 경쟁에서 밀리는 한 이유가 될 것이다.

재투자할 수익금도 줄어들었고, 혁신적인 기업가 정신도 사라져갔으며, 이 와중에 AI 기술은 광속으로 발전해 가고 있으니 중국 기업의 의사결정권자들도 넋 놓고 쳐다만 볼 수밖에 없을 것이다.

당분간 정부의 강력한 손과 가벼워진 지갑으로 세계적인 혁신 아이디어가 중국에서 나오기는 어려울 전망이다.

또다른 요인은 컴퓨팅 능력이다. 미국 정부가 챗GPT와 같은 고급 AI 기술 개발에 활용되는 고성능 AI 반도체의 중국으로의 수출을 금지하고 있기 때문이다.

미국 엔비디아가 대중국으로의 수출 금지로 타격받아 일시적인 주가 하락을 겪기도 하였다. 고성능 AI 반도체의 컴퓨팅 지원이 없으면 중국 IT 기업들의 AI 혁신 기술 개발도 그만큼 더딜 수 밖에 없을 것이다. 중국 정부의 결단과 용기가 필요해 보이는 순간이다.

3. IT 세계 최강, 한국의 용(龍)들은?

한국형 챗GPT, 한국어 무기로 종종걸음

국내 인터넷 대표 기업인 네이버와 카카오가 전 세계 챗GPT 열풍에 대응해 한국어를 무기로 장착된 한국형 챗GPT를 선보일 계획이다.

네이버는 2023년 상반기 내 '서치 GPT'를, 카카오는 연내 버티컬(전문 영역) 초거대 AI 서비스를 공개할 예정이다. 카카오 자회사 '카카오브레인'은 2023년 하반기 AI 챗봇 서비스를 출시한다고 한다.

오픈AI가 영어 학습에 강하고, 한국 기업들은 한국어에 집중이 되어 있어 오픈AI가 개발한 챗GPT보다 한국어 처리 능력이 뛰어나다고 가정한 것이다. 알고리즘은 모든 게 숫자로 되어 있어 우리 기업들이 한국어에 어느 정도 강점이 있다고 하더라도 시간 여유가 많지 않다. 길어야 2023년 말일 것이다.

1) 네이버

한국 검색의 본좌인 네이버의 걱정

네이버는 최근 기존 검색엔진과 함께 GPT 모델을 활용한 검색엔진을 도입하면서 AI 기술을 적극 활용하고 있다.

GPT 모델은 네이버 검색의 검색어 처리와 검색 결과 분석에 활용되어, 검색어의 의미를 파악하고 사용자가 원하는 정보를 정확하게 제공함으로써 검색 정확도를 높인다. 또한, 네이버는 검색어 외에도 대화형 AI 서비스인 '클로바(CLOVA)'를 통해 GPT 모델을 활용하고 있다. 클로바는 사용자의 발화를 인식하고 이를 기반으로 대화를 이어가는데, GPT 모델을 활용하여 대화의 흐름을 예측하고, 사용자에게 보다 정확한 답변을 제공한다.

또한, 네이버는 최근 자율주행 분야에도 AI 기술을 적극적으로 활용하고 있다. 네이버는 자사의 'AIR' 플랫폼에 기반한 자율주행차 개발에 노력하고 있으며, 이를 위해 다양한 AI 기술을 적용하고 있다.

예를 들어, 자율주행차 내부의 센서를 통해 수집한 정보를 분석하여 도로 상황을 파악하고, 이를 기반으로 차량의 주행을 제어하는데, 이때 Deep Learning 등의 AI 기술을 활용하고 있다. 또한, 네이버는 자율주행차에서 인공지능 스피커인 클로바를 탑재하여 사용자와의 대화를 통해 보다 쾌적한 차량 이용 경험을 제공하고 있다.

네이버는 검색과 AI 기술 뿐만 아니라, 인터넷 포털, 쇼핑, 지도 등 다양한 비즈니스에도 AI 기술을 활용하고 있다.

예를 들어, 네이버의 쇼핑몰 서비스에서는 고객들이 검색한 상품 정보와 구매 이력을 분석하여 추천 상품을 제공하고 있으며, 이를 위해 추천 알고리즘 등의 AI 기술을 활용하고 있다. 또한, 네이버 지도에서도 사용자의 검색 이력과 위치 정보를 분석하여 사용자에게 맞춤형 지도 정보를 제공하는 등, 다양한 분야에서 AI 기술을 활용하고 있다. 또한, 네이버의 인공지능 기술은 번역, 음성인식, 음성합성, 이미지 인식 등 다양한 분야에서도 활용되고 있다.

특히, 네이버는 최근 AI 기술을 활용한 새로운 비즈니스 모델을 개발하고 있는데, 대표적으로 '스마트팩토리'와 'AI-융합 헬스케어' 분야가 있다. 스마트팩토리는 제조산업에서 AI 기술을 활용하여 생산성을 향상시키는 모델로, 네이버는 AI 기술을 활용하여 제조 과정에서 생산 데이터를 수집하고 분석하여 최적화된 생산 과정을 제시하고 있다. 또한, AI-융합 헬스케어는 의료 분야에서 AI 기술을 활용하여 진단 및 예방, 치료 등의 서비스를 제공하는 모델로, 네이버는 AI 기술을 활용하여 각종 의료 데이터를 수집하고 분석하여 보다 정확한 진단과 예방 서비스를 제공하고 있다.

네이버와 카카오는 모두 AI 기술을 활용한 새로운 서비스를 개발하고 있다. 네이버는 '네이버 클로바'라는 인공지능 플랫폼을 개발하여 음성인식, 자연어 처리, 음성합성 등 다양한 AI 기술을 제공하고 있다. 또한, 네이버는 카카오 및 다른 한국 기업들과도 AI 및 검색분야에서 협력을 진행하고 있다. 예를 들어 네이버는 카카오와 공동으로 인공지능 기술을 활용한 자율주행차 연구개발을 진행하기도 한다.

또한, 네이버와 SK하이닉스는 협업을 통해 AI 칩셋 분야에서 기술력을 공유하고 있다. SK하이닉스는 DRAM과 NAND 플래시 메모리 등 다양한 반도체 제품을 생산하고 있으며, 네이버는 이를 활용하여 AI 칩셋을 개발하는 데 기여하고 있다.

하지만, 네이버의 한국어 검색 정확도가 떨어지는 것도 사실이다. 이에 대한 이유는 다양하다. 일반적으로 검색엔진의 정확도는 검색 쿼리에 대한 이해도와 검색 결과의 품질에 영향을 받는데, 이 둘 모두가 완벽하지 않으면 검색 정확도가 떨어질 수 있다.

한국어 검색 분야에서는 '자연어 처리 기술'이 매우 중요하다. 자연어 처리 기술의 발전으로 검색 쿼리에 대한 이해도는 크게 향상되었지만, 여전히 한국어의 특성상 다의어, 동음이의어, 오탈자 등의 문제가 발생할 수 있다. 이에 따라 네이버는 이러한 문제를 해결하기 위해 자연어 처리 기술을 더욱 발전시키고 있다. 또한, 검색 결과의 품질을 향상 시키기 위해 다양한 알고리즘과 머신러닝 기술을 활용하고 있다.

네이버는 검색엔진의 정확도를 높이기 위해 지속적으로 기술 개발과 품질 관리를 강화하고 있다. 또한, 최근에는 검색엔진 외에도 새로운 비즈니스 모델을 개발하고 있어서, 이를 통해 기존 검색엔진의 한계를 극복하고 검색 분야에서의 경쟁력을 유지하고자 한다.

2) 카카오

카카오의 조용한 반격
카카오는 인공지능 분야에서 다양한 기술을 활용하고 있으며, 트랜스포머와 GPT 모델 역시 활용하고 있다.

2019년에는 대화형 AI 분야에서 트랜스포머 모델의 성능을 대폭 향상시킨 XLNet을 발표했다. XLNet은 BERT와 같은 트랜스포머 모델을 기반으로 하지만, BERT의 단점인 양방향 언어 모델의 한계를 극복하여 더욱 정확한 예측 결과를 도출할 수 있도록 개발되었다.

카카오는 GPT 모델 역시 활용하고 있다. 2021년에는 GPT-3와 유사한 한국어 대화모델인 KoGPT-3를 발표했다. 이 모델은 한국어 대화 데이터를 활용하여 학습되었으며, 다양한 자연어 처리 기술과 함께 적극적으로 활용될 예정이다.

카카오는 이러한 기술을 바탕으로 다양한 서비스를 개발하고 있다. 대표적으로는 AI 스피커인 '카카오미니'와 '카카오아이'가 있으며, 이 외에도 챗봇, 음성인식, 이미지인식 등 다양한 인공지능 기술을 활용한 서비스를 제공하고 있다.

카카오, 암중 모색으로 코챗GPT 준비

최근 오픈AI가 개발한 챗GPT 열풍으로 글로벌 검색 및 인공지능(AI) 시장 판도가 흔들리고 있다. 챗GPT를 활용한 마이크로소프트(MS)가 '검색 공룡' 구글을 밀어내고 왕좌에 도전하고 있어 네이버 뿐만 아니라 카카오도 위협을 기회로 바꾸고자 하는 용트림이 시작되고 있다.

카카오의 AI 자회사 카카오브레인은 한국형 챗봇 AI인 '코챗GPT'를 2023년 내 공개할 계획이다.

2023년 6월 전후로는 기존의 코지피티(KoGPT)보다 뛰어난 '코지피티 3.5'를 출시하여 챗봇 서비스로 발전시킬 계획도 있다.

'코챗GPT'는 한국어 특화 언어 모델을 활용한 만큼 한국어 능력이 뛰어날 것으로 보인다. 챗GPT가 영어와 달리 한국어로 사용하면 품질이 떨어진다는 점을 짚은 것으로 분석된다. 기존 2021년 출시한 한국어 특화 언어모델인 '코지피트(KoGPT)'를 업그레이드한 것으로 한국어에 최적화된 검색 결과를 내놓겠다는 방침이다.

그리고, 투자 여력이 뛰어난 글로벌 빅테크 기업과 맞대결하기보다는 코지피티를 통해 잘할 수 있는 버티컬(전문 분야) AI 서비스에 집중하겠다는 것이다. 예로 들면, 개인화 비서, 소상공인을 위한 광고 카피 창작 등에 AI를 적극 활용할 계획이다. 이 외에도 카카오브레인은 2023년 상반기 내 AI 이미지 생성 모델 '칼로'를 통해 카카오톡 프로필과 배경 사진을 만드는 서비스를 선보일 계획이다.

또한 카카오브레인은 엑스레이를 판독해 의심 질환을 찾아주는 생성 AI의 데모 버전을 올 상반기 중 출시한다. 영상의학과 전문의가 엑스레이 사진을 입력하면 판독문의 초안을 작성해주는 AI 모델이다.

카카오브레인은 이미 한국어 특화 AI 언어 생성 모델인 '코GPT'와 이미지 생성 AI 모델인 '칼로'를 개발했다. 초안 판독문 작성 AI 역시 이 회사의 초거대 AI를 바탕으로 탄생한 것이다.

핵심 개발 기술은 칼로와 비슷하다. 칼로가 텍스트를 이미지로 만들었다면 이 의료용 AI는 반대로 이미지(엑스레이 사진)를 텍스트(판독문 초안)로 바꾼 것이다. 카카오브레인은 엑스레이 사진과 의사가 직접 쓴 판독문을 초거대 AI에 학습시켰다.

하지만 건강을 다루는 의료 정보인 만큼 다른 생성AI와 달리 정확도 확보가 더 중요하다. AI가 잘못된 정보를 전달하면 환자에게 맞지 않는 의료적 판단이 내려질 수 있기 때문이다. AI는 판독문의 초안만 내놓고 최종안은 의사가 직접 입력하게 설계했다. 사람 중심의 AI인 것이다. 의료 분야에서 이런 방식의 생성 AI 기술을 접목한 것은 카카오브레인이 처음이다.

카카오브레인의 중장기 목표는 환자의 영상 기록을 분석하여 예상 질환을 조기에 발견하는 데 도움을 주는 것이며, 더 나아가 병의 예후를 예측하거나 파생될 수 있는 잠재 질환까지 의사에게 조언해주는 '보조 의사 AI'를 개발하는 것이다.

상기 솔루션은 한국에서 개발하였지만, 활용은 외국에서 먼저 진행될 예정이다. 국내에선 의료 분야에 대한 규제 장벽이 높다. 국내에선 의료기기 관련 솔루션을 출시할 때마다 식품의약품안전처 등 규제 기관의 심의를 받아야 하기 때문에 실제 서비스 출시까지는 수년이 더 걸린다. 이러한 국내의 환경 때문에 영상 판독의가 부족하고 상용화도 상대적으로 빠른 호주나 유럽에서 출시되고, 그 이후 한국에서 상용화가 진행될 전망이다.

카카오브레인은 신약 개발에도 AI를 활용한다는 계획이다. AI를 활용해 일반적으로 13년 정도 걸리는 신약 개발을 1, 2년으로 줄이고, 조 단위가 들어가는 비용을 수백억 원 수준으로 절감할 수 있다는 목표다. 초거대 AI를 제대로 활용하여 특정 물질이 질환에 어떻게 반응을 하는지 예측 분석하고, 부작용도 사전에 시뮬레이션해 볼 수 있다는 것이다.

IBM의 왓슨도 신약 개발과 질환 사전 검색에 많은 노력과 투자를 하였지만, 인간 건강에 대한 분석이라 정확도가 인간 의사 수준에 미치지 못하여 무용지물로 실패한 사례가 있다. 카카오는 그 전철을 밟지 않는 K-AI만의 특유의 섬세한 솔루션과 AI 알고리즘 개발이 필요해 보인다.

카카오의 한국형 챗GPT, 다다음(ddmm) 오픈 베타 시작

카카오의 인공지능 부문인 카카오브레인이 한국형 챗GPT 서비스 '다다음(ddmm)'의 오픈베타를 2023년 3월 시작했다. 이 서비스는 인기 있는 글로벌 챗GPT와 경쟁할 수 있는 한국형 생성형 인공지능으로 주목받고 있다.

이 서비스는 현재 ddmm 카카오톡 채널을 친구 추가하면 채팅방을 통해 이용 가능하며, 출시 이후 곧바로 이용자 수가 급증하여 일시적인 서비스 중단이 발생하기도 했다.

다다음은 GPT 기반의 인공지능 생성 대화 기능을 활용하여 이용자의 질문에 적절한 답변을 생성한다. 이때 사용되는 기술은 KoGPT와 칼로(KALRO)라는 다양한 언어 모델을 활용하였으며, 이 모델들은 한국어 데이터를 대량으로 학습하여 한국어에 특화된 서비스를 제공할 수 있도록 설계되었다.

또한 다다음은 검색 결과를 활용한 자료 조사 기능을 제공한다. 이 기능은 인공지능이 웹 검색을 통해 필요한 정보를 찾아내고, 이를 요약하여 이용자에게 제공해 준다. 이를 통해 이용자는 빠르게 원하는 정보를 얻을 수 있게 된다.

다다음의 또 다른 독특한 기능은 텍스트 투 이미지(Text to Image)이다. 이 기능은 이용자가 "~를 그려줘"라는 명령어와 함께 텍스트로 설명한 이미지를 AI가 생성하는 것을 가능하게 한다. 이용자는 자신이 상상하는 이미지를 실제로 볼 수 있게 될 것이다.

다다음은 베타 서비스로 인해 일부 제한 사항이 존재한다. 문장 길이 제한(최대 512개 토큰)과 답변 지연 등이 있으며, 정확도와 부적절한 표현에 대한 문제가 있을 수 있다고 밝혔다. 그러나 이러한 한계를 극복하며 한국어에 특화된 인공지능 서비스로 성장할 것으로 기대되고 있다.

이와 함께 다다음 서비스는 한시적으로 무료로 제공되고 있어, 많은 이용자들이 쉽게 접근할 수 있다. 이 서비스의 출시로 인해 국내 인공지능 기술과 서비스 경쟁이 더욱 치열해질 것으로 전망된다. 다다음은 이미 오픈 하루 만에 이용자 수가 1만 8천명을 넘어섰으며, 국민 메신저인 카카오톡을 통해 구현되는 서비스이기 때문에 빠른 시간 안에 이용자 수가 더 늘어날 것으로 예상된다.

4. 빅테크 기업들의 숨 막히는 경쟁

저자가 초고를 넘긴 후 퇴고하는 과정에서도 빅테크 기업들의 공격은 숨 쉴 틈 없이 뿜어져 나왔다.

최근 오픈AI는 GPT-4를 선보이며 인공지능 분야의 새로운 패러다임을 제시하였다. GPT-5에 대한 소식이 간간이 전해지고 있고, 출시 시기도 소문으로 돌아 다닌다.

지금까지 들리는 바로는 GPT-5는 2023년 말에 출시될 예정이다. Windows Central이라는 유명한 웹사이트에서는 GPT-5의 훈련이 시작되었다고 전했다. GPT-5의 데이터 훈련은 2023년 말까지 완료되어 2024년 초에는 GPT-4처럼 챗GPT Plus에서 공식 출시될 것이라고 밝혔다.

또한 Runway의 개발자 Siqi Chen의 트위터에서는 범용인공지능(AGI)에 관한 내용이 언급되어 있다. 그의 말에 따르면 오픈AI는 GPT-5에서 범용 인공지능을 달성할 것으로 보고 있다. 범용 인공지능은 챗봇이 인간의 이해와 지능을 구현할 수 있는 능력을 의미한다.

하지만, 저자는 GPT-4가 챗GPT 출시 4개월 만에 나왔고, GPT-5도 훈련의 경험치가 축적되어 2023년 말이나 2024년 초쯤에 나올 수도 있다고 본다. 하지만 범용 인공지능 수준이 되리라고는 생각하지 않는다. 이는 멀티모달 기술이 더 성숙해야 하며, 추론에 대한 더 강력한 컴퓨팅 기술이 지원되고 더 다양한 데이터들로 훈련이 되어야만 가능하리라 본다.

GPT-4나 GPT-5보다 더 놀라운 것은 챗GPT API Plugins 추진이다.

API 플러그인이란, 애플리케이션 프로그래밍 인터페이스(API)를 사용하여 서로 다른 소프트웨어 시스템 간에 통신하고 상호작용할 수 있게 해주는 소프트웨어 구성 요소이다. API 플러그인은 개발자가 쉽게 프로그램이나 웹 서비스를 확장하고, 외부 서비스와 데이터를 이용하여 기능을 개선할 수 있게 도와준다.

오픈AI가 직접 설명한 챗GPT 플러그인은 다음과 같다.

우리의 미션을 성취하기 위해 실제 세계에서의 플러그인 사용, 영향력, 안전성 및 정렬 문제를 연구할 수 있도록 챗GPT에서 플러그인을 단계적으로 도입하고 있다. 사용자들은 챗GPT 출시 이후 플러그인에 대해 요청해 왔으며, 많은 개발자도 유사한 아이디어로 실험하고 있다. 이를 통해 다양한 사용 사례를 가능하게 할 것으로 기대되며, 초기 사용자들부터 시작하여 더 많은 사람에게 서비스를 제공할 계획이다.

대기열에 있는 플러그인 개발자들은 문서를 사용하여 챗GPT용 플러그인을 만들 수 있다.

초대받은 기업들은 Expedia(여행), FiscalNote(법률), Instacart(식료품 구매), OpenTable(식당 예약), Shopify(쇼핑), Speak(언어학습), Wolfram(수학 계산), Zapier(업무 자동화) 등이다.

챗GPT 플러그인은 외부 도구와 연결되어 실시간 정보와 데이터를 활용한 정확한 응답을 가능하게 할 것이다. 그러나 플러그인이 잠재적으로 안전성 문제를 악화시킬 수도 있으므로, 플러그인 플랫폼의 개발 초기부터 이러한 요소를 고려하여 다양한 안전장치를 도입하고 있다.

구체적인 사례를 살펴보면, 사용자는 챗봇을 통해 웹 브라우저 플러그인을 이용하여 웹사이트를 검색할 수 있다. 예를 들어 영화 상영 시간을 찾고자 한다면, 사용자는 챗봇에게 "영화관에서 상영하는 영화 시간표를 보여줘"라고 요청할 수 있다. 챗봇은 웹 브라우저 플러그인을 활용하여 사용자가 원하는 정보를 찾아서 제공한다. 이외에도 여러 플러그인이 다양한 분야에서 활용될 수 있다.

여행을 계획하는 사용자는 Expedia 플러그인을 이용하여 항공편, 숙박 시설, 관광지 등에 대한 정보를 얻을 수 있고, Expedia 플러그인이 사용자에게 가장 적합한 여행 옵션들을 제시해 준다.

또한, Instacart 플러그인을 활용하여 사용자는 지역 식료품점에서 주문을 할 수 있다. 사용자는 챗봇에게 원하는 상품을 알려주면, Instacart 플러그인이 가까운 식료품점에서 상품을 찾아 주문을 도와준다.

이처럼 챗봇 플러그인은 사용자에게 맞춤형 정보를 제공하고, 실시간으로 업데이트된 데이터를 활용하여 정확한 응답을 할 수 있는 놀라운 기능을 제공한다. 플러그인이 제공하는 다양한 서비스를 통해 인공지능이 우리 일상생활의 중심에 자리 잡을 것으로 예상된다.

FiscalNote(법률)는 법률 전문가 GPT가 될 수 있다. 저자가 앞서 언급한 전문가 GPT 분야도 오픈AI가 경쟁력을 키워나가는 것이다. 점점 다른 회사들이나 한국 IT 기업들이 오픈AI와 경쟁하기 힘들어서 지고 있다.

앞서 본 챗GPT 플러그인이 더 다양해지고 편리해질 것이며, 구글 스토아와 애플 앱 스토어처럼 플러그인 서비스를 유료로 다운로드하는 시장도 형성될 것으로 판단된다.

마이크로소프트도 다양한 활동을 펼치고 있다.

마이크로소프트는 최근에 차세대 AI 기반의 보안 솔루션인 '마이크로소프트 시큐리티 코파일럿(Microsoft Security Copilot)'을 발표했다. 이 솔루션은 오픈AI의 GPT-4 기술과 마이크로소프트의 방대한 위협 인텔리전스 및 업계 최고의 전문 지식을 결합해 보안팀의 역량을 강화한다.

시큐리티 코파일럿은 방어자가 보안 환경을 파악하고 기존 인텔리전스를 학습하며, 위협 활동의 상관관계를 이해해 더 효율적인 의사결정을 신속하게 내릴 수 있도록 도와준다.

보안 전문가는 프롬프트 바에 자연어로 명령을 입력하기만 하면, 취약점 요약이나 다른 보안 도구에서 발생한 인시던트 및 경보 정보를 요청할 수 있다. 또한 파일이나 URL을 첨부하면 관련 정보를 분석한다.

또한 검색엔진 빙은 마이크로소프트가 개발한 대화형 검색 서비스로, 오픈AI의 챗GPT와 연동되어 사용자의 질문에 대해 인공지능 기반의 답변을 제공한다. 최근에는 빙에서 광고를 통한 수익 창출을 시도하고 있으며, 이는 인공지능 기술을 활용한 차세대 광고 전략의 시작이라 할 수 있고, 구글이 가장 두려워하는 부문이다.

마이크로소프트는 현재 여러 파트너사의 브랜드를 포함한 광고주를 위한 기능 개발에 착수하였다고 밝혔다. 이를 위해 일부 파트너사와 만나 트래픽과 수익을 극대화할 수 있는 콘텐츠 배포 방식에 대해 논의하고 피드백을 받았다.

검토 중인 초기 아이디어 모델은 광고 기업이 제공한 링크("Ad"라는 문구와 함께 클릭할 수 있는 링크)를 제공해 마우스를 올리면 관련 콘텐츠를 보여주는 방식이다. 이를 통해 광고주 사이트의 트래픽을 증가시킬 수 있게 된다.

현재는 일부 사용자를 대상으로 테스트 중이며, 빙 검색에 광고 기능을 포함한 것은 GPT-4를 공개한 지 2주 만이며, 조만간 전면적인 광고 도입이 진행될 전망이다.

그리고, 마이크로소프트는 오픈AI의 DALL·E 2 기술을 활용해 인공지능 이미지 생성 기능을 앱 포트폴리오에 도입하며 사용자 경험을 혁신하고 있다. 이 기술은 자연어 처리를 기반으로 사용자가 원하는 이미지를 자연스럽게 생성할 수 있게 해준다.

마이크로소프트 디자이너('Microsoft Designer')는 소셜 미디어 게시물, 초대장, 디지털 엽서 등 전문적인 디자인 작업을 쉽게 할 수 있는 프로그램이다. 사용자는 웹사이트에 이메일 주소를 입력해 대기열에 참여하고 승인받은 후 이미지를 추가하거나 생성할 수 있다. 사용자는 창의적인 모드로 전환하면 채팅 내에서 글과 이미지를 동시에 생성할 수 있다.

이러한 기술 도입으로 마이크로소프트는 다양한 소비자 앱에서 빠르고 직관적인 결과를 제공하며, 사용자들이 더 창의적인 작업을 수행할 수 있게 돕고 있다.

구글의 대응도 숨이 가쁘다. 구글은 최근 인공지능 기술의 선두 주자인 오픈AI의 챗GPT와 마이크로소프트의 빠르게 발전하는 도구와 경쟁하기 위해 제미니(Gemini)라는 새로운 프로젝트를 시작했다.

이 프로젝트는 구글 브레인과 딥마인드(DeepMind)의 공동 작업으로 진행된다. 딥마인드는 범용 인공지능(AGI) 기술의 선두 개발자로 알려져 있으며, 2014년 구글이 인수한 이래로 런던에 본사를 두고 거의 독립적으로 운영되었다. 하지만, 두 회사는 자체 GPT-4 경쟁자를 개발하려면 엄청난 양의 컴퓨팅 파워가 필요하다는 것을 깨달았고, 오픈AI와 마이크로소프트를 따라잡기 위해 두 회사가 힘을 합해야 한다는 인식으로, 서로 협력하기로 했다.

구글은 이전 기술을 바탕으로 인간처럼 응답하는 텍스트를 생성하는 바드(Bard)라는 대화형 AI를 개발했다. Bard는 2023년 3월에 출시되어 현재 대기 목록을 통해 일반 대중에게 개방되어 있다. 현재 사용자는 주로 미국과 영국의 일부 사용자로 구성되어 있다.

제미니 프로젝트 뿐만 아니라, 구글은 Bard의 개발을 계속 밀어붙이고 있으며, 구글 어시스턴트와 통합할 것으로 예상된다. 또한, 구글은 람다 기반의 Bard에서 매개변수가 훨씬 더 큰 PaLM 기반의 Bard도 준비 중이라고 한다.

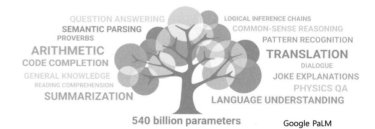

또한, 최근 구글의 모기업 알파벳이 AI 스타트업 리플릿(Replit)과 협력해 개발자들이 생성 AI를 활용해 코드를 작성하고 수정하는 데 도움을 주기로 했다. 이 협력에 따라 리플릿 개발자들은 스타트업의 소프트웨어 개발 AI인 '고스트라이터

(Ghostwriter)'를 통해 구글 클라우드 인프라, 서비스 및 기반 모델에 접근할 수 있게 됐다. 한편, 구글 클라우드와 워크스페이스 개발자들은 리플릿의 협업 코드 편집 플랫폼에 접근할 수 있다.

이러한 움직임은 마이크로소프트의 깃허브 코파일럿과 오픈AI의 GPT-4가 통합된 이후 현재 AI 코딩 보조 도구 분야에서 경쟁력을 갖춘 것으로 간주하며, 구글이 이 분야에서 경쟁력을 높이기 위한 시도로 해석된다.

구글은 제미니 프로젝트와 여러 다른 AI 혁신을 통해 AI 기술의 선두주자인 오픈AI의 챗GPT와 마이크로소프트와의 경쟁에서 밀리지 않기 위해 지속적인 혁신을 추구하고 있다. 이를 통해 AI 산업의 급변하는 흐름에 발맞추어 나가며, 인공지능 기술의 미래 발전을 주도해 나갈 것으로 기대된다.

5. 미국의 정책 방향

미국 정부는 인공지능 기술 발전과 활용, 데이터 프라이버시, 그리고 패권 경쟁 국가의 견제와 제한 등의 관점에서 규제 및 정책을 계속 발전시키고 있다.

미국 행정부에서 인공지능 정책 발표를 통해 인공지능 연구, 개발 및 혁신을 촉진하기 위한 기반을 마련하고 있다. 이를 위해 미국 정부는 다양한 산업군과 공공기관을 대상으로 연구, 개발 및 협력을 촉진하는 등의 다양한 방안을 제시하였다. 또한 미국에는 인공지능과 데이터 프라이버시를 보호하기 위한 법률들이 이미 존재하고 있다.

예를 들어, 2018년에는 일반 데이터 보호 규정인 GDPR[44]에 대응하기 위한 "캘리포니아 개인정보 보호법(CCPA)"[45]이 시행되었다. 이외에도 인공지능 책임에 대한 법적 규제가 필요하다는 요구가 제기되고 있으며, 미국 정부는 이에 대한 대응 방안을 강구하고 있다.

또한 2021년 바이든 행정부는 인공지능 기술을 포함한 첨단 기술 수출 규제에 대한 지침을 발표하여 미국이 중국과의 경쟁에서 기술적 우위를 유지할 수 있도록 조치하고 있다.

미국은 인공지능 기술의 발전과 활용이 미래 경제 성장을 촉진할 수 있는 매우 중요한 분야 중 하나로 인식되고 있다. 이에 따라 미국 정부와 정치인들은 인공지능 기술의 발전과 활용을 촉진하기 위한 다양한 노력을 기울이고 있다.

먼저, 미국 국가과학기술위원회(NSTC)[46] 내에는 2015년부터 "기

---

44) GDPR(General Data Protection Regulation): 2016년에 유럽 연합(EU)에서 통과되어 2018년에 발효된 개인정보 및 데이터 보호법. 개인의 데이터 처리 및 보호에 대한 일련의 규칙 및 지침을 설정했다. EU 내에서. GDPR은 회사 위치에 관계없이 EU 시민의 개인 데이터를 처리하는 모든 회사에 적용된다. 이 규정은 기업이 데이터를 수집 및 처리하고 데이터를 보호하기 위한 적절한 조치를 구현하기 위해 개인으로부터 동의를 얻도록 요구한다. 또한 개인에게 데이터 액세스 권한, 데이터 삭제 권한, 데이터 처리 제한 권한과 같은 특정 권한을 부여한다. GDPR을 준수하지 않으면 상당한 벌금과 처벌을 받을 수 있다.

45) CCPA(The California Consumer Privacy Act): 미국 캘리포니아 주에서 2020년 1월 1일부터 발효된 개인정보보호법. 기업이 수집하고 사용하는 개인 데이터에 대해 캘리포니아 소비자에게 더 많은 권한을 부여하는 것을 목표로 한다. CCPA는 캘리포니아 거주자의 개인 데이터를 수집하고 연간 총 수익이 특정 기준을 초과하거나 연간 50,000개 이상의 소비자, 가정 또는 장치의 개인 데이터를 수신하거나 공유하는 기업에 적용된다. 소비자에게 어떤 개인 데이터가 수집되고 있는지 알 권리, 개인 데이터를 삭제할 권리, 개인 데이터 판매를 거부할 권리와 같은 특정 권리를 부여한다. 이 법은 또한 기업이 수집하는 개인 데이터에 대해 명확하고 눈에 잘 띄는 통지를 제공하고, 소비자가 자신의 데이터를 요청할 수 있는 방법을 제공하고, CCPA에 따라 권리를 행사하기로 선택한 소비자를 차별하지 않도록 요구한다. CCPA를 준수하지 않으면 상당한 벌금과 처벌을 받을 수 있다. 이후 CCPA는 미국의 다른 주에서 유사한 개인정보보호법에 영향을 미쳤으며 연방 개인정보보호법에 대한 요구를 촉발했다.

244

계 학습 및 인공지능 통합위원회(MLAIS)"[47]가 설립되어 인공지능 분야의 발전을 위한 연구와 정책발표를 진행하고 있다.

미국 대통령 버락 오바마는 2016년 인공지능 연방정책을 발표하며, 인공지능 연방기술위원회를 설립하여 인공지능 연구 및 개발을 촉진하였다.

또한, 미국 정부는 인공지능 기술의 발전과 사용을 적극적으로 촉진하면서도 잠재적인 윤리적 및 법적 문제를 다루고 있으며 연방기관이 AI 연구 및 개발에 우선순위를 두고 투자하도록 지시했다.

2019년 2월 11일, 미국 대통령 트럼프는 "Maintaining American Leadership in Artificial Intelligence"라는 제목의 행정명령을 발표했다. 이 행정명령은 미국의 인공지능 연구 및 개발에 대한 전략과 지원 방안을 제시하고자 한 것이다. 이에 따라, 미국 인공지능 정책은 다음과 같은 주요 내용을 포함한다.

1. 인공지능 연구 및 개발에 대한 연방 정책을 제정하고, 연방기관 간 협력과 지원 방안을 강화한다.

2. 인공지능 연구 및 개발을 지원하기 위해, 국가과학기술위원회(NSTC) 내에 기계학습 및 인공지능 통합위원회를 설립한다.

3. 인공지능 인프라 구축과 보안, 데이터 및 교육 등을 위한 인프라를 개발하기 위한 대안 방안을 탐구한다.

4. 인공지능 연구 및 개발 분야에서 전문인력을 양성하기 위해 교육 및 훈련 프로그램을 확장하고, 다양한 산업군과의 협

---

46) NSTC: National Science and Technology Council(미국 국가과학기술위원회). 미국 연방정부의 과학기술 분야에서 중요한 역할을 담당하는 기관이다. NSTC는 대통령을 위한 행정기관으로, 과학기술분야의 연방정책 수립 및 이행, 연방기관 사이의 협력 조정 등을 책임진다. NSTC는 인공지능을 비롯한 다양한 기술분야에서 연방정책을 수립하고, 해당 분야에 대한 연구 및 개발 계획을 수립한다.

---

47) MLAIS: Machine Learning and Artificial Intelligence Subcommittee(기계 학습 및 인공지능 통합위원회)이 위원회는 미국 연방정부에서 인공지능 및 기계학습 분야에서 일어나는 다양한 문제와 이슈에 대한 토론과 연구를 수행하며, 관련 연방기관 간의 협력을 촉진하고, 관련 연방정책을 수립하는 등의 역할을 수행한다. MLAIS 위원회는 2015년에 설립되었으며, 인공지능 및 기계학습 분야에서의 연방정책을 제안하고 지원하기 위한 연방정책 수립과 이행, 인공지능 분야에서의 연방기관 간 협력조정 등을 수행한다. 또한, 인공지능 기술의 윤리적, 법적, 사회적 측면에 대한 문제와 이슈에 대해 토론하고, 관련 분야에서의 전문가들과 협력하여 연방기관에서 사용되는 인공지능 기술에 대한 표준을 제안한다.

력을 촉진한다.

5. 인공지능 연구 및 개발 환경에서의 윤리적, 법적 및 사회적 문제에 대한 대응 방안을 마련하고, 인공지능의 안전성과 신뢰성을 강화한다.

이 행정명령은 미국이 인공지능 분야에서 선도적인 지위를 유지하고, 미래 경제의 성장 동력을 확보하기 위한 중요한 첫걸음으로 평가된다

바이든 행정부도 AI 연구 및 개발을 지원하면서 동시에 AI 윤리를 촉진하고 AI 기술이 책임 있게 개발 및 사용되도록 보장하는 것을 강조하고 있다.

조 바이든은 취임식에서 인공지능 기술을 비롯한 과학 기술의 발전과 사용을 적극적으로 촉진할 것을 약속하면서, 인공지능 기술을 "미래 경제의 성장 동력"으로 지칭했다. 또한 바이든 행정부는 AI 연구 및 개발을 지원하면서 동시에 AI 윤리를 촉진하고 AI 기술이 책임 있게 개발 및 사용되도록 보장하는 것을 강조하고 있다.

언론에서도 인공지능 기술에 대한 관심이 높아지고 있다.

2021년 3월, 뉴욕타임스는 "인공지능이 당신의 일자리를 대체할까?"라는 제목으로 인공지능이 일자리를 대체할 가능성과 이를 대비할 방안에 대한 보도를 실었다. 또한, 2021년 1월, CNN은 "인공지능으로 의료진을 돕는 시대"라는 제목으로 인공지능 기술이 의료 분야에서의 활용 사례와 이에 따른 효과

를 보도했다.

하지만 인공지능 기술에 대한 우려와 문제점도 지속적으로 제기되고 있다. 2021년 4월, 미국 CBS 뉴스는 "경찰이 인공지능 기술로 범죄자를 추적하는 것, 어디까지 괜찮을까?"라는 제목으로 인공지능 기술이 범죄와 관련된 분야에서의 사용에 대한 문제점을 다룬 보도를 실었다. 또한, 인공지능 기술의 알고리즘이 인종 차별이나 성차별을 강화할 수 있다는 우려도 제기되고 있다.

2019년 6월, 미국 국립표준기술연구소(NIST)[48]는 신뢰성 높은 AI 시스템 개발을 위한 지침을 포함한 AI 표준 초안 문서를 발표했다. NSTC와 NIST는 서로 다른 기관이지만, 과학기술분야에서의 연방정책 수립 및 협력을 위해 함께 일하고 있다. NSTC 내에는 기계학습 및 인공지능 통합위원회가 설립되어, 인공지능 연구 및 개발의 적극적인 추진과 연방기관 간 협력을 촉진하고 있다. 이와 함께, NIST는 인공지능 분야에서의 표준화, 측정 및 평가 등의 일환으로 다양한 기술 연구 및 개발을 수행하고 있다.

2019년 6월, NIST는 "AI(Artificial Intelligence) 표준 초안 : 신뢰성 높은 AI 시스템 개발을 위한 기술 지침"이라는 보고서를 발표했다. [49]

이 보고서는 신뢰성 높은 AI 시스템 개발을 위한 5가지 기본 요소와 4가지 안전성 목표를 제시하고 있다.

48) NIST: National Institute of Standards and Technology(미국 국립표준기술연구소). NIST는 미국의 표준화 기관으로, 과학기술분야에서 측정 및 평가, 인증, 표준화 등의 업무를 수행한다. NIST는 인공지능을 비롯한 다양한 기술 분야에서 국가적으로 중요한 표준 및 인증 기술을 개발하고, 이를 산업계와 함께 발전시켜 나가는 데 중요한 역할을 한다.

49) NSTC와 NIST는 서로 다른 기관이지만, 과학기술분야에서의 연방정책 수립 및 협력을 위해 함께 일하고 있다. NSTC 내에는 기계학습 및 인공지능 통합위원회가 설립되어, 인공지능 연구 및 개발의 적극적인 추진과 연방기관 간 협력을 촉진하고 있다. 이와 함께, NIST는 인공지능 분야에서의 표준화, 측정 및 평가 등의 일환으로 다양한 기술 연구 및 개발을 수행하고 있다.

기본 요소는 다음과 같다. 기술적 요소 및 안전성, 신뢰성, 개인정보 보호 등에 대한 지침을 제공한다.

AI(Artificial Intelligence) 표준 초안

-신뢰성 높은 AI 시스템 개발을 위한 기술 지침

  1. 성능 예측성: AI 시스템의 성능을 예측할 수 있어야 한다.

  2. 투명성: AI 시스템의 내부 구조와 동작 원리를 이해할 수 있어야 한다.

  3. 설명 가능성: AI 시스템의 결과를 설명할 수 있어야 한다.

  4. 안전성: AI 시스템은 예측 가능한 상황에서 안전하게 운영되어야 한다.

  5. 개인정보 보호: AI 시스템은 개인정보를 보호할 수 있어야 한다.

또한, 보고서에서는 AI 시스템 개발에 있어서 안전성 목표인 "위험성 분석", "안전성 지표 및 인증", "데이터 및 모델 품질"과 "사용자 인터페이스의 안전성"에 대한 기술적 요소와 지침을 상세하게 제시하고 있다

또한, 미국 국가과학기술위원회(NSTC)는 기계학습 및 인공지능과 관련된 연방활동을 조정하는 총괄위원회를 설립하였다. 2021년 바이든 행정부는 예산 증액과 기술 개발 지원 계획을 발표하여 인공지능과 AI language model 분야의 연구 및 개발 활성화를 계속 이어가고 있다. 또한 2021년 바이든 행정부는 인공지능 기술을 포함한 첨단 기술 수출규제에 대한 지침을

발표하여 미국이 중국과의 경쟁에서 기술적 우위를 유지할 수 있도록 조치하고 있다.

챗GPT와 같은 언어 모델에 대해서는 미국 정부가 특별히 언급하거나 정책을 제시한 적은 없다. 그러나 언어 모델의 개발은 미국 정부가 적극적으로 촉진하고 있는 인공지능 연구 및 개발의 범위 내에 있다. 미국 정부의 AI 윤리 및 책임 있는 개발에 대한 관심이 간접적으로 챗GPT와 같은 언어 모델의 개발과 사용에 영향을 미칠 수도 있다.

언론에서는 인공지능 분야의 기술에 대한 다양한 보도가 활발하게 이루어지고 있다. 아래는 그중 일부이다.

2016년 6월: 뉴욕타임스는 "인공지능이 노동 시장을 파괴할까?"라는 제목의 기사를 보도한다.

2017년 8월: 포브스는 "인공지능이 기업 혁신의 새로운 원동력이 되다"라는 제목의 기사를 보도한다.

2019년 9월: 월스트리트저널은 "미국의 인공지능 도전, 중국과 경쟁의 중심"이라는 제목의 기사를 보도한다.

2020년 2월: 뉴욕타임스는 "인공지능은 선진 의료국가들을 바꾸고 있다"라는 제목의 기사를 보도한다.

2021년 3월: CNN은 "인공지능으로 의료진을 돕는 시대"라는 제목의 기사를 보도한다. 이 기사에서는 인공지능 기술이 의료 분야에서 어떻게 활용되고 있는지, 그리고 이에 따른 장단점과 문제점에 대해 다루고 있다.

미국 정부의 관련 활동 요약

2015년: 미국 국가과학기술위원회(National Science and Technology Council, NSTC) 내에 "기계학습 및 인공지능 통합위원회"(Machine Learning and Artificial Intelligence Subcommittee)가 설립되었다.

2016년: 미국 대통령 버락 오바마는 인공지능 연구 및 개발에 대한 연방정책을 발표하며, 이를 위해 인공지능 연방기술위원회(NSTC Committee on Technology)를 설립한다.

2017년 1월: 미국 대통령으로 취임한 도널드 트럼프는 "인공지능 연구 및 개발 확대를 위한 새로운 연구개발 센터를 설립할 것"이라는 발언을 하면서 인공지능 기술에 대한 관심과 지원을 표명했다.

2018년: 미국 국방부는 "전략적 인공지능 연구 및 개발 계획서"를 발표하며 인공지능 분야의 연구개발 및 활용 방안을 제시한다.

2019년: 미국 국립표준기술연구소(National Institute of Standards and Technology, NIST)는 "AI 표준 초안: 신뢰성 높은 AI 시스템 개발을 위한 기술 지침"을 발표하였다.

2020년: 미국 국토안보부(Department of Homeland Security)는 "인공지능 전략"을 발표하여 인공지능을 활용한 보안 및 위협 대응 방안을 제시한다.

2021년: 바이든 행정부는 인공지능과 AI language model 분야의 연구 및 개발 활성화를 위해 예산 증액 및 기술 개발 지원 계획과 바이든 행정부는 인공지능 기술을 포함한 첨단 기술 수출 규제에 대한 지침을 발표하였다. 이 지침은 중국과의 경쟁에서 미국이 기술적 우위를 유지하기 위한 조치로 강조되었다.

요약해 보면, 미국의 정책은 이러하다.

인공지능(AI)은 오바마 행정부 이후 미국 정부의 우선순위였다. 2016년 행정부는 경제의 모든 부문에서 AI의 개발과 사용을 지원하고 성장시키기 위한 계획을 요약한 AI 연방 정책을 발표했다. 그 이후로 미국 정부는 다양한 태스크 포스 및 이니셔티브 설립을 포함하여 AI를 발전시키기 위해 수많은 조치를 취했다.

트럼프 행정부 하에서 백악관은 AI 개발 및 구현을 위한 국가 전략을 개발하는 임무를 맡은 AI 특별위원회를 설립했다.

위원회는 2019년에 국가 AI 전략의 5가지 기둥인 연구 및 개발, 거버넌스, 인력 및 교육, 윤리 및 가치, 국제 참여를 요약한 최종 보고서를 발표했다.

2018년 NIST(National Institute of Standards and Technology)는 '신뢰할 수 있고, 신뢰할 수 있는' AI 시스템의 개발을 촉진하기 위한 AI 표준 프레임워크의 초안을 발표했다. 이 프레임워크에는 AI 시스템의 설계, 개발, 테스트 및 배포를 위한 기술 지침과 AI와 관련된 위험 관리를 위한 권장 사항이 포함되어 있다.

또한 미국 정부는 의료 및 국방을 포함한 다양한 분야에서 AI 사용을 촉진하기 위한 조치를 취했다.

2020년 국방부는 국방을 위한 AI 기술 개발에 중점을 둔 합동 AI 센터(JAIC)를 설립했다. JAIC는 군사 장비에 대한 AI 기반 예측 유지 보수 및 군수 물류를 위한 자율 차량을 포함하여 다양한 이니셔티브를 진행하고 있다.

COVID-19 대유행은 의료 분야에서 AI의 중요성을 강조했으며, 미국 정부는 이 분야에서 AI 사용을 발전시키기 위한 조치를 취했다.

2020년 미국 국립보건원(National Institutes of Health)은 의료 영상 및 분석을 개선하기 위한 AI 도구 개발에 중점을 둔 의료 영상 및 데이터 리소스 센터(MIDRC)를 출범했다.

MIDRC는 의료 영상에서 COVID-19를 감지하기 위한 새로운 AI 알고리즘과 의료 영상 데이터를 분석하기 위한 AI 도구를 개발하기 위해 노력하고 있다.

앞으로 바이든 행정부는 AI 개발 및 구현에 대한 지속적인 약속을 시사했다. 행정부는 AI 연구 및 개발을 위한 자금 증가와 AI 교육 및 인력 개발 촉진을 목표로 하는 이니셔티브를 제안했다. 행정부는 또한 윤리적이고 책임 있는 AI 개발의 중요성을 강조하고 AI 연구 및 거버넌스에 대한 국제 파트너와의 협력을 강화할 것을 촉구했다.

결론적으로 미국 정부는 2016년 연방 정책 발표 이후 AI 발전에 상당한 진전을 이루었다. 이러한 지속적인 투자와 노력을 통해 AI는 다양한 산업을 변화시키고 전 세계 사람들의 삶의 질을 향상시킬 수 있는 잠재력을 가지고 있다.

제8장
TRANSFO**R**MER

Time of Generative AI : 초거대 생성 AI의 시간 도래

Revival of Semiconductor : 고사양 반도체, 데이터센터 수요 증대

AI for Expert : B2B 전문가 GPT 등장

New War of Search Engine : 검색엔진 세계의 혈투 시작

Shrink in Human Thinking Skills : 인간 사고력 약화 및 일자리 축소

Forceful changes in Public Services : 공공서비스의 급격한 변화

Overwhelming Innovation of Big Tech Giants : 빅테크 기업의 생존기

Realization of Android Robot : 로봇과의 결합으로 안드로이드 현실화

Many Lawsuits against IP rights : 지적재산권, 개인정보 등 법적 논란 증대

Era of Cerebral Valley : 세레브럴 밸리의 시대, 신 비즈니스모델

Rebirth of the Device : 디바이스의 재탄생

Realization of Android Robot

(로봇과의 결합으로 안드로이드 현실화)

로봇 시장 현황 및 발전

최근 COVID-19의 확산으로 인해 무접촉 및 비대면 시대가 도래하면서 로봇 수요가 급증하고 있다. 특히, 인력 대체에 대한 로봇 수요는 산업 및 서비스 분야 모두에서 높은 수준으로 증가하고 있다.

산업 분야에서는 생산성 향상과 인력 비용 절감 등의 이유로 산업 로봇의 수요가 증가하고 있다. 이는 기존에 인간이 수행하던 단순 반복적인 작업을 로봇이 대체함으로써 생산성을 높이고 인력 비용을 절감하는데 큰 역할을 한다. 또한, 로봇 기술의 발전으로 인해 로봇이 수행할 수 있는 작업 범위가 넓어지면서 로봇 수요는 더욱 증가할 것으로 예상된다.

서비스 분야에서는 청소, 음식 배달, 안내 등의 분야에서 서비스 로봇의 수요가 급증하고 있다. 이는 COVID-19로 인해 무접촉 서비스의 중요성이 대두되면서 로봇을 활용한 자동화 서비스의 필요성이 대두되고 있기 때문이다. 또한, 의료 분야에서는 로봇 기술의 발전으로 인해 로봇 수술이 가능해져 인력 대체에 대한 로봇 수요가 높아지고 있다.

또한 로봇 수요의 증가는 미국, 유럽 등의 제조업 부흥 투자와 스마트 팩토리 확산 등과 연결되어 있다. 선진국들은 인공지능, 디지털트윈, 스마트 로봇 등의 기술을 활용하여 생산성과 효율성을 높이기 위한 노력을 기울이고 있다. 이는 제조업 분야에서 로봇 수요의 증가에 큰 영향을 미치고 있다.

스마트 팩토리 확산은 로봇 기술과 연계하여 생산성과 효율성을 높이기 위한 대표적인 방법이다. 스마트 팩토리는 디지털트윈, IoT, 클라우드 등의 기술을 활용하여 생산 과정의 자동화와 최적화를 실현하며, 이를 위해 다양한 로봇 제품이 사용되고 있다.

또한, 인공지능, 디지털트윈, 스마트 로봇 등의 기술은 로봇 제품의 성능과 기능을 대폭 향상시켜 주는 역할을 한다. 이를 통해 로봇은 인간의 능력을 대체하거나 보조함으로써 생산성과 효율성을 높일 수 있으며, 이는 제조업 분야에서 로봇 수요의 증가를 촉진한다.

따라서, 선진국에서의 제조업 부흥 투자와 스마트 팩토리 확산으로 인해 로봇 수요는 더욱 증대할 것으로 예상된다.

로봇 기술의 발전과 함께 로봇 제품의 형태도 점차 변화하고 있다.

최근 로봇산업에서는 협동로봇(Co-bot)에서 바퀴로봇(Wheel Type Robot)으로, 그리고 2족 / 4족 보행로봇(Leg Type Robot) 형태로 초점이 바뀌며 발전하고 있다.

협동로봇(Co-bot)은 기존의 산업로봇과 달리 인간과 함께 작업할 수 있는 로봇으로, 인간과 로봇이 함께 작업할 수 있는 환경을 제공하고 있다. 바퀴로봇(Wheel Type Robot)은 직선적인 이동에 특화되어 있으며, 공장 내부에서 자유롭게 이동할 수 있는 로봇이다. 2족 / 4족 보행로봇(Leg Type Robot)은 인간의 보행을 모방하여 불규칙한 지형에서도 자유롭게 이동할 수 있는 로봇이다.

이러한 로봇 제품들은 각각의 특성에 따라 다양한 분야에서 사용되고 있다. 협동로봇은 인간과 함께 작업할 수 있는 산업 분야에서, 바퀴로봇은 로봇의 이동성이 중요한 서비스 분야에서, 2족 / 4족 보행로봇은 자율주행 자동차나 로봇 축구 대회 등의 다양한 분야에서 사용되고 있다.

또한, 로봇 기술의 발전으로 인해 협동로봇, 바퀴로봇, 보행로봇 등 다양한 형태의 로봇 제품이 등장하고 있다. 현재는 드론과 자율주행 자동차 등 로봇 기술과 융합된 제품들이 주목받고 있으며, 이러한 제품들도 로봇산업에서 중요한 역할을 할 것으로 예상된다.

로봇 기술의 발전으로 인해 로봇 제품의 형태도 점차 다양화되고 있다. 이는 로봇 기술의 발전과 함께 다양한 응용 분야에서 사용될 것으로 예상되며, 이에 따라 로봇산업의 성장이 더욱 가속화될 것으로 예상된다.

또한, 로봇산업에서는 로봇 기술과 인공지능, 빅데이터, 클라우드 등의 기술과의 융합도 예상되고 있다. 이를 통해 로봇 제품은 더욱 복잡한 작업을 수행하고, 자동화 및 최적화 기능을 강화할 수 있으며, 이에 따라 로봇산업의 성장이 더욱 가속화될 것으로 기대된다.

챗GPT와 같은 대화형, 초거대 AI는 로봇산업 발전에 다양한 방식으로 활용될 수 있다. 예를 들어, 챗봇을 통해 사용자와의 대화를 자연스럽게 이어가는 서비스 분야에서는 챗GPT와 같은 대화형 AI 기술을 활용하여 사용자와 자연스러운 대화를 이어갈 수 있는 로봇 제품을 개발할 수 있다.

또한, 초거대 AI는 로봇 제품의 인공지능 기술을 강화하기 위한 방법으로도 활용되고 있다. 초거대 AI는 다양한 데이터를 학습하여 분석하고, 이를 통해 로봇 제품이 인간의 능력을 대체하거나 보조할 수 있는 기능을 강화할 수 있다. 또한, 초거대 AI를 활용하여 로봇 제품의 안전성을 높일 수 있다.

앞으로 로봇산업에서는 다양한 분야에서 챗GPT와 같은 대화형, 초거대 AI 기술의 활용이 예상될 것이다. 예를 들어, 인공지능 로봇의 개발 분야에서는 챗GPT와 같은 대화형 AI 기술을 활용하여 인간과의 자연스러운 대화를 이어갈 수 있는 로봇 제품을 개발할 수 있다. 또한, 로봇과 인간의 상호작용을 강화하고, 로봇 제품의 사용자 친화성을 높일 수 있다.

또한, 인공지능 로봇의 머신러닝 및 딥러닝 분야에서도 챗GPT와 같은 대화형 AI 기술의 활용이 예상된다. 머신러닝 및 딥러닝 분야에서 챗GPT와 같은 대화형 AI 기술을 활용하여 로봇 제품의 학습 능력을 향상시킬 수 있으며, 이를 통해 로봇 제품의 자동화 기능을 높일 수 있다.

로봇 기술이 발전하고 로봇의 뇌 역할을 완벽하게 수행할 수 있게 된다면, 인간의 일자리가 줄어들고, 로봇이 인간의 능력을 뛰어 넘는 지적 능력을 가지고 365일 24시간 일할 수 있게 되어 인간에게 큰 위협요인이 될 것이다. 로봇이 인간을 대체하여 일을 수행할 가능성도 크다. 그렇지만, 이는 모든 분야에서 일반화될 수 있는 상황은 아니다.

먼저, 로봇이 인간을 대체하여 일을 수행할 수 있는 분야는 일부분에 불과하다. 예를 들어, 반복적인 작업이나 위험한 작업, 높은 정확도가 요구되는 작업 등은 로봇이 뛰어난 성능을 발휘할 수 있는 분야이다. 그러나 창의적인 사고나 상호작용, 의사소통, 문제해결능력 등 인간의 능력이 필요한 분야는 당분간 로봇이 대체하기 어려운 분야일 것이다.

또한, 로봇이 인간을 대체하게 되면, 새로운 일자리가 창출될 가능성도 있다. 로봇을 개발하고, 관리하고, 수리하며, 인간이 필요한 분야에서 로봇을 제어하고, 로봇의 기능을 개선하는 일 등의 일자리가 필요할 것이다. 이러한 일자리는 기존에 인간이 수행하던 일자리와는 다르지만, 로봇산업에서 새로운 일자리를 창출할 수 있는 가능성이 있다는 것이다.

마지막으로, 인간과 로봇이 상호보완적으로 일을 수행하는 상황도 예상된다. 로봇은 인간의 능력을 보조하여 일을 수행하고, 인간은 로봇이 수행할 수 없는 일을 수행하며, 인간과 로봇이 함께 일하는 새로운 분야가 등장할 가능성도 있다.

따라서, 로봇 기술이 발전하여 로봇의 뇌 역할을 완벽하게 수행할 수 있다 하더라도, 로봇이 인간을 능가하는 상황이 모든 분야에서 발생할 가능성은 낮으며, 인간과 로봇이 상호보완적으로 일을 수행하는 새로운 분야가 등장할 것으로 예상된다.

그리고, 5G, 전기 배터리, 자율주행, 챗GPT 등이 로봇과 결합되면, 로봇산업은 게임 체인저가 될 것으로 예상된다. 먼저, 5G 통신과 로봇 기술의 결합으로 인해 로봇 제품은 더욱 빠르고 안정적인 통신이 가능해질 것이다. 5G 통신은 로봇 제품이 다양한 정보를 빠르게 전송하고, 분석하며, 이를 기반으로 다양한 작업을 수행할 수 있게 한다.

또한, 전기 배터리 기술과 자율주행 기술의 발전으로 인해 로봇 제품의 성능이 향상된다. 전기 배터리 기술은 로봇 제품의 사용시간을 연장하고, 자율주행 기술은 로봇 제품이 스스로 주행하며, 다양한 환경에서 작업을 수행할 수 있게 한다.

챗GPT 기반의 로봇 기술은 현재도 개발 중에 있다. 챗GPT는 자연어 처리 기술을 바탕으로 대화를 주도하는 인공지능 기술로, 로봇 분야에서는 다양한 응용이 가능하다.

현재 챗GPT를 기반으로 한 대화형 로봇 기술은 이미 일부 기업에서 상용화가 이루어지고 있다. 이러한 로봇들은 일상생활에서의 여러 가지 서비스를 제공하고 있으며, 고객과 대화를 통해 문제를 해결하는 등의 역할을 수행한다. 또한, 챗GPT 기술을 활용하여, 고객과의 대화를 분석하여 고객이 원하는 것을 파악하고 이를 반영하여 맞춤형 서비스를 제공하는 등의 기능을 개발하고 있다.

앞으로 챗GPT 기반 로봇 기술은 더욱 발전할 것으로 예상된다. 예를 들어, 인공지능 기술의 발전과 함께 로봇이 인간과 동등한 수준의 대화를 수행할 수 있는 기술이 개발될 것으로 예상된다. 또한, 로봇 기술을 활용하여 의료 분야나 공장 자동화 분야 등에서 인간의 노동을 대체하는 등의 새로운 분야로의 발전이 예상된다.

앞의 내용을 요약하면, CAES로 설명될 수 있다. C는 Connected, A는 Automated, S는 serviced, E는 electric을 나타낸다.

먼저, Connected 측면에서는 5G 등의 통신 기술 발전과 클라우드 기술의 보급으로 인해 로봇간의 통신 및 데이터 처리가 더욱 빠르고 안정적으로 이루어질 것으로 예상된다. 이를 통해 로봇은 다양한 환경에서 높은 성능을 발휘하며, 실시간으로 데이터 처리가 가능해질 것으로 기대된다.

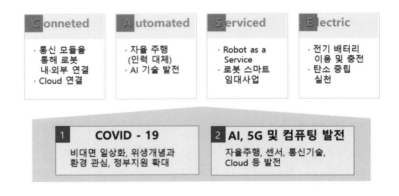

다음으로, Automated 측면에서는 자율주행 로봇의 개발과 보급이 더욱 진전될 것으로 예상된다. 이를 통해 로봇은 인간의 조작 없이도 자율적으로 작업을 수행할 수 있게 되며, 인력의 부족이나 위험한 작업 환경에서도 작업이 가능해질 것이다.

Serviced 측면에서는 Robot as a Service(RaaS)가 더욱 보편화될 것으로 전망된다. 이를 통해 기업은 로봇을 구매하는 비용을 절감할 수 있으며, 필요에 따라 로봇 서비스를 빌려서 사용할 수 있게 된다.

이는 로봇산업을 이용하지 않았던 중소기업이나 개인 사용자에게도 로봇 기술의 활용을 가능하게 할 것이다.

마지막으로, Electric 측면에서는 전기 배터리 기술의 발전으로 인해 로봇 제품의 사용시간이 연장되고, 충전 시간도 단축될 것으로 예상된다. 이를 통해 로봇은 더욱 지속적인 작업을 수행할 수 있게 되며, 전기 자동차와 같은 환경 친화적인 로봇 제품이 보급될 가능성이 높아진다.

여기에 챗GPT와 초거대 AI는 사용 및 연동된다. 5G 연결 최적화, 실시간 연동 모니터링 및 자동 알람 기능, 자율 주행에 활용된 인공지능, 로봇 임대 사업 관리 관제에 활용되는 인공지능, 배터리 최적화와 에너지 절감에 사용되는 인공지능 등이 간단한 예시가 될 것이다.

로봇 시장의 발전은 로봇 기술의 보급과 발전을 이루어지며, 새로운 로봇 제품이 등장할 가능성이 높아진다. 이를 통해 로봇산업은 다양한 분야에서 활용되어, 새로운 경제적 가치를 창출할 것으로 기대된다.

챗GPT와 로봇의 만남

로봇은 인공지능, 자동화 및 기계 공학 기술을 통해 설계 및 제조된 기계이며, 일반적으로 인간의 작업을 대신하거나 보조하기 위해 사용된다. 로봇은 컴퓨터 프로그래밍에 따라 자동으로 작동하며, 종종 센서 및 액추에이터와 같은 하드웨어를 사용하여 주변 환경과 상호작용한다.

로봇이라는 단어는 첫 번째로 1920년대 초에 체코 작가 카렐 차페크(Karel Capek)[50]의 연극, 로섬의 만능로봇(Rosuum's Universal Robots)[51]에서 처음으로 사용되었다. 이 연극에서 로봇은 인간의 일을 대신하기 위해 만들어진 인간형 기계를 나타낸다.

이 단어는 체코어 'robota'에서 유래되었으며, 노동 또는 일을 의미한다. 현대 사회에서 로봇은 공장 및 제조 환경에서 인간의 작업을 자동화하는데 널리 사용되며, 최근에는 가정 및 서비스 분야에서도 사용되고 있다.

로봇 기술이 일반 생활에서 사용되기 시작한 것은 최근의 일이다. 초기에는 산업용 로봇과 군사용 로봇 등에서만 사용되다가 2000년대 이후로는 가정용 로봇, 의료용 로봇, 교육용 로봇 등 다양한 분야에서 활용되고 있다. 가정용 로봇 분야에서는 청소 로봇이 가장 먼저 등장했다. 집안의 바닥을 청소해주는 청소 로봇은 로봇 기술이 일상 생활에 적용된 사례 중 하나로 평가받고 있다. 청소 로봇은 로봇 진동 방식, 진공 청소기 방식, 스크러버 방식 등 다양한 방식으로 제작되며, 인공지능 기술이 적용되어 사용자가 직접 조작하지 않아도 자동으로 청소를 수행할 수 있다.

스마트 홈 로봇도 일반 생활에서 많이 사용되고 있다. 스마트 홈 로봇은 인공지능 기술을 활용하여 가정생활을 보조하는

50) 카렐 차페크(Karel Capek) : 체코슬로바키아의 소설가, 극작가

51) 로섬의 만능로봇(Rosuum's Universal Robots) : 카렐 차페크의 SF 희곡 〈R.U.R.〉에서 인간을 닮았으되 인간보다 더 정확하고 더 믿을 만한 기계를 만들어낸다. 영어와 SF세계에 '로봇(robot)'이라는 단어를 처음으로 등장시켰다.

로봇으로, 음성인식, 얼굴인식, 자동 충전 등 다양한 기능을 제공한다.

의료용 로봇은 수술 로봇, 로보트 암, 자세 보정 로봇 등 다양한 형태로 제작되어 사용되고 있다. 의료용 로봇은 수술 등의 의료 진료 과정에서 사용되며, 정확성과 안전성을 높이기 위해 인간의 손으로 수행하는 작업을 대신 수행할 수 있다. 또한, 인간형 로봇은 인간과 상호작용할 수 있는 로봇으로, 교육 분야나 서비스 분야에서 많이 사용되고 있다.

최근에는 자율주행 자동차와 같은 분야에서도 로봇 기술이 적용되고 있다. 자율주행 자동차는 인공지능과 로봇 기술의 융합으로 구현되며, 차량 스스로 운전 조작, 주행 경로 설정, 위험 상황 대처 등을 수행할 수 있다. 이를 통해 운전자의 부담을 덜어주고, 교통 안전성을 높이며, 환경 보호에도 기여할 수 있다.

로봇 기술의 발전으로 인해 일상생활에서 우리가 사용하는 많은 제품들은 로봇 기술의 도움을 받고 있다. 예를 들어, 자동화된 패키지 분류 시스템, 음식물 가공 로봇, 키오스크 등이 그 예이다. 또한, 인공지능 스피커와 같은 스마트 가전제품도 인공지능 기술과 로봇 기술의 융합으로 만들어졌다.

로봇을 잘 활용하기로 최근에 유명한 기업은 미국의 아마존일 것이다. 아마존은 물류 분야에서 로봇 기술을 활용하여 자동화된 창고를 운영하고 있다. 아마존의 로봇 기술은 고객 주문에 따른 제품 분류, 포장, 발송 등 다양한 작업을 수행할 수 있다. 아마존의 로봇 기술 중 가장 유명한 것은 키바(Kiva) 시스템이다.

키바 시스템은 작은 크기의 로봇들이 바닥에 내장된 마커를 이용하여 제품을 찾아서 운반하도록 구성되어 있다. 이 시스템을 사용하면 물류 작업자가 제품을 직접 찾아서 이동하는 과정을 줄일 수 있다.

키바 시스템은 아마존의 창고에서 제품을 찾아가는 로봇으로도 활용된다. 제품이 위치한 곳까지 로봇이 이동하여 제품을 운반하고, 로봇은 고정된 경로를 따르기 때문에 작업자가 로봇에 대한 관리나 감독을 할 필요가 없다.

아마존은 또한 드론을 이용한 배송 시스템을 개발하고 있다. 이 시스템은 로봇과 드론의 융합 기술을 바탕으로, 로봇이 제품을 드론에게 전달하고, 드론이 고도를 높여서 목적지로 이동하여 배송하는 방식이다. 아마존의 로봇 기술을 활용한 자동화 시스템은 물류 작업자의 업무 부담을 줄이고, 작업 효율을 높이며, 작업 안전성도 향상시킨다. 또한, 고객이 원하는 제품을 빠르고 정확하게 배송할 수 있어서 고객 만족도도 높아진다.

아마존의 이러한 로봇 기술은 이제 전 세계적으로 사용되고 있다. 아마존은 로봇 기술을 활용하여 미국뿐 아니라 유럽, 아시아, 호주 등 전 세계적으로 자동화된 창고 시스템을 운영하고 있다. 이를 통해 아마존은 더욱 빠르고 정확한 배송 서비스를 제공하며, 더욱 글로벌한 시장에서 경쟁력을 확보하게 되었다.

아마존은 또한 로봇 기술을 활용하여 고객의 구매 경험도 개선하고 있다. 예를 들어, '아마존 고'에서는 인공지능 기술을 활용하여 고객이 상품을 직접 선택하고 결제하는 과정을 최소화하고 있다. 또한, 아마존 고에서는 자동으로 결제되는 시스템을 도입하여, 고객이 상품을 직접 선택하고 바로 나가도록 만들었다.

아마존은 물류 분야뿐 아니라 다른 분야에서도 로봇 기술을 활용하고 있다. 예를 들어, 아마존 웹 서비스(AWS)에서는 인공지능 기술과 로봇 기술을 활용하여, 자율주행 차량, 자율주행 드론 등 다양한 분야에서 서비스를 제공하고 있다.

저자가 물류 로봇의 감명을 받은 다른 기업은 영국의 오카도(Ocado) 회사다. 슈퍼마켓이지만 매장은 없이 온라인으로 주문을 받고 배송을 해준다. 빨리 상하는 아보카도(Avocado)라는 과일의 신선도를 지키면서 고객에게 빠르게 배송한다는 취지로 아보카도에서 오카도(Ocado)만 회사 이름으로 사용하고 있다.

오카도의 창고 시스템은 작은 크기의 로봇들이 창고 내부에서 자율적으로 이동하며 제품을 분류, 포장, 운송하는 과정을 수행한다. 로봇들은 각각 고유한 RFID 태그를 가지고 있으며, 이를 이용하여 위치 정보를 파악하고, 제품을 운반하며 다른 로봇들과 충돌하지 않도록 조정한다.

오카도의 창고 시스템은 인공지능 기술을 활용하여 제품 분류를 자동화하는데, 제품의 종류와 크기를 파악하여 적절한 곳에 저장하고, 고객 주문에 따라 필요한 제품을 빠르게 찾아 배송한다. 오카도의 창고 시스템은 이론적으로는 자동화된 창고 시스템을 구현하기 위해 필요한 모든 기술을 적용하고 있다. 오카도의 창고 시스템은 고객 주문에 따라 제품을 분류하고, 포장하고, 운반하는 모든 과정을 자동화하였으며, 인간 작업자의 개입이 필요한 경우에도 최소화할 수 있도록 구성되어 있다.

테슬라도 로봇 개발과 활용으로 최근 유명해졌다. 테슬라봇(Tesla Bot) 또는 옵티머스(Optimus)라고 불리는 인간형 로봇 개발에 나선 것이다. 테슬라는 2022년 9월 '2022 AI 데이2' 행사에서 개발 중인 휴머노이드 프로토타입 모델을 시연했다. 다소 불안한 이족 보행 로봇으로 실망스럽기까지 했지만, 생산현장에서 협동로봇으로 인간 같이 활동하는 자율주행도 가능하고 손가락의 움직임도 훌륭하다. 대량 생산을 염두에 둔 부품 설계와 액추에이터 기술을 보면 감탄할 정도 이기도 하고, 2만 달러에 출시 계획이라는 소식도 놀랐다.

테슬라의 AI 소프트웨어 기술은 더 대단하며, 테슬라 전기차의 자율주행 기술을 로봇에도 적용이 가능하고, 세계적인 AI 기술은 테슬라봇의 두뇌를 담당하게 될 것이다. 말하는 기술도 장착하여 챗GPT만큼 자연스런 대화도 가능해 질 것이다. 휴머노이드를 넘어 인조인간의 안드로이드까지 가능해 보이고 테슬라의 스페이스X에 실려 화성에서도 큰 역할을 수행할 듯 하다.

음성과 시각 기술 결합, 인공지능 로봇의 미래

최근 챗GPT 기반의 TTS[52]와 STT[53] 기술은 빠른 발전을 이루고 있다. 음성 생성이 인간과 구분하기 어려울 정도로 자연스러워지고 실시간으로 음성을 변환하는 STT 기술도 다양한 분야에서 활용되고 있다. 가정용 스마트 스피커나 스마트폰에서 이미 이러한 기술이 적용되어 있으며, 일부 로봇에서도 TTS와

52) TTS: Text-to-Speech

53) STT: Speech-to-Text

STT 기술이 사용되고 있다.

딥러닝과 같은 인공지능 기술의 발전에 따라 TTS와 STT 기술의 성능이 향상되고 있다. 이를 통해 로봇이나 기기와 인간이 자연스럽게 대화하는 것이 가능해질 것으로 예상된다.

컴퓨터 비전 기술과 OCR 기술은 로봇 분야에서 이미 활용되고 있다. 로봇이 주변 환경을 인식하고 판단하는 데 컴퓨터 비전 기술이 필수적이며, OCR 기술은 로봇이 글자나 숫자를 인식하여 읽을 수 있는 능력을 갖추게 한다.

높은 정확도와 인식 범위, 처리 속도를 갖춘 기술의 개발이 진행 중이다. 딥러닝과 같은 인공지능 기술을 활용하여 인식 정확도를 높이고 실시간 처리가 가능한 기술이 개발될 것이다. 환경 인식 기능도 발전하면서 로봇이 다양한 작업을 수행하고 인간과의 상호작용이 더욱 자연스러워질 것으로 예상된다.

TTS, STT, 컴퓨터 비전, OCR 기술의 발전으로 인공지능 로봇은 인간과의 상호작용에서 더욱 발전할 것이다. 이러한 기술들이 통합되어 챗GPT와 같은 인공지능 플랫폼에 적용되면, 머지않아 로봇이 인간처럼 대화하고 행동하는 것이 가능해질 것이다.

범용 휴머노이드 로봇 'AGI Tesla Bot'

지난 2022년 9월 30일, 미 캘리포니아 테슬라 사옥에서 'AI Day 2022'가 열렸다. 일론 머스크 테슬라 CEO가 직접 테슬라 로봇을 소개하였다. 2021년 대중에게 소개했던 모습과는

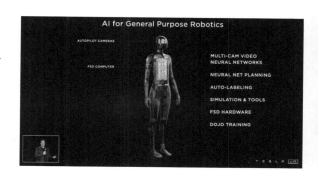

너무나 엉망인 상태의 로봇으로 제대로 걷지도 못하였다. 하지만 인간 수준의 AGI(범용AI)를 구현할 계획이라고 한다. 그것도 2만달러 이하로 대량생산할 계획까지 언급하였다.

　　Tesla Bot을 자세히 뜯어 보면, 짧은 시간 내 고민한 흔적이 많이 보인다. 대량 생산 제조라인과 물류의 휴먼 옆에서 바로 일을 할 수 있고 가격적으로 괜찮은 수준에 제법 사람 말귀를 알아 듣고 스스로 주행할 수 있는 로봇이 될 거라 한다.
　　가격적으로만 보면, 한국의 최저 임금이면 년간 1명의 노동력을 대체할 수 있는 비용이다. 그래서 무섭다. 24시간 365일 주인 말 잘 듣는 평생 직원이 생기는 데 1년치 최저 임금 비용 투자로 구매가 가능하다는 것이다.
　　더 두려운 것은 테슬라의 AI 학습 기술로 인간 수준까지의 기계 뇌를 장착한다는 것이다. 도조 슈퍼 컴퓨팅과 테슬라가 그동안 쌓아 온 초거대 AI 기술과 결합하여 범용AI를 개발하고 이를 테슬라 로봇에 장착할 것이며, 클라우드와 무선 소프트웨어 업데이트 기술인 OTA로 지구상의 모든 테슬라 로봇을 실시간으로 업그레이드 시킬 것이다.
　　일론 머스크는 2015년 오픈AI를 AI의 위협에 대응코자 설립하였는데, 그가 개발하는 제품과 기술로만 보면 가장 인간 세상을 위협하고 있다. 그는 계속 발전되는 AI 기술을 뉴럴링크에 심어 인간 뿐만 아니라 테슬라 로봇에도 그대로 적용할 것이다.

　　2022년 9월 30일의 AI Day로 다시 돌아가 보자. 테슬라는

2021년 AI 데이에 인간형(휴머노이드) 로봇인 '옵티머스'의 개념을 공개했고, 이날 실물 시제품을 공개하였다. 공개된 로봇은 모습은 엉성해도 인간의 관절과 손 모습을 비슷하게 적용하였다. 이날 로봇 시연은 1분 정도였지만, 이미 찍어 두었던 영상을 통해 로봇의 성능을 보여주었다.

영상에서 로봇은 상자를 옮겼고, 물뿌리개의 손잡이 부분을 잡고 식물에 물까지 주었다. 생산 공정에도 투입되어 부품을 손가락을 이용하여 집어 들고 옮기기도 하였다. 마치 생산 조립 직원이 동작하는 모습 그대로였다. 사람의 손의 자유도는 27 정도인데 테슬라 봇은 아직 11 정도이지만 역시 개선이 되리라 생각된다.

테슬라 봇 몸통에는 2.3kWh의 원통형의 배터리가 장착됐고, 와이파이·LTE 등 통신이 가능하며, 머리에는 테슬라의 통합칩(SoC)이 들어있고, 테슬라의 자율주행 운전보조 기능인 오토파일럿의 하드웨어와 소프트웨어가 로봇에도 적용됐다고 한다.

이날 테슬라는 옵티머스가 다른 로봇과 달리 테슬라의 첨단 AI(인공지능)를 도입해 인간의 명령을 듣고, 스스로 판단하고 행동할 수 있다는 점을 강조하였다. 머스크가 "기존에 나온 로봇들은 브레인이나 지능이 없다. 오늘 공개한 테슬라 봇은 다르다"라고 당시에 말한 걸 2023년 2월 챗GPT가 대중에게 서비스되어 경험을 한 후에 다시 들어보니 더욱 소름이 끼쳐 전율처럼 느껴진다.

보스턴 다이내믹스의 아틀라스 같은 기존 로봇들은 인간의 원격조종을 통해 움직이지만, 테슬라 로봇은 테슬라가 개발한

AI 반도체와 소프트웨어를 탑재하여 스스로 걷는 법을 학습하고, 장애물을 피해 가며 걸어 다닌다.

일론 머스크는 "로봇으로 풍요의 시대를 열겠다"고 선언하였다.

2005년 레이 커즈와일이 출간한 저서 '특이점이 온다(The Singularity is Near)'에서 '기술적 특이점' 즉, 싱귤래리티 도래를 주장하였고, 인간이 기계처럼, 기계가 인간처럼 활동하며, 대부분의 암이 정복되는 유토피아를 설파했다.

테슬라도 커즈와일과 비슷하게 자기가 만든 로봇으로 우리가 걱정하는 AI의 위협 없이 풍요의 시대가 온다는 것이다.

자신의 테슬라는 주식회사로 운영되고 있어 로봇과 AI가 이상한 방향으로 나가게 하지 않을 것이며, 주주들도 가만히 내버려 두지 않을 것이라고 하면서. 그의 뜻이 정말 선한 긍정에 있는 것인지, 아니면 사악한 인간의 탈을 쓰고 겉으로만 선하게 얘기하는 것인지, 아니면 자신은 좋은 의도로 개발하고 있으니 나중의 결과는 어떻게 되든 상관없다는 것인지는 머스크 외는 알 수가 없을 것이다. 하지만 전문가들은 테슬라 로봇이 범용 인공지능(AGI·Artificial General Intelligence)을 추구한다는 점에서 기존의 로봇과는 완전히 다르고 더 무섭게 다가온다고 걱정하고 있다.

제9장
TRANSFORMER

Time of Generative AI : 초거대 생성 AI의 시간 도래

Revival of Semiconductor : 고사양 반도체, 데이터센터 수요 증대

AI for Expert : B2B 전문가 GPT 등장

New War of Search Engine : 검색엔진 세계의 혈투 시작

Shrink in Human Thinking Skills : 인간 사고력 약화 및 일자리 축소

Forceful changes in Public Services : 공공서비스의 급격한 변화

Overwhelming Innovation of Big Tech Giants : 빅테크 기업의 생존기

Realization of Android Robot : 로봇과의 결합으로 안드로이드 현실화

Many Lawsuits against IP rights : 지적재산권, 개인정보 등 법적 논란 증대

Era of Cerebral Valley : 세레브럴 밸리의 시대, 신 비즈니스모델

Rebirth of the Device : 디바이스의 재탄생

Many Lawsuits against IP rights

(지적재산권, 개인정보 등 법적 논란 증대)

챗GPT 기술기반과 사회·경제에 미치는 영향, 그리고 우리가 고민해야 할 윤리·철학적 문제는 무엇인지 짚어본다. 챗GPT의 강력한 폭풍이 세상을 뒤흔들고 있다.

불과 6년 전에는 인공지능이 바둑 분야에서 인간을 정복하기 어려운 것으로 여겨졌지만, 이세돌 프로 바둑기사를 이긴 알파고의 충격적인 승리는 그 시대를 넘어선 파급력을 가졌다. 사람들과의 소통을 통해 스스로 학습하며 진화해온 인공지능은 현재 시대의 패러다임을 완전히 뒤바꿔 놓았다. 의료, 예술, 연구 등 다양한 분야에서 활용 가능한 기술의 길이 열리게 되면서 새로운 혁신이 일어날 수 있게 되었다.

하지만 패러다임의 변화는 적절한 대비가 필수적이다. 기술 발전은 인류에게 긍정적인 영향을 미치겠지만, 사회 전체가 이러한 충격적인 변화에 대처할 수 있는 능력이 필요하다. 따라서 지적재산권과 인공지능 활용에 대한 윤리적 문제를 적절하게 다루어야 할 시점에 이르렀다고 볼 수 있다.

챗GPT와 같은 기술의 기반과 그것이 사회 및 경제에 미치는 영향을 탐구함과 동시에, 우리는 다양한 윤리적, 철학적 문제를 고민해야 한다. 인공지능이 인간의 일자리를 대체할 경우 그로 인한 사회적 불평등이나 문제를 어떻게 해결할 것인지, 또한 개인의 프라이버시와 관련된 문제, 인공지능에 의한 차별 및 편견 문제 등 다양한 과제들을 깊이 있게 조사하고 고려해야 한다. 이러한 고민을 통해 인공지능 기술의 발전과 함께 지속 가능한 사회 발전을 추구할 수 있게 될 것이다.

표절과 지적재산권 침해

챗GPT가 생성한 콘텐츠가 지적재산권 침해 사례로 제기되는 경우가 있다. 예를 들어, 챗GPT를 사용해 만든 텍스트, 이미지, 음악, 영화 등이 기존 저작물과 유사하거나 도용한 것으로 보여지는 경우이다.

이러한 문제는 챗GPT가 인간의 언어와 문화를 학습하면서 생성된 컨텐츠가 기존의 저작물과 상당히 유사할 수 있다는 점에서 발생한 것이다.

챗GPT의 등장으로 미국 대학가에 비상이 걸렸다. 학생들이 에세이 과제에 챗GPT를 이용한 것이다. 미국 노던미시간대 철학과에서는 학생이 쓴 우수한 에세이가 챗GPT를 활용한 결과인 게 발각되었다. 해당 교수는 앞으로 학생들이 인터넷 사용이 제한된 강의실에서 에세이를 작성하도록 하겠다고 한다.

챗GPT는 에세이나 보고서 뿐만 아니라 소설이나 시 같은 순수 창작물도 만들어 내고 있다. 이런 표절은 단순히 양심의 문제를 넘어 챗GPT가 애초에 학습하는 데이터의 지적재산권 침해에 대한 문제를 포함하고 있다. 챗GPT가 학습한 데이터 또한 누군가가 만들어 낸 지식과 정보이기 때문이다.

미국 IT 전문 매체 '더 버지'(The Verge)에 따르면 최근 마이크로소프트와 자회사 '깃허브'(GitHub), 오픈AI는 IP 침해 소송을 기각해 달라는 의견서를 법원에 제출했다고 한다. 또한 세계 최대 이미지 플랫폼 게티이미지는 이미지 생성 AI 회사인 스테빌리티AI를 상대로 IP 침해 소송을 제기했다.

앞으로도 AI 저작권에 대한 인정 논쟁이 거세질 것이다. 만약 인정해 준다면 AI 자체를 법인체로 인정할 것인지, AI 개발자에게 저작권을 줄 것인지도 따져 봐야 한다.

국내 저작권법 제136조 제1항은 '다른 사람의 생각 또는 감정을 표현한 소설, 시, 논문, 강연, 사진, 비디오 등을 원작자의 허락 없이 무단으로 베끼거나 남에게 보여주는 행위를 처벌한다'고 밝히고 있다.

여기서 발생하는 문제는 저작권 침해 여부를 판단하려면 우선 챗GPT가 저작자로 인정받을 수 있는지 여부를 따져 봐야 한다. 저작권법상 '저작자'는 '저작물을 창작한 자'인데, 전 세계적으로 저작자는 오직 자연인 사람만 인정하고 있다. 우리 저작권법 제2조 제1호도 '저작물'은 "인간의 사상 또는 감정"을 표현한 창작물을 말한다고 정의해 두고 있다.

미국에서도 2022년 2월 미국 저작권청(US Copyright Office)은 AI가 독자적으로 그린 미술 작품 '파라다이스로 가는 입구'의 저작물 인정 소송에서 '인간'의 창작물이어야 한다는 요건을 충족하지 못하기 때문에 저작물로 등록할 수 없다는 결정을 내리기도 했다.

인간 중심의 저작물 정의 규정을 개정해 AI 자체에 저작권을 부여한다고 하더라도 문제는 거기서 끝나지 않는다. 우리 저작권법은 저작권 침해에 따른 형사책임도 규정하고 있는데 AI가 저작권을 가지려면 로봇이 형사상 권리와 의무의 주체가 될 수 있는지에 대한 사회적 합의와 법 개정이 뒤따라야 한다. 민·형사상 법 체계를 뜯어고치는 것은 물론 AI의 법적 신분이나 권한을 새로 정립하는 큰 사회적 결론이 필요하다.

앞으로 AI의 창작물에 대한 저작권 인정 문제는 첨예한 쟁점이 계속될 전망이다. 이러한 문제는 심각한 문제로 여겨질 수 있다. 만약 챗GPT를 사용하여 생성된 콘텐츠가 기존 저작물과 너무 유사한 경우, 기존 저작자의 권리를 침해할 수 있기 때문이다. 또한, 챗GPT를 사용하여 생성된 콘텐츠를 무단으로 상업적으로 이용하는 것은 불법적인 행위가 될 수 있다.

챗GPT로 생성되는 오답과 표절물의 범람

챗GPT, 뉴빙(New Bing), 바드(Bard) 등 생성형 AI는 등장 초기부터 오답 문제가 제기되었다. 개발자들이 주로 질문하고 대답하는 사이트인 스택오버플로(StackOverflow)는 이용자가 챗GPT를 통해 만든 대답을 업로드하는 것을 일시적으로 금지한다고 했다. 이유는 챗GPT가 내놓는 답변이 오답이 많음에도 그럴싸하게 사실인 것처럼 만들어 낸다는 것이었다.

메타의 수석 AI 과학자이자 AI 4대천왕의 한 사람인 얀 르쿤 뉴욕대 교수는 이를 두고 "언어 능력과 생각하는 것은 다르다"라고 표현했다. 챗GPT 같은 대규모 언어모델은 언어를 피상적으로 학습해 질문에 정답일 것 같은 답변을 도출할 수는 있지만, 답변 자체의 진위 여부를 정확하게 판독하고 있지는 않다는 것이다.

또다른 문제로 표절이 있다. 챗GPT의 등장으로 가장 큰 충격을 받은 곳 중에 하나가 교육계다. 짧은 시간에 글을 작성하거나 문제풀이를 하는 챗GPT의 등장으로 인해, 학생이 스스로 과제를 해결하지 않고 챗GPT에 맡겨 결과물을 받아내고 그대로 복제하여 보고서를 만들어 제출할 수 있다는 우려가 나온다.

챗GPT 등장 직후부터 미국에선 다수의 학생들이 이를 과제에 활용했다. 또, 챗GPT는 미국의 의사 면허 시험(United States Medical Licensing Exam, 'USMLE'), 미네소타대 로스쿨과 펜실베이니아대 워튼 경영대학원 석사과정(MBA)의 기말 시험에서 합격점 이상을 받기도 했다.

일부 학교에서는 챗GPT 활용을 제한하기 시작했다. 뉴욕시 교육청은 뉴욕시 학생과 교사에게 일방적으로 챗GPT에 대한 접근을 차단하는 조치를 취했다. 뉴욕시는 이 조치에 대해 학생 학습에 악영향을 미치고 콘텐츠 안전성과 정확성에 대한 우려를 이유로 한 것이다.

챗GPT는 질문에 빠르고 간결한 답변을 제공할 수 있지만 학업과 평생 성공에 필수적인 비판적 사고나 문제 해결 기술을 구축할 수 없다는 설명이다.

프랑스 명문대인 파리정치대학도 챗GPT나 비슷한 AI 도구의 사용을 전면 금지했다. 인도 벵갈루루의 RV대학도 학생들의 챗GPT 사용을 금지했고, 호주 내 대학들도 AI 도구 사용 근절을 위해 시험 형식을 변경할 계획으로 알려졌다.

세계적인 학술지들은 도구로서의 챗GPT 가치를 인정하지만 논문 저자 자격을 인정하기 어렵다는 입장이다.

국제학술지 네이처 등 약 3000개의 학술지를 발간하는 '스프링거네이처'는 2023년 1월 사설을 통해 "네이처는 대규모 언어 모델을 연구 논문의 저자로 인정하지 않을 것"이라며 "만약 (저자로서가 아니라) 인공지능(AI) 연구에 대형 언어 모델(LLM)을 사용한 경우에도 저자는 이를 반드시 표기해야 한다"고 밝혔다.

생명과학 및 의학 분야에 저명한 학술지인 셀과 랜싯을 출판하는 엘스피어 그룹도 같은 의견을 냈다.

앤드루 데이비스 엘스비어 부사장은 가이드라인을 제시하며 "연구 논문의 가독성과 언어를 개선하기 위해 AI 도구를 사용할 수 있지만 데이터 해석이나 과학적 결론 도출 같이 저자가 수행해야 하는 주요 작업을 대체해서는 안 된다"고 말했다.

학교가 표절을 검증하기 위해 표절검사기를 사용하는 것처럼 글이 AI로 작성됐는지 따져보는 챗GPT 검사기도 나왔다.

미국 프린스턴대 애드워드 티안 대학생은 2023년 1월 초 'GPT제로' 앱을 웹사이트에 공개했다. GPT제로는 에세이가 AI에 의해 작성됐는지 여부를 측정할 수 있다.

이 앱은 글 안에 있는 특정 문장, 단어, 문맥 빈도 수치를 자동으로 계산한다. 이를 챗GPT 언어 데이터와 비교한다. 사용자는 텍스트를 파일 형태로 만들어 웹사이트에 업로드하면 표절률을 검사할 수 있다.

AI 글 선별기술을 상업화한 스타트업도 있다. 오리지널리티

AI는 GPT로 쓴 텍스트를 탐지하는 서비스를 공급하고 있다.

이는 챗GPT에 탑재된 GPT-3.5 버전을 비롯해 GPT-3, GPT-2로 만든 글을 거른다. 오리지널리티AI는 현재 해당 서비스를 유료로 제공한다. 가격은 20달러다. 사용자는 20달러로 표절률을 2천번 측정할 수 있다. 챗GPT를 만든 오픈AI 역시 챗GPT 등 AI로 쓴 텍스트를 자동으로 알아차릴 수 있는 앱을 공개했다.

세계 규제를 선도하는 유럽연합(EU)의 행정부 격인 집행위원회는 2021년에 '인공지능(AI)법' 초안을 만들었다. 이 법안은 EU의 다른 운영 주체인 EU 이사회(정상회의)와 유럽의회의 검토를 받고 있으며 이르면 2023년 중 입법될 것으로 보인다.

AI를 대상으로 한 규제 자체가 없었던 것은 아니다. 가령 EU의 일반개인정보보호법(General Data Protection Regulation, GDPR)은 AI를 기반으로 자동화한 의사결정 시스템을 감독할 수 있는 대상으로 삼고 있다. AI법 초안은 이를 넘어서 챗GPT 같은 일반적 상황에서 사용될 수 있는 AI조차 개발사가 투명성과 책임성 등 법적 의무를 부과하는 내용을 담았다.

EU의 AI법이 개발사에 투명성과 책임성을 요구하는 것은, AI가 오류를 범하거나 한쪽으로 쏠린 결과를 내놓아 실제로 피해 보는 사람이 생기면 개발자 쪽에 그 책임을 묻기 위함이다.

실제 AI 개발을 주도하는 빅테크 기업이 많은 미국은 아직까지 입법보다는 구속력 없는 민간과 공공의 자발적 협의를 중심으로 움직이고 있다.

미국 상무부 산하 국립표준기술연구소(NIST)가 2023년 1월 23일 'AI 위험관리 프레임워크 1.0(AI Risk Management Framework 1.0, AI RMF 1.0)'를 발표한 것도 같은 맥락이다.

다양한 분야에서 인공지능이 활용되고 자칫 챗GPT와 같은 생성 AI 이용에 따른 편향된 결과물이 증폭되어 확산된다면 사회적으로 심각한 영향을 미칠 수 있다. 미국의 NIST도 이를 최소화시키려면 편향된 데이터와 인간과 시스템의 편견도 해결해야 한다고 본 것이다. AI RMF는 프레임워크를 개발하기 위해 NIST는 美 의회와 민간 및 공공과의 긴밀한 협력을 통해 제작되었다.

인공지능 기술이 계속 발전함에 따라 AI 환경에 적응하고 다양한 수준과 역량을 가진 조직에서 AI 기술의 잠재적 피해로부터 보호받을 수 있도록 하기 위한 것을 목표로 하며, 기업이 AI 제품, 서비스 및 시스템의 설계/개발/사용/평가에 신뢰성을 통합하는 능력을 높이는 데 목적이 있다.

NIST는 프레임워크와 관련된 이해관계자를 AI 시스템 이해관계자, 운영자 및 평가자, 외부 이해관계자, 일반 등 4가지 그룹으로 분류했다. AI 시스템과 관련된 위험을 식별하고 관리하기 위한 포괄적인 접근 방식으로 고려해야 하는 특성은 '기술적 특성', '사회 기술적 특성', '지도 원칙' 3가지로 분류했다.

'기술적 특성'은 AI 시스템 설계자와 개발자가 직접 통제하는 요소를 말하며, 정확성/신뢰성/탄력성과 같은 표준 평가 기준으로 측정할 수 있다.

'사회 기술적 특성'은 설명 가능성(explainability), 개인정보보호, 안전, 관리 편향처럼 개인과 집단, 사회적 맥락에서 AI 시스템이 어떻게 사용되고 인식되는지를 의미한다.

'지도 원칙'은 공정성, 책임성, 투명성과 같은 사회적 우선순위를 나타내는 광범위한 사회 규범과 가치를 가르친다.

금번에 발표된 AI RMF는 두 부분으로 구성됐다. 첫 번째 파트에서는 조직이 AI와 관련된 위험을 어떻게 프레임화할 수 있는지 논의하고 신뢰할 수 있는 AI 시스템의 특성을 개략적으로 설명한다.

프레임워크의 핵심인 두 번째 부분은 조직이 실제로 AI 시스템의 위험을 해결하는 데 도움이 되는 네 가지 특정 기능인 '거버넌스(Govern)', '맵핑(Map)', '측정(Measure)' 및 '관리(Manage)'를 나눠 설명한다. 이러한 기능은 컨텍스트별 사용 사례와 AI 수명 주기의 모든 단계에 적용할 수 있다.

생성 AI는 소셜 미디어에서 개인정보보호가 가능할까?

생성 AI는 기술 발전의 가장 큰 도약 중 하나로 간주되지만, 많은 소비자들이 이 기술에 대한 우려를 표현하고 있다.

빅 빌리지(Big Village)의 연구 결과에 따르면, 소비자의 76%가 생성 AI로 생성된 이미지가 남용될 수 있다고 생각하고 있으며, 19%는 이러한 남용이 매우 심각한 문제가 될 수 있다고 걱정한다.

이러한 이유로 인해 소셜 미디어 광고에서 생성 AI를 사용하는 것이 반드시 효과적이지 않을 수 있다는 사실을 인식해야 한다.

소비자의 66%가 생성 AI 사용이 개인정보보호에 어떠한 영향을 미칠지 걱정하고 있으며, 60%는 소셜 미디어 상황에서 이 기술이 어떻게 작용하는지에 대해 확신이 없다.

그러나 조사에 참여한 소비자의 48%는 이미 소셜 미디어에서 생성를 경험했다고 언급한다. 이들 중 48%는 AI로 생성된 얼굴을 소셜 미디어 광고에 사용하는 것을 원하지 않으며, 심지어 포토샵 이미지까지 금지해야 한다고 주장한다.

가짜 얼굴은 제품을 부당하게 묘사할 수 있어 해로울 수 있다. 이 때문에 소비자의 25%만이 소셜 미디어 광고에서 포토샵과 AI 생성 얼굴을 모두 받아들일 수 있다고 말한다. 15%는 제너레이티브AI는 괜찮다고 생각하지만 포토샵은 그렇지 않다고 답했고, 13%는 포토샵 이미지는 허용되지만 AI 생성 이미지는 받아들이지 않겠다고 밝혔다.

이는 급속하게 성장하는 AI 산업이 극복해야 할 큰 도전이 될 것이다. 마케터들은 이 기술을 소셜 마케팅에 활용하려 했지만, 이러한 연구 결과는 그것이 반드시 좋은 아이디어가 아닐 수도 있음을 보여준다.

AI 산업은 소비자의 우려와 개인정보보호 문제를 해결하려면 몇 가지 핵심 전략을 개발해야 할 것이다. 이러한 전략은 사용자 데이터의 보안 및 익명화, 생성된 이미지의 윤리적 사용 가이드 라인 수립, 그리고 AI의 결정 과정에 대한 투명성 및 책임을 포함할 수 있다.

소비자들은 특히 개인 정보 보호를 중요시하고 있기 때문에, 기업들은 소비자의 신뢰를 얻기 위해 이러한 문제를 심도 있게 탐구해야 한다. 소비자들이 생성 AI 기술을 사용하는 데 더 안심할 수 있도록 하는 것이 AI 산업의 지속 가능한 성장을 위해 필수적이다.

잘못된 허위 정보 침해

챗GPT와 같은 자연어 처리 기술은 인공지능 기술 중 가장 발전한 분야 중 하나이지만, 이러한 기술을 오용하거나 악용하는 경우 문제가 발생할 수 있다. 허위정보가 범람하게 되는 것도 이러한 문제 중 하나이다.

챗GPT와 같은 자연어 처리 기술이 발전하면서 더욱 다양한 분야에서 허위정보가 유포되는 문제가 발생하고 있다. 예를 들어, 인터넷 상에서 챗GPT를 사용하여 작성된 가짜 뉴스나 정보가 쉽게 공유되고, 사람들은 이를 진실로 받아들이는 경우가 있다. 이러한 문제는 언론의 신뢰성을 해치고, 개인 또는 단체의 권리나 명예를 침해할 수 있다.

이러한 문제를 예방하고 해결하기 위해서는, 챗GPT와 같은 자연어 처리 기술을 개발하는 기업들이 자체적으로 문제를 해결하는 것이 중요하다. 예를 들어, 오픈AI는 챗GPT를 공개적으로 배포하기 전에 내부적으로 검증하는 과정을 거쳤으며, 허위정보를 생성하는 것을 방지하기 위한 기술적인 대책을 마련하고 있다. 또한, 이러한 기술을 사용하는 사용자들은 항상 검중된 정보를 참고하고, 믿을 수 있는 출처에서 제공되는 정보를 사용하는 것이 중요하다. 또한, 이러한 문제를 예방하기 위해, 뉴스나 정보의 출처를 확인하고, 진실과 거짓을 구분하는 능력을 기르는 교육이 필요하다.

챗GPT같은 '생성형 AI' 관련 저작권 분쟁 서막

생성형 AI는 글이나 이미지, 음성 같은 기존 데이터를 활용해 비슷한 콘텐츠를 만들어내는 AI를 말한다. 생성한 AI가 학습한 데이터에 대한 도용 문제, 생성된 콘텐츠에 대한 저작권 인정 여부 등이 분쟁의 핵심이다.

2022년 11월 챗GPT가 세상에 나온 이후, 많은 인기를 얻고 있지만, 이슈와 논란도 많은 게 사실이다. 그중 하나가 챗GPT와 같은 생성형 AI가 만든 콘텐츠에 대한 저작권 소송 이슈이다.

챗GPT로 작성되는 글이나 이미지 생성 AI가 만들어내는 이미지는 인터넷 상의 엄청난 데이터를 학습한 결과로 자동 생성된다고 알려져 있을 뿐, 구체적으로 어떠한 내용에 근거하여 도출된 것인지 알 수 없고 생성된 내용에는 출처 표기가 없다는 것으로 원저작권자에 대한 권리 침해 논란이 많아 소송도 제기되고 있다.

2022년 11월, 컴퓨터 프로그래머인 매슈 버터릭 변호사 등이 AI 프로그래밍 도구인 '코파일럿(Copilot)' 제작 또는 운영에 참여한 회사들을 상대로 집단 소송을 제기했다.

코파일럿은 오픈AI의 기술을 기반으로 깃허브(GitHub)가 개발한 유료 코드 생성 서비스다. 프로그래밍 코드의 일부를 입력하면 자동 문자 생성 기능처럼 나머지 코드를 생성해 주거나 코드의 개념을 설명하는 글을 입력해도 코드를 자동 생성해 준다.

이 코파일럿 개발 과정에서 깃허브가 공개 저장소에 축적된 수억 줄의 오픈소스 코드를 가져다 훈련용으로 쓰고도 출처를 밝히지 않아 소프트웨어 불법 복제 행위를 저질렀다며 집단소송을 제기했다.

소송당한 업체 가운데는 코딩 오픈소스(무상공개) 플랫폼 '깃허브'와 깃허브를 인수한 마이크로소프트(MS), 그리고 MS의 투자를 받은 '오픈AI' 등이 포함돼 있다.

오픈AI가 소송 당한 업체에 포함된 이유는 오픈AI가 개발한 코드 생성 모델 때문이다. 오픈AI의 GPT-3 모델에 기반하여 프로그래밍 언어, 즉 소스 코드에 특화된 코덱스(Codex) 모델도 개발하였는데, 그 코덱스 모델의 학습을 위하여 깃허브의 공개 소스 코드 저장소(Repository)의 방대한 데이터를 이용했다.

깃허브 저장소는 오픈소스 소프트웨어 생태계에서 소스 코드가 공유되는 대표적인 곳이므로, 코파일럿의 코덱스 모델은 누구나 쉽게 접근할 수 있는 전세계의 오픈소스 소프트웨어를 거의 모두 학습했다고 볼 수 있다.

오픈소스 소프트웨어 생태계에서는 타인이 공개한 소스 코드를 이용하여 자신의 소프트웨어를 완성하는 경우 오픈소스 라이선스 컴플라이언스[54]를 준수하여야 한다. 자신의 소프트웨어 배포 시에 자신이 이용한 타인의 오픈소스 소프트웨어 저

54) 컴플라이언스:개인정보취급방침을 규정한 법률이나 제도를 어기지 않았는지 검토, 평가하여 리스크를 없애거나 예방하는 방안을 수립하거나 실행하는 것을 뜻한다.

작권 표시를 유지하거나, 해당 오픈소스 소프트웨어의 라이선스를 고지할 의무가 있다.

이번 소송을 낸 사람들은 '깃허브'에 올린 코드를 이들 업체가 무상으로 가져가 AI를 학습시키는 데 사용했다고 주장하고 있다.

2023년 1월, 사라 안데르센(Sarah Andersen), 켈리 맥커넌(Kelly McKernan), 칼라 오티즈(Karla Ortiz) 등 그림 작가 3명은 영국의 AI 스타트업 '스테빌리티 AI(Stability AI)', Midjourney, DeviantArt 등 이미지 생성 AI 업체들을 상대로 소송을 제기했다.

스테빌리티 AI는 특정 문장만 입력하면 이와 관련된 이미지를 만들어내는 '스테이블 디퓨전(Stable Diffusion)'이라는 AI 모델을 개발한 업체다.

이들 업체가 원작자 동의 없이 온라인에서 약 50억개 이미지를 수집해 '스테이블 디퓨전' 모델에 학습시켰고, 이로 인해 예술가 수백만 명의 권리가 침해당했다는 게 소송을 제기한 이유다.

이미지 판매 사이트인 게티이미지도 지난 2월 인기 있는 AI 예술 도구인 스테이블 디퓨전의 제작자인 스테빌리티 AI(Stability AI)를 상대로 최대 1조 8,000억 달러에 달하는 손해배상 청구소송을 미국 델라웨어 지방법원에 제기했다.

게티이미지가 30여 년 동안 쌓아온 이미지 1,200만개 이상을 무단으로 사용했다는 이유다.

게티 이미지의 CEO인 그레이그 피터스(Craig Peters)는 스테빌리티 AI가 다른 사람의 지적 재산을 사용하여 자신들의 재정적 이익을 위한 상업적 제안을 구축하고 있다고 비난했다.

텍스트를 입력하면 이미지를 생성해 주는(Text-to-Image) 서비스로 유명한 업체는 영국의 스테빌리티 AI와 미국의 미드저니(Midjourney)사가 있다.

스테빌리티 AI는 주어진 텍스트 입력을 기반으로 이미지를 생성하는 개방형 AI 도구를 설계하고 구현하는 AI 기반 시각예술 스타트업이다. 2019년에 설립되었으며 본사는 영국 런던에 있다.

실제로 스테빌리티 AI가 제공하는 스테이블 디퓨전 모델을 체험할 수 있는 드림스튜디오(DreamStudio) 온라인 사이트를 방문해 보았다.

드림스튜디오 오픈 베타에 오신 것을 환영합니다!

DreamStudio는 최신 버전의 Stable Diffusion 이미지 생성 모델을 사용하여 이미지를 생성하기 위한 사용하기 쉬운 인터페이스입니다. Stable Diffusion은 단어와 이미지 사이의 관계를 이해하는 텍스트에서 이미지를 생성하기 위한 빠르고 효율적인 모델입니다. 상상할 수 있는 모든 것의 고품질 이미지를 몇 초 안에 만들 수 있습니다. 텍스트 프롬프트를 입력하고 Dream을 누르기만 하면 됩니다.

아래는 저자가 직접 제작한 이미지들이다. 위쪽은 책 표지로 생각하고 제작했던 AI 이미지이고, 아래쪽은 20년 후의 일론 머스크 모습이다.

한편, 인공지능(AI)을 완성해가는 데는 알고리즘뿐만 아니라 훈련용 데이터 세트도 중요하다. 데이터 세트의 상태에 따라 AI의 정확도가 크게 좌우되기 때문이다. 이미지 생성 AI '스테이블 디퓨전'의 밑거름이 된 데이터 세트는 'LAION-5B'로 알려져 있다.

독일의 비영리 단체인 LAION[55]은 2022년 3월, 초거대 데이터 세트인 LAION-5B를 공개했다. 이미지 생성 AI 스테이블 디퓨전에 사용된 이 데이터 세트는 50억 개가 넘는 이미지와 텍스트 조합으로 구성되어 있다.

데이터 세트는 다양한 언어로 된 텍스트와 이미지 쌍을 포함하며, 인터넷 상의 데이터를 제공하는 커먼 크롤의 파일을 해석하여 CLIP를 이용해 유사성이 높은 이미지와 텍스트 쌍을 추출했다. 불필요한 데이터와 불법 콘텐츠를 제거해 최종적으로 58억 5,000만 개의 샘플로 구성되었다.

데이터 세트 사용을 용이하게 하기 위해, 다운로드용 라이브러리, 웹 인터페이스, 검색 도구 등이 제공되며, 부적절한 데이터와 워터마크가 있는 이미지를 제외하는 태그도 설치되어 있다.

LAION-5B 데이터 세트는 이미지 생성 AI 스테이블 디퓨전의 개발에 큰 기여를 했지만, 의료용 이미지가 포함돼 있다는

55) LAION(Large-scale Artificial Intelligence Open Network): 독일의 비영리 단체.

문제도 제기되고 있다. 또한, 데이터 세트에 사용된 작품을 확인할 수 있는 도구인 'Have I Been Trained?'도 등장했다.

이번 소송들은 근본적으로 생성형 AI가 학습에 활용하는 데이터에 대해 저작권을 다투는 것이어서 주목받고 있다. 법원이 원고들의 손을 들어준다면 앞으로 생성형 AI의 다양한 활용에 족쇄가 달릴 것이고, 그 반대라면 날개를 달게 될 것이다.

각 국가의 법원 결정에 대한 전망

생성형 AI의 학습에 사용된 데이터의 저작권 침해 소송이 받아들여질지는 불투명하다. 미국의 경우 제3자의 저작물 활용에 다소 관대한 편이기 때문이다.

미국은 '공정 사용' 원칙을 적용해 변형이나 표현의 자유 등을 위해서는 저작권이 있는 자료라도 사용할 수 있도록 어느 정도 허용하고 있다. 과거 구글이 도서 검색엔진 구축을 위해 작가의 허락 없이 수백만 권의 도서를 스캔했을 때도 법원은 저작권 위반이 아니라는 판결을 내린 바 있다. 이로 인해 대다수의 법률 전문가들은 AI가 만들어내는 작품이 훈련한 이미지와 정확히 같지가 않기 때문에 이번 소송을 낸 사람들의 주장은 법원에서 받아들여지기 어려울 것으로 전망한다.

반면 유럽은 상대적으로 미국보다 승소할 가능성이 높다는 평이다. 독일이나 영국은 작품을 인용하거나 다른 사람과 비슷한 스타일로 초상화를 그리는 것은 허용하지만, 저작권자의 허가 없이 AI 모델을 훈련하기 위해 예술적 이미지를 이용하는 것은 허용되지 않는다고 한다.

국내에서는 아직 AI 저작권 관련 소송이 제기된 적이 없지만, 유럽과 비슷하게 저작권자에게 승산이 많다는 게 전문가들의 예견이다.

한국에서는 오히려 인간 저작권자를 보호하는 정도가 점점 높아지고 있어 저작권자가 AI가 자신의 작품을 무단 사용했다고 소송을 낼 경우 한국 법원에서 저작권 침해를 인정할 가능성이 높다고 보고 있다.

한국 정부도 생성형 AI 저작권 이슈 관련 제도 개선에 나서기로 한다.

2023년 2월, 문화체육관광부와 한국저작권위원회가 '인공지능-저작권법 제도개선 워킹그룹'을 구성했다. 학계와 법조계, AI 산업계, 창작자 등 현장 전문가와 이해관계자가 참여하고 9월까지 8개월간 운영할 예정이다.

AI 학습을 위해 인간의 저작물을 저작권자 허락 없이 활용하는 게 타당한지, AI가 산출해낸 글과 그림·음악 등을 저작물로 보호해야 하는지, 만약 AI 산출물을 보호한다면 누구에게 권리를 부여할 것인지 등이 주요 쟁점이다.

워킹그룹은 생성형 AI 학습데이터에 사용되는 저작물의 원활한 이용 방안, AI 산출물 법적지위 문제와 저작권 제도에서 인정 여부, AI 기술 활용 시 발생하는 저작권 침해와 책임 규정 방안 등을 논의한다.

그리고, 현행 저작권법 내에서 활용될 수 있는 '저작권 관점에서 AI 산출물 활용 가이드(가칭)'를 마련하는 등 신산업으로서 AI 발전을 지원한다. 또 인간 창작자 권리를 공정하게 보장하도록 다양한 협의점을 찾을 계획이다.

생성형 AI 모델이 만들어낸 콘텐츠의 저작권에 대한 사회적 합의가 이뤄지고 그에 맞는 규범이 갖추어지기 전까지는 이번과 같은 소송 논란이 지속될 전망이다.

생성형 AI로 만든 콘텐츠의 저작권 인정 여부

2023년 2월, 미국 저작권청(US Copyright Office)은 생성형 AI의 일종인 '미드저니(Midjourney)'로 이미지를 만든 작가에게 이미지의 저작권을 줄 수 없다고 밝혔다.

작가는 '새벽의 자리아'[56]라는 인터넷 만화를 쓴 크리스티나 카슈타노바(Kristina Kashtanova)이며, 저작권청은 그가 직접 쓴 글은 저작권을 인정하고, 미드저니로 만든 이미지에 대해서는 저작권을 인정하지 않았다.

56) '새벽의 자리아(Zarya of the Dawn): 모종의 이유로 지구상의 모든 인류가 사라져 주인공도 지구가 아닌 새로운 곳으로 이동한다는 내용의 생성형 AI로 만든 인터넷 연재만화.

미드저니는 사용자가 입력한 텍스트 기반으로 이미지를 생성해 주며, 2022년 미국 AI 스타트업 미드저니가 출시한 이미지 생성형 AI 모델이다.

챗GPT가 글과 문장 생성 AI라면, 미드저니는 오픈AI의 DALL-E 2, Stability AI사의 Stable Diffusion 모델과 같은 이미지 생성 AI이다.

미드저니 서비스는 프롬프트(Prompt) 창에 원하는 이미지에 대한 단어를 치면, 60초 내에 입력한 단어에 맞는 4개의 이미지를 인공지능이 만들어 주는 서비스로 무료이나 일정 질문 이상은 유료로 서비스 되고 있다.

생성되는 이미지는 랜덤으로 나오는 만큼 원하는 이미지를 얻기 위해서는 다양한 키워드를 입력해가며 결과를 확인해야 한다. 그리고 키워드는 가급적 구체적으로 입력해야 원하는 이미지를 얻을 수 있다.

특정 캐릭터가 나오는 이미지 삽화를 만들기 위해서는 미드저니가 키워드를 통해 다른 캐릭터와 구분되는 특정 캐릭터를 인식할 수 있어야 하고, 이를 위해 유명인을 이용하는 경우가 많다.

카슈타노바는 미드저니를 사용했다고 하더라도 이미지 또한 작가의 창작물이라고 주장하였지만, 저작권청은 소설 속 글만 저작권으로 인정하고, 이미지는 인간이 만든 것이 아니라서 저작권을 인정해 줄 수 없다고 서한에 거절 사유도 자세히 알려주었다. 다만 작가가 이미지 생성 AI를 사용했다 하더라도 만화 내에서 글과 이미지를 배치하는 방식에 대해서는 저작권을 인정할 수 있다고 밝혔다.

이번 결정은 미국 법원이나 기관이 AI로 만든 저작물에 대한 저작권 보호 범위를 판단한 첫 결정으로 알려졌다.

미국 저작권법에 따르면, 저작물은 인간의 사상과 감정이 표현된 창작물로 보고 있으며, 제306조에 인간 저작자 요건(human authorship requirement)을 규정하고 있다. 이번 저작권청의 결정은 사람이 만든 요소가 없는 AI 생성 이미지는 현재 미국에서 저작권을 보호받을 수 없음을 의미하며, 앞으로 법정에서도 이에 대한 이의를 제기하거나 법이 개정되거나 재검토되지 않는 한 그대로 유지될 가능성이 높은 상황이다.

국내도 저작권법 제2조 제1호에서 저작물을 정의하고 있는데, 저작물은 인간의 사상 또는 감정을 표현한 창작물을 의미한다. 저작권은 저작물에 대한 권리를 뜻하는 것이기에 저작권이 인정되기 위해서는 저작물의 주체는 인간이 되어야 한다. 개나 고양이가 그린 그림이나, 인공지능이 그린 그림은 사람이 그린 것이 아니기 때문에 저작권을 인정하지 않고 있다.

참고로, GPT-3, DALLE-2, 스테이블 디퓨전 등으로 생성한 콘텐츠는 누가 저작권을 가지고 있나요?라고 챗GPT에게 물어봤다. 그의 답변은 다음과 같았다.

"스테이블 디퓨전은 자연어 생성 모델로, 주어진 문맥이나 단어를 기반으로 텍스트를 생성할 수 있다. 이 모델로 생성된 콘텐츠는 사용자가 생성한 것이지만, 모델이 동작하는 데 필요한 기술, 코드, 매개변수 등은 스테빌리티 AI가 소유하고 있다. GPT-3나 DALL-E 2와 마찬가지로, 스테이블 디퓨전을 사용해 생성된 콘텐츠는 다른 사람들의 지적 재산권을 침해할 가능성이 있다. 사용자는 해당 모델을 사용해 생성한 콘텐츠를 사용하거나 배포하기 전에 필요한 권리와 허가를 보유하고 있는지 확인하는 것이 중요하다."

위 답변에서 알 수 있듯이 생성형 AI로 만들어진 콘텐츠는 사용자가 저작권을 가질 수는 있지만, 생성형 AI가 그 소유권을 가지지는 못한다. 실제로 유럽 및 미국 법률에 따라 AI는 저자로 인정되지 않는다. 하지만 AI를 이용해 생성된 콘텐츠는 그 사용자가 저작권을 주장할 수 있지만, 학습 과정에서 기존 원작자들의 데이터 사용에 따른 법적 논란이 진행 중이라 섣불리 저작권의 소유를 판정하기는 어려운 시점이다. 이 주제와 관련하여 AI로 생성된 저작물의 소유권 및 저작자 문제는 아직 법으로 완전히 해결되지 않았으며 규제 변화 및 사례에 따라 향후 몇 년 동안 "뜨거운 주제"가 될 것이다.

그리고, 챗GPT를 사용해 만들어진 콘텐츠의 저작권에 대한 오픈AI의 사용 약관에 보면 "오픈AI는 사용자가 생성한 콘텐츠의 소유권을 사용자가 보유한다는 것을 인정합니다. 이에 따라 사용자는 오픈AI에게 전 세계적인, 비독점적이며 이전 가능한, 하위 라이선스가 가능하며 로열티 없이 영구적이며 철회 불가능한 권리와 라이선스를 부여합니다. 이 권리와 라이선스에 따라 오픈AI는 해당 콘텐츠를 사용, 복사, 수정, 파생작품을 만들고, 배포, 공개적으로 전시, 공개적으로 수행하며, 기타 방법으로 이를 활용할 수 있습니다. 이러한 권리와 라이선스는 현재 알려진 모든 형식과 배포 채널뿐만 아니라 미래에 개발될 수 있는 형식과 배포 채널(서비스 및 오픈AI의 비즈니스와 제3자 사이트 및 서비스를 포함)에 대해서도 적용됩니다. 더 이상 별도의 통지나 사용자의 동의가 필요하지 않으며, 오픈AI는 사용자나 다른 개인 또는 단체에 대한 지불 요구 없이 이러한 권리와 라이선스를 행사할 수 있습니다."라고 되어 있다.

오픈AI는 사용자 명령을 기반으로 생성된 텍스트를 의미하는 출력에서 사용자에게 "모든 권리, 직위 및 이익"을 인정한다. 그러나 오픈AI는 출력이 고유하지 않고 반복될 수 있음을 분명히 한다. 기본적으로 두 명의 사용자가 동일한 출력으로 끝날 수도 있다. 이러한 맥락에서 저작권을 행사할 가능성에 대한 의문이 제기되고 있는 것이다.

저작권의 관점에서 보면 저작권은 아이디어를 보호하지 않기 때문에 특정 부분을 사용하지 않는 한 출처를 언급할 필요가 없다. 다만, 의무사항은 아니더라도 인용을 포함하는 것은 신뢰성과 정확성을 높이고 가짜뉴스 확산 방지에 도움이 될 것이다. 이것은 챗GPT가 현재 하지 않고 있는 것이다.

제10장
TRANSFORMER

Time of Generative AI : 초거대 생성 AI의 시간 도래

Revival of Semiconductor : 고사양 반도체, 데이터센터 수요 증대

AI for Expert : B2B 전문가 GPT 등장

New War of Search Engine : 검색엔진 세계의 혈투 시작

Shrink in Human Thinking Skills : 인간 사고력 약화 및 일자리 축소

Forceful changes in Public Services : 공공서비스의 급격한 변화

Overwhelming Innovation of Big Tech Giants : 빅테크 기업의 생존기

Realization of Android Robot : 로봇과의 결합으로 안드로이드 현실화

Many Lawsuits against IP rights : 지적재산권, 개인정보 등 법적 논란 증대

Era of Cerebral Valley : 세레브럴 밸리의 시대, 신 비즈니스모델

Rebirth of the Device : 디바이스의 재탄생

Era of Cerebral Valley
(세레브럴 밸리의 시대 - GPT 기반의 New 비즈니스 모델)

실리콘 밸리의 탄생

실리콘 밸리는 컴퓨터와 인터넷 등 정보기술 산업이 발전하는 지역으로서, 미국 캘리포니아 주에 위치해 있다. 1950년대부터 항공우주 산업의 중심지로 발전했고, 1970년대부터는 반도체 산업이 발전하면서 세계적으로 유명한 기술중심지로 성장했다.

실리콘 밸리의 발전은 다양한 기업들의 창업과 연구개발, 투자 등 다양한 인프라와 인재 등이 결합해 이루어졌다. 이를 통해 IT 기업들의 창업, 성장, 경쟁 등이 활발하게 일어나면서 세계적으로 유명한 기술 중심지로 자리 잡았다.

현재, 실리콘 밸리는 미국과 전 세계에서 유명한 기업들이 모여 있는 기술 중심지이다. 특히, 구글, 페이스북, 애플, 아마존, 인텔, 오라클, 넷플릭스, 트위터 등의 세계적인 IT 기업들이 본사를 두고 있다.

하지만 실리콘 밸리에는 여전히 문제점이 존재한다. 대표적인 문제점으로는 주거비용 상승과 인프라 부족 등이 있다. 실리콘 밸리는 기업이 모여 발전한 지역이므로 주변 지역에 거주하는 인구의 주거비용이 상승했다.

또한, 실리콘 밸리는 인재유출 문제도 있다. 고용량, 고임금, 근로시간이 긴 업무 등으로 인해 노동자들이 탈피를 결심하면서, 다른 지역으로 이주하는 경우도 많아지고 있다.

세레브럴 밸리의 부각과 특징

오픈AI가 소재한 지역인 세레브럴 밸리(Cerebral Valley)는 미국 캘리포니아주 샌프란시스코와 샌호세의 중간에 위치한 지역으로, 실리콘 밸리와 인접해 있다. 세레브럴 밸리는 기술과 인공지능 분야에서 점점 더 주목받고 있으며, 실리콘 밸리의 대안으로 부상하고 있다.

세레브럴 밸리의 특징으로는 인공지능, 로봇 및 자율주행차, 가상현실 및 증강현실 기술 등 새로운 기술에 대한 연구 및 개발이 활발히 이루어지고 있는 곳이라는 점이다. 이를 위해 유명 대학들이 자리 잡고 있으며, 벤처 기업들이 밀집해 있어 새로운 비즈니스 모델과 혁신적인 기술이 생겨나고 있다.

세레브럴 밸리는 실리콘 밸리보다 부동산 가격이 낮은 것이 특징이다. 또한, 인프라가 비교적 부족하여 교통체증과 같은 문제가 적은 것으로 알려져 있다. 하지만, 이러한 장점과 함께 세레브럴 밸리의 경제가 실리콘 밸리만큼 성장할 수 있는지, 지속 가능한 생태계를 구축할 수 있는지에 대한 문제점도 존재한다.

세레브럴 밸리와 실리콘 밸리는 모두 미국 캘리포니아 주에 위치한 기술 중심의 지역이다. 두 지역 모두 기술 혁신과 창업에 초점을 맞추고 있으며, 세계적으로 유명한 기업들이 많이 집중되어 있다.

두 지역의 차이점도 명확하다. 실리콘 밸리는 초기에 반도체 산업과 컴퓨터 기술 분야에서 발전하였으며, 선진 기술을 연구하는 공대 출신자나 벤처 기업가들이 대부분이다. 또한 기술 산업의 생태계가 형성되어 있어 기술 혁신에 있어 유리한 조건을 가지고 있다.

세레브럴 밸리는 인공지능, 로봇 공학, 자율주행차 등 인간과 밀접한 기술에 중점을 두고 있다. 인공지능과 머신러닝 기술을 연구하는 오픈AI, 인간형 로봇을 개발하는 보스톤 다이나믹스(Boston Dynamics) 등 선도적인 기업들이 위치하고 있다. 또한 세레브럴 밸리는 기존의 실리콘 밸리와 달리 다양한 배경을 가진 인재들이 모여 기술을 개발하고 있다. 이러한 면에서 세레브럴 밸리는 실리콘 밸리와 다른 다양하고 차별화된 역할을 수행할 것으로 기대된다.

인간의 생활 영역인 의식주에서의 변화 예측

챗GPT의 발전으로 인간의 의, 식, 주 활동에도 많은 변화가 예상된다.

의(衣), 의류와 쇼핑

챗GPT의 발전은 옷, 의복, 의상, 명품 제품 등의 쇼핑 방식에 큰 변화를 가져올 것으로 예상된다. 가상 피팅 룸을 통해 옷의 착용감과 스타일을 확인하거나, 챗GPT를 이용해 개인적인 취향과 몸매에 맞는 옷을 추천받을 수 있다. 예를 들어, 사용자가 원하는 색상과 스타일을 입력하면, 챗GPT는 그에 맞는 다양한 옷 아이템을 추천해줄 수 있다. 또한, 쇼핑몰에서는 챗GPT가 상품 설명과 리뷰를 통해 제품 정보를 제공하고, 고객 질문에 실시간으로 답변해줄 수 있다.

그러나 동시에 소비지향적인 패턴의 변화와 옷 디자인의 다양성 감소가 예상된다.

챗GPT를 이용해 소비자의 선호도를 파악하고 이에 맞는 상품을 생산하면서, 옷의 디자인적인 다양성이 줄어들 수 있다. 예를 들어, 특정 브랜드의 인기 아이템이 챗GPT의 추천으로 과도하게 홍보되면, 소비자들의 선택이 그 아이템에만 집중되어 다양한 디자인이 시장에서 사라질 수 있다. 또한, 제품의 퀄리티나 소재 등의 중요성이 상대적으로 줄어들고, 대신 저렴한 가격이 더 큰 가치를 갖게 될 수 있다. 이러한 문제는 이후 산업 전반에 영향을 미치게 될 수 있다.

식(食), 음식과 식당, 다이어트

챗GPT는 음식 레시피 생성, 요리 방법 추천, 맞춤형 다이어트 계획 제공 등의 분야에서 큰 변화를 가져올 수 있다. 예를 들어, 사용자가 가지고 있는 재료와 선호하는 음식 스타일을 입력하면, 챗GPT는 이를 바탕으로 맞춤형 요리 레시피를 생성하거나, 사용자가 원하는 음식 종류나 재료, 조리 방법에 대한 질문에 즉각적으로 답변을 제공할 수 있다. 이러한 기능은 집에서 요리를 하는 사람들에게 큰 도움이 될 수 있다. 또한, 다양한 음식 문화와 세계 각국의 레시피를 알려주며, 사용자의 식도락 경험을 풍성하게 만들어 줄 수 있다.

또한, 챗GPT는 사용자의 건강 상태와 선호도를 고려하여 맞춤형 다이어트 계획을 제공할 수 있다. 사용자의 건강 정보와 목표 체중, 식습관 등을 입력하면, 챗GPT는 맞춤형 다이어트 계획을 제공하고, 음식 섭취량과 운동 계획을 추천할 수 있다. 예를 들어, 사용자가 알레르기가 있는 음식을 피해야 한다면, 챗GPT는 이를 고려한 안전한 식단을 추천해 줄 것이다. 이러한 기능은 개인 맞춤형 건강 서비스를 제공하고, 사용자의 건강 증진에 도움을 줄 수 있다.

챗GPT는 식당 검색 및 추천 기능을 제공하여 사용자가 쉽게 맛집을 찾을 수 있도록 도와준다. 사용자가 원하는 지역, 음식 종류, 가격대 등을 입력하면, 챗GPT는 이를 바탕으로 적합한 식당을 추천해 줄 수 있다. 예를 들어, 사용자가 이탈리아 음식을 원한다면, 챗GPT는 가까운 이탈리아 음식점을 소개하며, 메뉴와 가격 정보를 함께 제공해 줄 것이다. 또한, 식당 예약 및 주문 서비스를 제공하여 사용자가 편리하게 식사를 할 수 있도록 도와준다.

그러나, 이러한 기술의 도입으로 인해 음식과 식당 분야에서도 일부 문제가 발생할 수 있다. 예를 들어, 맛집 정보를 제공하는 사이트나 앱 등이 많이 생겨나면서, 양질의 정보를 구분하기 어려워지는 문제가 발생할 수 있다. 또한, 많은 사용자들이 챗GPT를 이용하여 음식 레시피를 생성하거나 추천받을 경우, 일정 수준 이상의 유사한 레시피나 음식 추천이 반복될 가능성이 있다.

이는 음식 문화의 창의성이나 다양성을 저해할 수 있는 요소로 작용할 수 있다. 따라서, 챗GPT의 사용을 적절히 조절하고, 여전히 인간의 창의력과 혁신을 발휘할 수 있는 방안을 고려해야 한다.

주(住), 주거 및 교통 영향

챗GPT는 인간의 주거, 주택, 교통 등에 많은 영향을 미칠 수 있다. 챗GPT를 사용하면 부동산 검색 및 매매를 더 효율적으로 할 수 있다. 사용자가 원하는 조건에 따라 다양한 부동산 매물 정보를 빠르게 제공하며, 매물의 상태, 위치, 가격 등을 자세히 알 수 있다. 또한, 사용자가 투자 목적으로 부동산을 찾는다면, 챗GPT는 향후 가치 상승이 예상되는 지역이나 매물을 분석하여 제안할 수 있다.

챗GPT는 집을 짓는데 필요한 건축자재나 인테리어 등에 대한 정보를 제공할 수 있으며, 집의 에너지 효율성을 높이는 방법 등을 제안할 수 있다. 예를 들어, 태양광 발전 시스템이나 스마트 홈 기술 등 에너지 절약과 편리함을 동시에 추구하는 솔루션을 소개해 줄 수 있다. 이를 통해 사용자들은 보다 효율적인 건축과 인테리어, 그리고 에너지 절약 방법을 찾을 수 있다.

챗GPT는 교통 이동에도 영향을 줄 수 있다. 예를 들어, 특정 지역의 교통 상황을 빠르게 파악하고, 대중교통이나 자동차 운전에 필요한 정보를 제공할 수 있다. 이를 통해 사용자들은 보다 효율적인 교통 이동을 할 수 있다. 또한, 챗GPT는 최적의 경로를 제안하거나 교통 정체를 피할 수 있는 대안 경로를 찾아주어, 사용자들의 이동 시간을 줄여줄 수 있다.

그러나, 챗GPT는 주거, 주택, 교통 등에 대한 정보를 빠르게 제공하더라도, 사용자들이 이를 적극적으로 활용하지 않는

다면 그 가치가 제한될 수 있다. 또한, 인공지능 기술의 발전에 따른 노동력 감소, 개인정보 유출 등의 문제가 발생할 가능성도 있으므로 적극적인 대처가 필요하다. 예를 들어, 부동산 업계에서 일하는 사람들의 일자리가 줄어들 수 있으며, 사용자들의 위치 정보나 건물 정보 등의 민감한 데이터가 유출될 위험이 있다. 따라서, 적절한 법률 및 정책을 통해 이러한 문제들을 최소화하고, 인공지능 기술의 긍정적인 영향을 최대한 활용할 수 있도록 노력해야 한다.

챗GPT가 창의적 산업에 미치는 영향

인공지능 기술인 챗GPT는 다양한 분야에서 혁신적인 변화를 가져오고 있다. 이 글에서는 창의적 산업에 미치는 영향을 구체적인 예시와 함께 살펴본다.

글짓기 분야

챗GPT는 문법 검사, 어휘 추천, 글쓰기 교정 등의 작업이 가능하게 했다. 예를 들어, 챗GPT는 독자의 이해를 돕기 위해 글의 구조를 개선하거나, 알맞은 단어와 구문을 제안해줄 수 있다. 특히 외국어 학습자에게는 번역 도구로서의 역할을 하여 언어 장벽을 줄여주며, 글쓰기에 어려움을 겪는 사람들에게는 문장 구조와 표현력을 개선하는 데 도움을 준다.

음악 만들기 분야

챗GPT를 활용한 작곡, 편곡, 음악 추천 등의 작업이 가능하게 됐다. 예를 들어, 사용자의 취향에 맞는 개인화된 음악 추천 서비스를 제공하거나, 새로운 멜로디와 화음을 생성하거나, 악기를 자동으로 편곡해주는 기능이 있다. 이로 인해 다양한 음악 제작이 가능해지고 개인화된 음악 추천 서비스를 제공한다.

영화 만들기 분야

챗GPT를 활용한 스토리 작성, 캐스팅, 촬영 등의 작업이 가능하게 됐다. 예를 들어, 시나리오 작성에서 캐릭터 간의 대화나 상황 설정을 도와주거나, 촬영 기술에서는 영상 편집이나 특수 효과를 자동으로 적용해주는 역할을 한다. 이를 통해 효율적이고 창의적인 영화 제작이 가능해지며, 예산을 줄이면서도 높은 퀄리티의 영화를 만들 수 있다.

미술 그리기 분야

챗GPT를 활용한 그림 그리기나 디자인 작업이 가능하게 됐다. 예를 들어, 사용자가 원하는 스타일이나 소재를 기반으로 새로운 그림을 생성하거나, 디자인 요소를 자동으로 조합해주는 기능이 있다. 이로 인해 정확하고 섬세한 작업이 가능해지며, 특히 직접 그리는 데 어려움을 겪는 사람들에게 도움을 준다.

챗GPT는 글짓기, 음악 만들기, 영화 만들기, 미술 그리기 등의 창의적 산업에 많은 변화를 가져왔다. 기존의 작업 과정을 효율적으로 만들어주고, 다양한 새로운 가능성을 제시한다. 하지만 아직 인간의 창의력과 감성을 완벽하게 대체할 수 없으며, 이러한 분야에서 인공지능과 인간의 협력이 중요하게 여겨진다. 앞으로 챗GPT와 같은 인공지능 기술이 계속 발전하면서 창의적 산업의 미래에 어떤 영향을 미칠지 지켜봐야 할 것이다.

챗GPT와 같은 생성 AI는 예술가 창작의 보조

AI 기술이 예술을 혁신할 수 있는 가능성과 도전 과제에 대한 논의가 이루어지고 있다. 예술가인 알렉산더 레벤은 AI가 예술의 종말을 가져올 것이라는 우려는 지나친 것이며, 새로운 창의성의 시대에 접어들고 있을 것이라는 생각을 제시하고 있다. 챗GPT는 문장을 쓰는 것보다 더 많은 일을 할 수 있다. 적합한 프롬프트(운영체제에서 AI에 보내는 메시지)만 입력하면, 에세이와 소설은 물론 기사도 쓸 수 있다.

레벤(Alexander Reben, 미국의 예술가이자 연구원)은 생성형 AI 알고리즘을 활용하여 시, 소설, 공상과학 소설 등 다양한 작품을 실험해보며 AI와의 협업 가능성을 탐구하였다.

Alexander Reben

하지만 AI 예술에 대한 논쟁은 여전히 이어지고 있으며, 편향, 윤리, 소유권, 대표성 등의 문제들이 제기되고 있다. 그러나 이러한 기술이 이전에도 예술계를 혁신시켰듯이, AI 예술도 새로운 예술 형식의 출현을 불러일으킬 것으로 예상된다.

AI 예술에 대한 관심은 계속해서 증가하고 있으며, AI를 활용한 예술 창작 도구들도 폭발적으로 개발되고 있다.

'달리2', '미드저니', '스테이블 디퓨전' 같은 도구는 프롬프트(이미지 설명)를 작성만 하면, AI가 그림을 그려준다. '아트브리터 콜라주', '메이크 어 신' 같은 경우 프롬프트와 함께 기본적인 스케치나 초기 콜라주를 만들면, AI가 세부 사항을 완성한다.

각각의 플랫폼은 미적 결과물과 특징이 다르다. 이에 대해 일부는 AI 예술을 비난하고 있지만, 보들레르가 카메라를 비난했던 것처럼, 시간이 흐르면서 AI 예술도 예술의 한 형태로 자리잡을 것이다.

레벤은 AI와 인간의 공생에 대한 탐구와 예술 창작의 미래를 엿보는 것이라고 말하며, AI 예술 도구는 창의적 표현의 새로운 시대를 여는 서막이 될 것이라고 예상한다. 미래에는 AI 예술도 예술 작품 전용 전시관에서 전시될 정도로 자리잡을 것이다.

생성 AI가 메타버스 세계도 바꾼다

메타버스 게임인 로블록스와 같은 가상현실에서, 개발자들이 게임내 가상 개체를 만들어 주거나 바꿔주는 생성 인공지능 도구가 도입될 전망이다. 이 도구를 사용하면 코딩이나 디자인을 해본 적 없는 초보자도 텍스트만으로 가상 세계에서 물체를 움직이거나 건물을 만들 수 있다. 또한, 기상 조건도 바꿀 수 있어서 더욱 생생한 가상 세계를 구현할 수 있게 된다.

이러한 생성 인공지능 기술은 로블록스뿐만 아니라 메타버스 업계 전반에 걸쳐서 관심을 받고 있으며, 이에 따라 메타버스 기술 개발에 천문학적인 자금이 투입되고 있다. 저커버그 CEO가 직접 생성 인공지능 도입 계획을 최근에 밝힌 메타는 이미지나 비디오, 아바타, 3D 자산을 생성하는 AI 기술을 제품 전반에 걸쳐 도입 중이다.

또한, 엔비디아와 오픈AI 등 다른 회사들도 메타버스를 겨냥한 생성 AI 모델을 출시하면서 해당 기술의 필요성이 점차 대두되고 있다.

솜니움 스페이스라는 기업은 챗GPT를 이용하여 메타버스에서 돌아가신 분들과 대화를 나눌 수 있도록 하는 프로젝트를 진행 중이며, 엔비디아 CEO는 "생성 AI가 없다면 소비자가 어떻게 가상 세계를 만들 수 있겠는가"라며 해당 기술의 필요성을 강조하고 있다.

이처럼 생성 인공지능 기술이 메타버스 업계에서 점차 중요성을 갖게 되면서, 로블록스와 같은 게임 개발자들은 이를 적극적으로 도입하여 더욱 생생하고 혁신적인 가상 세계를 구현할 수 있게 된다.

미국에서 뜨고 있는 새로운 서비스

허깅페이스(Hugging Face)와 아마존과의 협력

인공지능 분야는 지속적으로 발전하고 있으며, 이러한 발전을 이끌어내는 중요한 기업 중 하나가 허깅 페이스(Hugging Face)이다.

뉴욕에 본사를 둔 허깅 페이스는 자연어 처리(NLP) 분야에서 혁신적인 모델과 도구를 개발하고 있으며, 이를 통해 다양한 애플리케이션 개발이 가능해졌다. 최근 허깅 페이스는 아마존 웹 서비스(AWS)와의 장기 전략적 파트너십을 체결하였는

The AI community building the future.

Build, train and deploy state of the art models powered by
the reference open source in machine learning.

데, 이를 통해 두 기업이 함께 차세대 기계학습 모델의 접근성을 높이고, 낮은 비용으로 높은 성능의 AI 개발을 실현할 것으로 기대된다.

허깅 페이스는 GPT-3, BERT 등 다양한 인공지능 모델을 개발하고 있다. 이들 모델은 대부분 파이썬 기반의 오픈소스 라이브러리인 파이토치(PyTorch)를 사용하여 개발되며, 개발자 커뮤니티와 공유된다. 이를 통해 다른 개발자들이 이들 모델을 활용하여 자연어 처리 분야에서 다양한 애플리케이션을 개발할 수 있다.

또한, 허깅 페이스는 텍스트 생성, 감성 분석, 문서 요약, 질문-답변 시스템 등 다양한 자연어 처리 서비스를 제공한다. 이들 서비스는 API 형태로 제공되며, 다른 기업이나 개인이 이를 활용하여 다양한 애플리케이션을 개발할 수 있다.

그리고, 허깅 페이스는 자연어 처리 분야에서 다양한 커뮤니티 활동을 지원하고 있으며, 이를 통해 다양한 인공지능 모델과 관련 도구를 개발하고 공유하는데 기여하고 있다.

개인이 경험할 수 있는 허깅 페이스 서비스로는 챗봇과 대화하기, 텍스트 요약, 감정 분석, 문장 생성, GPT-3를 활용한 글쓰기 연습 등이 있다. 허깅 페이스의 대부분의 기능은 무료로 사용할 수 있다. 허깅 페이스는 대부분의 인공지능 모델과 관련 도구를 오픈소스로 공개하고 있으며, 이들을 누구나 자유롭게 사용할 수 있다.

허깅 페이스와 아마존 AWS는 장기 전략적 파트너십을 체결하여, 서로의 기술 및 인프라를 공유하고 협력하여 AI 및 NLP

분야에서 혁신을 추진하기로 합의했다. 이 파트너십을 통해 두 기업은 AI 분야의 연구 및 개발을 가속화하며, 다양한 분야에서 인공지능 기술을 활용한 혁신적인 솔루션을 제공할 것으로 기대된다.

허깅 페이스의 다양한 인공지능 모델과 도구는 AWS 인프라와 통합되어 제공되고, 이를 통해 AWS 사용자들은 허깅 페이스가 개발한 고품질의 NLP 모델을 손쉽게 활용하여 다양한 애플리케이션을 개발할 수 있게 된다. 또한, 이러한 통합을 통해 허깅 페이스의 모델과 도구의 성능과 확장성이 향상될 것으로 예상된다.

미국 Copy.ai

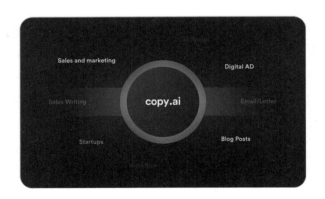

Copy.ai는 2020년에 출시된 인공지능 기반 콘텐츠 생성 플랫폼이다. 90여 가지 글쓰기 도구를 제공해 블로그, 에세이, 소셜 미디어, 광고 등의 글을 작성할 수 있다.

빠른 시간 내에 고품질 콘텐츠를 생성하는 데 도움을 준다. GPT-3 언어 처리 모델을 사용해 대량의 텍스트 데이터를 분석하고 패턴을 학습하여 콘텐츠를 생성한다.

다양한 언어를 지원하며 사용자가 원하는 글의 톤, 길이, 스타일 등을 조절할 수 있는 맞춤화 옵션을 제공한다. 검색엔진 최적화(SEO) 기능도 갖추고 있다. 가격은 무료 플랜부터 월 49달러의 프로 플랜까지 다양한 요금제를 제공하며, 기업이나 단체는 맞춤형 플랜을 개발할 수 있다. 생성된 콘텐츠는 표절이 아니지만 표절 검사 도구를 사용하여 콘텐츠의 고유성을 확인하는 것이 좋다.

AI로 생성된 콘텐츠를 인간이 편집하는 것이 가장 좋은 방법이다. Copy.ai는 사용자 친화적이며 완전한 초보자도 사용할 수 있다. 사용법은 다음과 같다.

먼저 Copy.ai에 가입한다. 구글/Facebook 계정으로도 등록 가능하다. 가입한 후 필요에 가장 적합한 글쓰기 도구를 선택한다. 블로그 글, 광고 문구, 소셜 미디어 게시물, 제품 설명 등 다양한 콘텐츠 유형에 대한 템플릿 중에 선택한다.

템플릿을 선택한 후 사용자는 생성하려는 콘텐츠와 관련된 프롬프트를 입력하여 사용한다. 프롬프트란 AI가 사용자의 목표와 선호도를 이해하는 데 도움이 되는 구체적인 질문이나 문장이다.

프롬프트를 입력한 후 AI는 사용자의 입력에 기반한 콘텐츠의 다양한 변형을 생성한다. 사용자는 다양한 옵션을 검토하여 필요에 가장 적합한 것을 선택할 수 있다.

콘텐츠 생성 후 사용자는 필요에 따라 텍스트를 개선하고 편집할 수 있다. Copy.ai는 사용자가 생성된 텍스트를 변경하기 위해 사용자 친화적인 편집기 인터페이스를 제공한다. 또한 동의어 제안, 톤 조정 등 추가 기능을 고려하여 텍스트를 더욱 개선할 수 있다.

AI 아트 생성의 미드저니(Midjourney)

미드저니는 텍스트 프롬프트를 기반으로 이미지를 생성하는 AI 및 기계 학습 도구이다. 오픈AI의 DALL-E와 같은 다른

AI 아트 생성기와 유사하며, 미드저니를 정확하게 사용하면 독특한 아트 작품을 쉽게 만들 수 있다.

미드저니에 접근하는 것은 챗GPT와 같은 다른 AI 프로그램보다 훨씬 쉽다. 별도의 프로그램을 설치하거나 복잡한 라이브러리를 설정할 필요가 없으며, 이미 디스코드(Discord) 계정이 있다면 가입조차 필요 없다. 이는 미드저니가 디스코드를 통해 완전히 접근할 수 있기 때문이다. 디스코드는 수백, 수천 명의 사용자가 모여 대화할 수 있는 무료 온라인 텍스트 및 음성 채팅 서비스이다.

미드저니를 사용하기 위해서는 Newcomer 섹션의 방 중 하나를 선택하여 시작한다. 그리고, "/imagine"을 입력하고 미드저니가 생성하길 원하는 것의 텍스트 설명을 입력하면 된다. 예를 들어, "/imagine a magical fireworks display in a fantasy world(판타지 세계에서 마법 같은 불꽃놀이를 보여주는 장면을 생성)"을 입력하면 미드저니가 정확히 그것을 생성하기 시작한다.

처음 미드저니를 사용할 때 무료 평가판을 시작하며, 약 25개의 이미지 생성에 사용할 수 있다. 그 이후에는 프리미엄 계정에 가입해야만 미드저니를 사용할 수 있다.

미드저니에서 더 나은 결과를 얻으려면 프롬프트에 매개 변수를 포함시킬 수 있다. 미드저니는 AI 아트 출력을 조정하는 데 사용할 수 있는 다양한 매개 변수 옵션을 지원하고 있는데, 특정 크기의 이미지를 원한다면 가로 세로 비율 매개 변수를 사용할 수 있다.

앞에서 알 수 있듯이, 미드저니를 시작하는 것은 그렇게 어렵지 않은 과정이다. 미드저니를 이용하여 AI 아트를 생성하는 것은 창조적이고 재미있는 경험이 될 것이다.

재스퍼(Jasper), 기업용 생성 AI 제품군 공개

재스퍼는 2021년 1월, 데이브 로겐모저(Dave Rogenmoser)와 존 필립 모건(John Philip Morgan)에 의해 설립되었으며, 미국 오스틴(Austin)에 본사를 두고 있다.

재스퍼는 개인 또는 기업의 디지털 콘텐츠 제작/수정을 돕는 인공지능 서비스들을 개발하고 있다. 이용자는 재스퍼 서비스를 통해 블로그 기사, 소셜 미디어 게시물, 이메일 등 다양한 텍스트를 효율적으로 작성할 수 있으며, 최근 출시한 "재스퍼 아트(Jasper Art)"를 통해 자연어 기반으로 원하는 이미지도 새롭게 생성할 수도 있다.

미국의 비즈니스 전문 매체 잉크(Inc.)는 재스퍼를 "가장 빠르게 성장하는 미국의 민간 기업 중 하나"로 선정하기도 하였다.

재스퍼도 오픈AI의 CEO가 스타트업 엑셀러레이터로 운영했던 와이콤비네이터(Y-Combinator) 프로그램의 지원을 받았다.

재스퍼는 문자 생성 AI 플랫폼 '재스퍼AI'를 2021년부터 운영해왔다. 재스퍼AI는 오픈AI의 GPT-3 언어 모델로 이뤄졌다. 블로그 기사, 소셜 미디어 게시물, 광고 문구 등 콘텐츠를 만들어 준다.

재스퍼의 광고 문장 생성 서비스는 구글, 페이스북에 광고 노출 빈도를 올려주고 있어 꾸준히 사랑받고 있다. 광고 제목과 문구 제작 서비스는 마케팅 특화 기능인데, 단순히 글을 써주는 것이 아니라, 마케팅에 실질적으로 도움 되는 최적의 광고 카피를 제공해 주고 있다.

이용법도 간단하다. 이용자는 재스퍼AI에 접속해 광고 채널(페이스북과 구글 광고)을 먼저 선택하고, 이후 '광고 헤드라인 작성'과 '광고 문구 작성'을 선택하면 된다. 구글 상단에 광고 헤드라인을 노출하고 싶은 경우, '구글 에드 헤드라인' 메뉴를 선택하면 된다. 사용자는 광고하고 싶은 제품 이름을 입력한 다음 이를 간단히 설명해야 한다.

설명은 길면 길수록, 키워드가 반복될수록 효과적인 헤드라인을 받을 수 있다고 한다. SurferSEO(키워드 조사), Grammarly(문법 검사), CopySpace(표절 여부 검사) 등 외부 파트너십을 통해 확장된 기능을 제공한다. 다만, 재스퍼는 유료 서비스다. 매월 49달러를 지불해야 이용할 수 있다.

재스퍼는 2021년부터 이 서비스를 시작했다. 오픈AI의 챗 GPT가 나오기 전이다. 재스퍼는 마케팅에 특화된 생성 AI 서비스를 위해 사용자 데이터를 2015년부터 모았다. 꾸준한 사용자 데이터 수집으로 다른 기업과 차별화된 마케팅 최적화 AI 플랫폼을 만들어 낸 것이다.

2023년 2월에는 미국 샌프란시스코에서 '젠 AI 2023 컨퍼런스'를 열고 기업을 위한 생성 AI '재스퍼 포 비즈니스' 제품군을 선보였다.

주요 제품인 '재스퍼 애브리웨어'는 기존 개인용 글쓰기 생성 앱 재스퍼를 기업용으로 확대한 서비스다.

사용자는 이 플랫폼으로 사무실 어느 곳에서나 문서를 생성하고 관리할 수 있다. 추가적인 프로그램 설치 없이 크롬이나 엣지 등에서 사용할 수 있다. 그리고, 재스퍼는 '재스퍼 포 팀스'를 소개했다. 이 서비스는 구글 독스처럼 생성된 문서를 공유하고 공동 작업할 수 있다.

기업 스타일에 맞게 텍스트, 이미지 등 콘텐츠를 제작하는 '재스퍼 브랜드 보이스'도 공개했다. 이 서비스는 기업에서 생성하는 문서 스타일과 양식을 통일해 마케팅이나 문서 관리 효율성을 높일 수 있다.

재스퍼의 구독 플랜은 Boss Mode, Business로 구분된다.

Boss Mode는 명령어를 이용한 문서 출력, 문법 검사, 표절 검사 등 다양한 기능을 제공한다. 블로그, 기사, 이메일, 이력서 등 긴 형태의 글 작성에 추천된다. Business는 기업을 타겟으로 한다. 5명 이상 유저가 동시 접속할 수 있으며, 월간 주어지는 크레딧도 자유롭게 설정할 수 있다. Input 길이도 확대된다.

기업 AI에 강한 미국 C3.ai

C3.ai는 인공지능과 빅데이터 분석 기술을 이용하여 기업의 운영 효율을 높이는 소프트웨어 회사이다. 2009년에 설립되었으며, 에너지, 제조, 금융, 보험 등 다양한 산업 분야에서 활동하고 있다.

C3.ai는 클라우드 기반의 AI 플랫폼을 사용하여 기업의 데이터를 수집, 분석, 예측하여 비즈니스 프로세스 및 제품 개발을 최적화하고 있다.

C3.ai의 제품군에는 C3 AI Suite, C3 AI Applications, C3 AI CRM 등이 있으며, 이들 제품은 머신러닝, 딥러닝, 자연어 처리 등의 다양한 인공지능 기술을 활용하여 기업의 데이터 분석 및 예측을 가능하게 한다. 이를 통해 기업은 센서, 장비, 공급망 등의 데이터를 분석하여 생산성을 높일 수 있다.

C3.ai는 2019년 12월에 나스닥에 상장하였으며, 현재는 약

30억 달러의 시가총액을 기록하고 있다. 글로벌 기업들과 파트너십을 맺고 있으며, 산업용 IoT 분야에서 활발히 활용되고 있다.

또한 C3.ai는 기업 검색을 위한 C3 생성 AI를 출시하는 등, 다양한 기술적 혁신을 추구하고 있다. C3 생성 AI는 기업 검색 및 엔터프라이즈 애플리케이션 소프트웨어의 인간-컴퓨터 상호 작용 모델을 근본적으로 변화시킬 것으로 예상되며, 이를 통해 직원들이 더 깊은 통찰력을 얻고, 조치를 신속하게 취하는 데 도움이 될 것이다.

C3 생성 AI 제품군은 오픈AI 및 구글과 같은 회사의 최첨단 AI 기술과 생성 AI 모델을 통합하고 있다.

이 기술은 기업의 다양한 사용 사례에서 데이터 기반 변환을 수행할 수 있도록 도와주며, 이러한 기술은 항공우주, 석유 및 가스, 유틸리티, 소비재(CPG), 의료, 금융 서비스, 방위 및 인텔리전스 분야의 사용 사례에 적용될 것으로 예상된다.

미국 공군이 C3.ai 솔루션을 도입하고, 적용한 사례는 다음과 같다.

미국 공군 항공기 함대의 평균 연식은 28년으로, E-3 센트리와 같은 일부 항공기 플랫폼은 대체 기종이 지정되어 있지 않아 10~20년 동안 계속해서 비행될 가능성이 크다. 동시에 F-35 라이트닝 II와 같은 5세대 전투기 플랫폼은 복잡한 시스템의 미성숙한 상태로 인해 운영 문제에 시달리고 있다.

미 공군 항공기의 다운타임[57] 비용은 시간당 28,000달러 이

57) 다운타임downtime: 시스템을 이용할 수 없는 시간을 말한다. 여기서는 비행기가 정비나 고장, 혹은 장애 등이 발생하여 멈춰있는 시간을 말한다.

상이 될 수 있으며, 임무 중단, 항공기 고장, 반복/재발 사건 및 스페어 파트 부족 등이 항공기 임무 능력과 항공기 준비 상태에 영향을 미친다.

이러한 문제를 해결하기 위해 미 공군은 C3 AI Readiness를 도입하여 부속 시스템 고장을 효과적으로 예측하고 필요한 스페어 파트를 식별하며 임무 능력 증대 기회를 적극적으로 강조하도록 했다.

초기 프로젝트에서 C3 AI와 미 공군은 1012개의 소스에서 710년 동안의 운영 데이터를 종합하고 인공지능을 적용하여 항공기 부속 시스템이 고장나는 시점을 파악했다.

첫 번째 단계에서는 모든 항공기 구성 요소에 대한 평균 고장 시간(MTBF) 분석을 수행하여 항공기 부품 수명 주기 성능을 특성화하고, 인공지능 분류기가 가장 많은 이점을 얻을 수 있는 부속 시스템을 파악했다.

두 번째 단계에서는 팀이 44만 개의 기계 학습 알고리즘과 최첨단 NLP 분석을 개발하여 30개의 분류기를 훈련시켜, 고우선 순위 부속 시스템의 고장 확률을 계산하도록 했다.

또한 C3 AI Readiness는 항공기 유지 보수와 관련된 수많은 문제를 식별하고 예측하는 데에도 활용된다. 예를 들어, 어떤 스페어 파트가 고장이 날 가능성이 높은지, 언제 수리가 필요한지 등을 예측하여 미리 대비할 수 있도록 도와준다. 이를 통해 항공기 준비 상태를 유지하는 데 필요한 비용과 시간을 절약할 수 있다.

C3 AI Readiness는 미국 공군뿐만 아니라 상업 항공사와 국방 분야의 다른 기관들에서도 적용될 수 있는 유용한 솔루션으로 평가되고 있다. 인공지능과 기계 학습 기술의 발전으로, 항공기 유지 보수와 준비 상태를 더욱 효율적으로 관리하는 방법이 점점 더 발전할 것으로 예상된다.

C3 AI Readiness 애플리케이션을 사용하면 미국 공군 유지 보수 및 물류 직원은 다음과 같은 작업을 수행할 수 있다:

부품 예상 잔존 수명 모니터링, 예약된 유지보수 작업 최적화, 고장하기 전에 높은 위험을 가진 항공기 부속 시스템 식별, 잠재적인 고장 원인 분리 및 AI 기반 기술 조치 제공, AI 예측 공급망 및 유지 보수 권장 사항을 활용하여 부품 재고 충분성 보장, 데이터와 AI 인사이트에 대한 거의 실시간 액세스를 통해 의사 결정을 간소화, 미국 공군 팀의 항공기 시스템 및 하위 구성 요소, 영향 및 위험, 전대, 지휘, 작전 상태 및 지리적 위치를 포함한 모든 수준에서 장비 상태를 분석할 수 있다.

미국 런웨이의 젠-1(GEN-1), 비디오 제작 AI 서비스

최근 AI 기술의 발전은 놀라울 정도로 빠르게 진행되고 있다. 특히 2022년 하반기에 등장한 스테이블 디퓨전(Stable Diffusion) 모델로 인해 많은 사람들이 AI로 만든 이미지와 작품들을 접하게 되었다. 대표적인 예로 오픈AI의 DALL-E와 Novel AI의 Image Generation 서비스가 있다.

이러한 기술의 발전은 우리가 이전에 상상조차 하지 못한 수준의 결과물을 만들어내는 것을 확인할 수 있다. 이제는 이미지에서 동영상 비디오로 더 발전해 가고 있다.

여기에 미국 스타트업 런웨이(Runway)의 AI Inc는 AI 기술을 접목한 동영상 편집 서비스를 제공하고 있는 중이다. 이 서비스를 사용하면 손쉽게 배경을 제거하거나 불필요한 부분을 없애는 등의 작업을 할 수 있다. 물론 이 서비스는 유료로 제공되지만, 그만큼 높은 편집 효과를 기대할 수 있다.

하지만 더 놀라운 것은 런웨이 AI 사가 새롭게 선보이는 비디오 생성 AI 서비스인 젠-1이다. 아직 정식으로 출시되지는 않았지만, 베타 테스트를 통해 사용자들이 이 서비스를 체험할 수 있게 되었다.

이 기술은 기존의 비디오를 텍스트 프롬프트에 따라 다양한 스타일로 변환해 주는 놀라운 능력을 갖추고 있다.

2022년 9월, 10월에 각각 등장한 메타의 '메이커비디오'와 구글의 '페나키'가 텍스트 프롬프트로 설명하는 내용을 묘사하는 짧은 비디오 클립을 생성해주는 AI 모델이다. 반면에 '젠-1'은 기존 비디오를 텍스트 프롬프트에서 지정하는 스타일의 비디오로 변환해 주는 점이 다르다. 기존 영상을 변환하기 때문에 훨씬 더 길고 품질이 좋은 비디오 제작이 가능하다.

젠-1은 다양한 모드를 제공하여 사용자가 원하는 방식으로 영상을 편집할 수 있다.

스타일 모드, 스토리보드 모드, 마스크 모드, 렌더모드, 사용자 지정 모드 등의 기능을 제공한다. 스타일 모드에서는 스타일이나 모양을 텍스트 설명으로 변경할 수 있다. 스토리보드 모드에서는 간단하고 움직이는 스케치를 완성된 애니메이션으로 바꿀 수 있다. 마스크 모드에서는 텍스트로 개체를 선택해 변경할 수 있다. 렌더모드는 조잡한 3D 모델을 사용하고 텍스처를 추가해 렌더링된 개체를 만들 수 있다. 마지막으로 사용자 지정 모드에서는 젠-1의 모든 기능을 사용해 사용자의 필요에 맞게 조정할 수도 있다.

젠-1의 등장으로 인해 영상 편집 기술은 더욱 발전하게 될 것으로 예상되며, 이에 따라 AI 기반 영상 생성 기술이 콘텐츠 산업의 패러다임을 바꾸는 중요한 역할을 차지할 것으로 보인다.

이러한 AI 기반 영상 편집 기술의 발전에 따라, 더 많은 사람들이 이 기술을 접하고 사용할 수 있는 기회가 생기게 될 것이다. 자신만의 독특한 스타일과 아이디어를 영상에 담아낼 수 있게 될 것이며, 이는 결국 콘텐츠 산업의 성장과 발전에 기여할 것이다.

비록 지금은 아직 이러한 기술들이 사용하기에 어려운 부분이 남아 있거나 접근이 제한되어 있지만, 지난 6개월 동안 많은 사람들이 AI 모델들을 활용해 놀라운 결과물을 속속 만들어내고 있다. 이러한 추세가 계속된다면, 멀지 않은 미래에 AI 기반 영상 생성 기술이 더욱 보편화되어 누구나 쉽게 사용할 수 있을 것이다. 더 나아가, AI 기반 영상 생성 기술이 활용되는 분야도 다양해질 것으로 기대된다.

또한, 젠-1과 같은 비디오 생성 AI의 등장으로 인해, 영화 제작자와 영상 특수효과 편집자들도 실제 포스트 프로덕션에서 작업하는 방법에 대한 새로운 시각과 아이디어를 얻을 수 있을 것이다. 이렇게 되면, AI 기술은 콘텐츠 제작의 질적인 향상을 가져올 수 있으며, 기존의 제작 방식에 혁신을 가져올 것으로 예상된다.

한국에서 부상하는 새로운 서비스

한국형 문장 생성 AI 스타트업, 뤼튼테크놀로지스

미국에 재스퍼가 있다면 한국에는 뤼튼이 있다. 뤼튼테크놀

로지스는 2021년 한국에서 설립된 문자 생성 AI 스타트업이다.

Wrtn.io는 뤼튼테크놀로지스사의 이세영 대표가 설립한 생성 인공지능 콘텐츠 서비스이다. 광고 문구와 블로그 포스팅을 비롯해 다양한 글 초안을 작성해주는 플랫폼이다.

네이버 하이퍼클로바와 오픈AI GPT-3.5 등 초거대 생성 AI를 기반으로 플랫폼 내에 50개 넘는 업무 상황에 활용 가능한 툴을 제공해 주고 있다.

2022년 10월, 50여개 스타일로 글 초안을 작성하는 플랫폼 '뤼튼'을 출시했고, 이어 AI로 글쓰기 연습을 돕는 '뤼튼 트레이닝'도 공개했다.

뤼튼은 업무용 텍스트와 이미지를 AI가 자동으로 생성해주는 프로그램이며, 초거대 생성 AI(Generative AI) 기반의 콘텐츠 생성 플랫폼이다. 키워드를 입력하여 원하는 상황에 대한 문장을 생성할 수 있다.

뤼튼은 사용자의 시간을 아껴주기 위해 빠르게 문장을 생성하고, 광고 문구, 메일 작성, 문의 응대, 블로그 글과 같은 다양한 글쓰기에 활용할 수 있다. 결과물의 저작권 및 사용 권한은 사용자에게 귀속되며, 개인적 용도 및 상업적 용도로도 사용이 가능하다.

그리고, 뤼튼 트레이닝은 네이버 하이퍼클로바, 챗GPT 등 최신 AI 모델을 조합해 만든 생성 AI 언어 모델이다. 키워드만 몇 개 입력하면 광고 문구, 블로그 포스팅, 이메일 작성 등을 자동으로 생성할 수 있다.

이번 CES 2023에서는 기존 한국어 적용만 가능한 모델을 영어 서비스까지 확대해 주목받았고, CES 2023에서 혁신상을 수상했다.

2023년 2월에 신규 도입된 무제한 요금제는 모든 사용자에게 서비스를 무료로 제공하고 있다. 글자 수 이용 제한은 없지만 생성 속도에는 제한이 있다. 또 사용자가 콘텐츠를 1회 생성할 때 결과를 1개씩만 제공하고 있다.

뤼튼의 공식 블로그에 방문해 보면, 뤼튼 CEO의 다음의 글에서 뤼튼의 비전을 읽을 수 있었다.

"Generative AI 이전의 인간 고유의 창의성은 항상 두 부분으로 나뉘어 존재했습니다. 하나는 당장 현실에 없는 모습과 그 대략적인 느낌을 머릿속에서 떠올릴 수 있는 상상력, 나머지 하나는 그 심상을 현실의 재료와 모습으로 구현할 수 있는 구현력이었습니다. 그런데 Generative AI의 등장으로 인해 창의성의 두 구성요소 중 구현은 기계가 대체할 수 있는 세상이 다가오고 있습니다. 이는 향후 100년 간 인간이 추구하게 될 '창의성'의 정의가 바뀐다는 의미입니다. 인간 창의성(Human Creativity)의 의미가 구현력보다는 상상력에 훨씬 더 치중된 세상이 올 것이고, 그런 가까운 세상에는 인간의 상상력을 기계의 구현력으로 매끄럽게 변환해 주는 역할이 필요합니다. 뤼튼은 사람과 AI를 매끄럽게 연결하여 인간의 창의성 확장을 돕는 역할을 하고자 합니다."

그는 인간의 창의성 확장에 뤼튼을 만든 철학이 담겨있다는 것을 말한 것이다.

마이리얼트립, 챗GPT 연동 'AI 여행플래너' 출시

한국의 마이리얼트립[58]은 여행을 떠나기 위해 필요한 모든 것을 한 곳에서 검색하고 예약할 수 있는 국내 최고의 여행관련 슈퍼 앱 서비스이다.

2012년 가이드 투어 서비스를 시작으로 2016년 숙박, 2018년 항공, 2019년 패키지까지 출시하며 여행에 필요한 모든 경험을 고객에게 제공하고 있다.

이 회사가 2023년 2월 챗GPT의 출시에 맞춰 이를 활용한 'AI 여행플래너' 서비스를 출시했다. 마이리얼트립이 이번에 선보인 AI 여행플래너 서비스는 챗GPT를 연동, 인공지능과의 대화를 통해 여행 일정을 계획할 수 있는 것은 물론 맛집, 명소, 날씨, 팁, 여행지 추천 등 여행 관련 다양한 주제에 대한 대화가 실시간으로 가능하다.

58) 마이리얼트립: 자유여행 플랫폼. 국내, 해외 여행지, 가이드 투어, 티켓, 교통패스 판매, 항공권, 숙소, 에어텔 예약, 고객센터 안내등을 한다. www.myrealtrip.com

가령 일본 '오사카 여행 3박 4일 일정 추천해 줘.'라고 입력 시 오전·오후·저녁 일정 및 동선에 맞춘 여행 계획을 제시하고, 최저가 항공권 구매하는 법, 숨겨진 명소, 인기 여행 상품 등 추가 정보도 대화형으로 쉽게 질문하고 답변받을 수 있다.

특히 일반적인 챗봇처럼 질문에 정해진 답을 똑같이 내놓는 것이 아니라, 개별 사용자와의 대화 맥락을 기반으로 "여기 중에 어디가 제일 좋아?", "또 다른 추천 해줄래?"와 같은 요청에 맞추어 적절한 답변을 해준다.

뿐만 아니라 사용자가 AI 여행플래너로 계획한 일정은 마이리얼트립 상품페이지로 연동돼 손쉬운 탐색과 구매를 지원, 한층 더 강화된 사용자 경험(UX)을 제공한다.

전자상거래 분야에서 챗GPT의 혁신적 활용

전자상거래 시장은 매년 빠른 속도로 성장하고 있으며, 이를 통해 수익성을 높이고 고객 서비스를 개선하는 기술이 점차 중요해지고 있다. 챗GPT는 이러한 기술 중 하나로, 전자상거래 분야에서 다양한 활용이 가능하다.

챗GPT를 사용한 챗봇 서비스를 통해 고객과 실시간 대화를 가능하게 하여 주문, 배송 상태 조회, 결제 등의 서비스를 제공할 수 있다.

또한 고객의 불만사항이나 문의사항 등에 대한 대응도 가능하며, 적절한 정보 제공으로 고객 만족도를 높일 수 있다. 챗봇은 24시간 내내 서비스를 제공하므로 고객이 필요한 정보를 언제든지 얻을 수 있어 편리하다.

챗GPT를 활용한 추천 시스템은 고객이 검색한 키워드나 이전 구매 이력 등을 바탕으로 관련된 상품을 추천해주는 시스템이다. 고객은 원하는 상품에 대한 정보를 쉽게 찾을 수 있으며, 회사는 고객이 원하는 상품을 더욱 쉽게 제공할 수 있다.

자동 응답 시스템은 챗GPT를 이용해 자동으로 대화를 생성하여 고객의 문의에 적절한 답변을 제공하는 시스템이다. 고객의 문의나 불만사항 등에 대해 신속하고 정확한 대응이 가능해지며, 인력 비용 절감 효과도 얻을 수 있다.

자동 번역 기능은 챗GPT를 이용해 다국어로 된 문서나 메시지 등을 자동으로 번역하는 기능이다. 전 세계적인 고객들과 쉽게 소통할 수 있으며, 다국어 지원으로 인한 고객 만족도도 높일 수 있다.

마케팅 데이터 분석과 키워드 분석 기능을 통해서는 고객들이 찾고 있는 정보를 파악하고, 이를 바탕으로 사이트의 검색 기능을 보완할 수 있다. 또한, **키워드 분석 기능**을 활용하여 사이트의 SEO를 개선할 수도 있고, **마케팅 데이터 분석**을 통해 고객에게 이벤트나 쿠폰 등의 혜택을 제공할 수도 있다.

이를 통해 고객들은 더욱 유리한 가격으로 제품을 구매할 수 있으며, 회사는 고객의 구매 유도 및 재구매를 유도할 수 있다. 고객 만족 및 회사 매출 증대로 선순환화 될 것이다.

챗GPT를 가상의 의류 피팅 시스템과 결합하면 고객에게 유익하게 활용될 수 있다. 전자상거래의 단점은 직접 만져보거나 입어보는 체험이 불가능하다는 것이다. 이를 VR(가상현실)로 가능하게 해주고, 이를 챗GPT와 연계하면 더 효과적일 것이다.

예를 들어 영국의 셔츠 제조업체인 Thomas Pink는 VR 온라인 판매 플랫폼인 Fits.me를 출시했다. 신체 사이즈를 입력하면 고객은 VR 플랫폼을 사용하여 셔츠가 자신에게 얼마나 잘 맞는지 확인할 수 있다.

이때 신체 사이즈 입력과 셔츠가 잘 맞는지, 디자인이 어떤지를 챗GPT가 담당하면 고객은 훨씬 더 친근감과 신기함을 느끼고 구매를 더 많이, 더 빨리 할 것이며 이렇게 구매한 제품의 반품률은 현저하게 감소할 것이다.

제조 회사 분야에서 사용되는 초거대 AI

인공지능(AI)과 머신러닝은 제조업에 혁신을 가져오는 데 큰 역할을 하고 있다. 이러한 기술을 활용하면 제조업체는 운영 효율성을 개선하고, 신제품을 출시하며, 제품 디자인을 맞춤화하고, 디지털 혁신을 진행하기 위한 향후 재무 조치를 계획할 수 있다. 일부 제조업체들은 이미 AI 솔루션을 도입해 성공적인 결과를 보고 있다.

AI는 예측 유지 보수를 가능하게 하여, 장비 고장 비용을 줄이고 효율성을 개선한다. 센서 데이터를 분석해 잠재적인 가동 중지 시간과 사고를 식별할 수 있다. 제너레이티브 디자인은 기계 학습 알고리즘을 사용해 엔지니어의 디자인 접근 방식을 모방한다. 이를 통해 제조업체는 하나의 제품에 대해 수천 가지 설계 옵션을 신속하게 생성할 수 있다.

원재료 가격 예측을 통해 제조업체는 불안정한 원자재 가격에 적응해 시장에서 경쟁력을 유지할 수 있다. AI 기반 소프트웨어는 재료 가격을 더 정확하게 예측하고 실수로부터 학습한다. 로보틱스는 조립, 용접, 도장, 제품 검사, 피킹 및 배치, 다이 캐스팅, 드릴링, 유리 제조 및 연삭과 같은 작업에 적용되며 인간 작업자의 초점을 보다 생산적인 작업 영역으로 이동시킨다.

에지 분석은 기계의 센서에서 수집된 데이터 세트에서 빠르고 분산된 통찰력을 제공한다. 이를 통해 제조업체는 에지에서 데이터를 수집하고 분석하여 인사이트를 얻는 시간을 단축한다.

품질 보증은 서비스 또는 제품에서 원하는 수준의 품질을 유지하며 AI 시스템은 머신 비전 기술을 사용해 일반적인 출력과의 차이를 감지할 수 있다.

AI 솔루션은 수요 예측 및 공급 계획을 향상시키며, 재고 관리에 도움이 된다. AI 기반 수요 예측 도구는 기존 방법보다 더 정확한 결과를 제공하므로 기업에서 재고 수준을 더 잘 관리할 수 있다.

제조업체는 AI 기반 프로세스 최적화 소프트웨어를 활용하여 지속 가능한 생산 수준을 달성할 수 있다. AI 기반 프로세스 마이닝 도구를 사용하면 기업은 병목 현상을 식별하고 제거할 수 있다. 예를 들어, 여러 지역에 여러 공장을 가진 회사의 경우 일관된 배송 시스템 구축이 어려울 수 있는데, 프로세스 마이닝 도구를 통해 다양한 지역의 성능을 비교할 수 있다.

AI 기반 디지털 트윈은 실제 제품이나 자산을 가상으로 표현한 것으로, 이를 활용하여 제조업체는 제품에 대한 이해를 높일 수 있다.

기업은 디지털 트윈을 통해 자산 성능을 향상시킬 수 있는 향후 조치를 실험할 수 있다. 디지털 트윈을 통한 가상 시뮬레이션은 제품 개선에 대한 데이터 수집과 분석을 가능하게 한다.

제품 개발 분야에서도 디지털 트윈이 큰 역할을 한다. 제조업체는 물리적 제품이 제조되기 전에 가상 트윈에서 데이터를 수집하고 분석하여 원래 제품을 개선할 수 있다. 이 과정을 통해 기업은 더 나은 제품 디자인을 창출하고 빠른 시장 출시를 가능하게 할 수 있다.

또한, AI와 머신러닝 기술을 활용한 생산 맞춤화는 고객의 개별 요구에 맞는 제품을 제공하는 데 도움이 된다. 제조업체는 개인화된 제품을 더 빠르게 제공하며 고객 만족도를 높일 수 있다. 이는 고객의 브랜드 충성도를 높이고 장기적인 기업 성장을 촉진할 수 있다.

개인 맞춤형 AI 뷰티에 도전하는 국내외 화장품 회사들

화장품 시장에서는 뷰티테크 기술이 부상하고 있다. 기존의 성분과 효능 경쟁에서 벗어나 전기, 전자, IT, 소재 기술 등을 결합한 '맞춤형 화장품' 시장이 성장하고 있다. 우리나라는 맞춤형 화장품 판매업을 세계 최초로 허용하여 산업 경쟁력을 강화하고 있다.

이에 대응하여 코스맥스는 개인 맞춤화 플랫폼을 선보이고, 아모레퍼시픽은 '톤워크' 시스템을 개발하여 고객 맞춤형 화장품 서비스를 제공하고 있다. 또한 로레알은 AI와 머신러닝을 활용해 개인 맞춤형 제품과 서비스를 제공하며, 인공지능과 증강현실 기술 등을 활용한 혁신적인 제품으로 뷰티테크 부문에서 선두 업체로 주목받고 있다.

이러한 기술적 발전은 뷰티 업계에서 중요한 역할을 하며, 개인 맞춤형 제품과 서비스를 더욱 확장시키는 데 큰 역할을 할 것으로 기대된다.

또 다른 글로벌 화장품 기업인 에스티로더는 디지털 기술을 활용해 맞춤형 화장품 시장에서 경쟁력을 확보하고 있다.

2020년 10월, 에스티로더는 뷰티 기기 기업인 아미카를 인수하며 AI 기반 맞춤형 스킨케어 기기 '퍼스널 뷰티 어시스턴트'를 출시하였다. 이 기기는 얼굴 스캔을 통해 피부 상태를 분석하고, 사용자의 스킨케어 습관, 건강상태 등을 고려하여 맞춤형 제품과 서비스를 제공한다.

또한 에스티로더는 소비자의 스킨케어에 대한 관심을 높이기 위해 인플루언서와의 협력을 강화하고, 소셜 미디어에서의 활동을 적극적으로 이어가고 있다.

이처럼 기존 화장품 시장의 성분과 효능 경쟁에서 벗어나, 맞춤형 화장품 시장에서 기술력을 바탕으로 경쟁력을 확보하고 있는 기업들이 늘어나고 있다. 더불어 화장품 산업에서는 데이터와 인공지능, 디지털 기술 등이 더욱 중요한 역할을 하게 될 것으로 보인다. 이에 따라 기존 화장품 기업들도 기술력을 강화하고, 새로운 시장 도약을 위해 노력할 것으로 예상된다.

제11장
TRANSFORME**R**

Rebirth of the Device
(디바이스의 재탄생)

인류사는 새로운 도구 발명의 역사

도구 발명은 인류의 문명 발전에 중요한 역할을 한다. 도구는 인간의 능력을 향상시켜 더욱 효율적인 일 처리가 가능하게 하며, 삶의 질을 개선시키는데 큰 기여를 한다.

도구 발명의 역사는 인류의 초기부터 시작되었다. 원시 시대에는 돌, 나무, 진흙 등으로 만든 간단한 도구들이 주로 사용되었다. 이후 청동기, 철기 시대에는 금속을 사용한 도구가 등장하여 생산성이 향상되었다. 산업혁명 이후에는 기계가 대량 생산을 가능하게 하였고, 전기의 발명으로 전자기기가 등장하였다.

컴퓨터는 20세기에 등장한 도구 중 하나이며, 정보기술의 발전을 이끌어냈다. 컴퓨터는 데이터를 빠르게 처리하고 저장할 수 있으며, 인간의 노동력을 대체할 수 있는 기술로 인류의 삶을 혁신적으로 변화시켰다.

인터넷은 컴퓨터 네트워크 상에서 정보를 공유하는 수단으로, 정보화 사회의 시작을 알리는 기술 중 하나이다. 인터넷을 통해 정보를 얻는 데 걸리는 시간과 비용이 대폭 줄어들었고, 사람들 간의 소통과 교류가 증대되었다.

IoT(Internet of Things)는 인터넷과 센서 기술을 결합하여 사물들 간의 네트워크를 구성하는 기술이다. IoT를 이용하면, 생산,

유통, 판매, 관리 등 여러 분야에서 새로운 비즈니스 모델이 탄생할 수 있으며, 산업 혁신을 이끌어내는 중요한 역할을 한다.

AI(Artificial Intelligence)는 컴퓨터가 인간의 사고 능력을 모방하거나 뛰어넘어서는 기술이다.

AI는 데이터를 기반으로 패턴을 학습하고 분석하여 사람의 결정과 행동을 예측할 수 있다. 이를 이용해 인간의 노동력을 대체할 수 있는 분야를 개척하고, 새로운 비즈니스 모델을 창출할 수 있다. AI 기술은 인간의 능력을 향상시켜 더욱 효율적인 일 처리가 가능하며, 인간의 삶을 더욱 편리하고 안전하게 만들 수 있다. 또한 AI를 이용한 자율주행 자동차, 음성인식 등은 우리의 일상 생활에서 이미 널리 사용되고 있다.

이러한 도구 발명들은 인류의 생산성을 크게 향상시켰으며, 인간의 삶을 변화시켰다. 그러나 동시에 기존에 존재했던 직업들이 사라지거나 변화하면서 일자리 문제가 대두되고 있으며, 불균형한 분배나 인간의 삶의 질 저하를 가져올 가능성도 있다. 따라서 새로운 기술이 등장할 때마다 이러한 부정적인 영향을 최소화하고 긍정적인 영향을 극대화하는 방법을 모색해야 한다.

도구 발명의 역사는 인간의 생산성을 향상시켰지만, 이 과정에서 인간의 능력이 상대적으로 감소한 측면도 있다. 예를 들어, 원시 시대에는 사냥을 하기 위해 인간의 신체 능력이 매우 중요한 역할을 했지만, 도구 발명으로 인해 사냥에 필요한 신체 능력이 상대적으로 감소하였다. 마찬가지로, 전기 기술의 발명으로 인해 손으로 일을 하는 능력이 감소하였고, 컴퓨터와 인터넷의 등장으로 인해 지식과 정보를 기억하지 않고도 언제든지 검색할 수 있는 능력이 생기면서 기억해야 할 지식과 정보량이 상대적으로 감소하였다.

이러한 도구 발명으로 인해 인간의 능력이 감소한 것은 사실이지만, 이는 다른 측면에서 인간의 능력을 대체하고 개선시키는 새로운 능력을 발휘하게 해주기도 한다. 예를 들어, 인터넷과 컴퓨터의 발명으로 인해 기억해야 할 능력이 감소하였지만, 이를 활용하여 보다 복잡한 정보를 처리하고 분석하는 능력이 개선되었다. 또한, 자율주행 자동차와 같은 AI 기술의 발전으로 인해 운전이나 교통 상황을 판단하는 능력이 감소할 수 있지만, 이를 통해 운전 중에 보다 안전하고 편안한 여행을 즐길 수 있는 능력이 개선되었다.

도구 발명으로 인한 인간 능력의 감소는 단점이 될 수 있지만, 우리 인류는 언제나 적응하여 더 나은 발전을 이루어 왔다. 오히려 새로운 기술과 능력을 개발하고 발전시키는 기회를 제공한다는 측면에서 바라보는 것이다. 인간만의 장점이다. 기술 발전과 함께, 인간은 더욱 창조적이고 창의적인 활동을 할 수 있는 능력도 함께 강화 시켜 나가야 하며 이런 사람만이 앞서 나갈수 있다고 생각한다.

챗GPT는 기술 발전의 일환으로 인간의 능력을 대체하고 개선시키는 새로운 능력을 발휘하게 해주는 기술 중 하나이다. 우리 인간은 이를 활용하여 인간의 능력이 증가하는 측면과 감소하는 측면을 생각해 볼 수 있다.

증가하는 인간 능력으로는 대화능력, 작업 효율성으로 대변된다. 대화 능력은 챗GPT를 이용하면 인간과 기계 간의 자연스러운 대화가 가능해진다. 이를 통해 인간은 대화 능력을 강화하고, 소통 능력을 향상시킬 수 있다. 또한 챗GPT는 반복적이고 단순한 작업을 자동화하여 인간의 작업 효율성을 높여준다. 이를 통해 인간은 더욱 복잡하고 창의적인 작업에 집중할 수 있다.

반면에 감소하는 인간 능력으로는 추론 능력과 상황 대처 능력이 있을 수 있다. 챗GPT는 인간보다 더 빠르고 정확한 결정을 내릴 수 있는 능력을 갖추고 있기 때문에, 인간의 추론 능력이 상대적으로 감소할 수 있다. 그리고 챗GPT는 미리 프로그래밍된 대답을 제공하기 때문에, 인간의 상황 대처 능력이 상대적으로 저하될 수 있다. 또한, 인간은 챗GPT에 의존하여 자신의 문제를 해결할 수 없게 되어, 자신의 문제 해결 능력이 감소할 가능성도 있다.

상기의 감소하는 인간능력도 챗GPT와 협동하여 적절한 사용 방법을 모색하고, 인간의 능력을 대체하는 것이 아니라 보완하는 방식으로 기술을 활용한다면 우리 인간도 이를 극복해낼 것이다.

챗GPT 전용 단말기 조만간 출시 임박

챗GPT는 대화 시스템에 적용될 수 있는 대형 언어 모델 중 하나로 대화 시스템, 챗봇, 가상 비서 등에 사용될 수 있으며, 이를 위한 전용 단말기도 개발될 수 있을 것이다. 현재, 챗GPT 전용 단말기를 개발하는 사례는 알려지지 않았다. 대신, 챗GPT

를 포함한 다양한 인공지능 기술이 적용된 대화 시스템이 모바일 애플리케이션, 웹 서비스, 스마트 스피커 등에서 사용되고 있다. 이런 사례로 본다면 조만간 스타트업 중심으로 전용 단말기도 출시될 전망이다.

챗GPT를 적용한 전용 단말기가 나온다면, 다음과 같은 기능이 포함될 수 있을 것이다.

첫번째는 챗GPT 전용 단말기는 음성 인식 기술을 통해 사용자의 음성을 인식할 수 있어야 한다. 마이크와 같은 음성 인식 장치 탑재는 필수적이며, 성능이 단말기의 판매 성패를 좌우할 것이다.

두번째는 음성 출력이다. 스피커와 같은 음성 출력 장치가 필요하며, 인간에 가장 가까운 음성 발화 기술이 중요하다.

세번째는 대화 로그 기록 기능이다. 대화 시스템은 사용자와의 대화 내용을 기록하고, 저장하는 기능이 필요하며, 사용자 데이터를 보호하는 보안 기능도 철저하게 준비되어야 한다.

챗GPT 기능이 스마트폰 단말기에 장착되어 스마트폰의 강력한 기능이 되는 것도 좋은 아이디어다. 이렇게 하기 위해서는 다양한 기술적인 문제를 해결해야 한다. 먼저, 챗GPT는 대규모의 데이터셋과 고성능 컴퓨팅 자원이 필요한 시스템이다. 스마트폰 단말기에 적용하기 위해서는 모델을 축소하거나, 서버와 연결하여 클라우드 컴퓨팅을 이용하는 방법이 필요하다.

또한, 챗GPT는 학습 과정에서 많은 컴퓨팅 자원을 사용하므로, 실시간 대화에 적용하기에는 부적합할 수도 있다. 따라서 스마트폰 단말기에 적용하기 위해서는 모델을 최적화하거나, 사전 학습된 모델을 사용하여 대화 시스템을 구현하는 방법이 필요하다.

실제로, 현재 스마트폰에서 챗GPT를 적용한 사례는 많지 않지만, 기존의 AI 챗봇 기술은 모바일 애플리케이션에서 사용되고 있다.

예를 들어, 대화형 가상 비서인 시리(Siri), 구글 어시스턴트, 빅스비(Bixby) 등이 스마트폰에서 사용되고 있으며, 이러한 시스템은 대화형 인공지능 기술을 적용하고 있다.

학생용 챗GPT 장착한 단말기 기능

학생용 챗GPT 전용 단말기라면, 다음과 같은 챗GPT 기능을 강조할 수 있을 것이다.

첫째, 질문 응답 기능으로 챗GPT를 이용해 각종 학습 질문에 대한 답변을 제공할 수 있다. 학생들은 질문을 하고 챗GPT가 정확한 답변을 제공하면서 학습을 돕는다.

둘째, 자동 요약 기능이다. 학생들이 읽은 책, 논문, 기사 등의 내용을 자동으로 요약하여 정리해줄 수 있다. 이를 통해 학생들은 핵심 내용을 놓치지 않고 학습할 수 있다.

셋째, 문서 작성 기능으로 챗GPT는 텍스트 생성 기능을 가지고 있어, 학생들이 보고서, 에세이, 논문 등을 쉽게 작성할 수 있다. 챗GPT를 이용하면 더 빠르고 정확한 문서 작성이 가능하므로 학생들은 학습에 더 집중할 수 있다.

넷째, 언어 학습 기능이 도움이 되겠다. 챗GPT는 다양한 언어를 지원하므로 학생들은 챗GPT를 통해 다양한 언어 학습을 할 수 있다. 이를 통해 학생들은 다국어에 대한 이해도를 높일 수 있으며, 미래의 국제 비즈니스 환경에 대비할 수 있다.

끝으로, 맞춤형 교육 기능으로 챗GPT는 학생들의 학습 수준, 학습 성향, 관심사 등을 분석하여 맞춤형 교육을 제공할 수 있다. 이를 통해 학생들은 더욱 효과적인 학습을 할 수 있으며, 개인의 잠재력을 최대한 발휘할 수 있다.

챗GPT 스피커의 새로운 혁신

챗GPT 스피커는 기존 AI 스피커와 차별화된 기술을 통해 사용자들에게 새로운 대화 경험을 제공할 것이다.

이 제품은 자연어 처리 기술을 최적화하여 자연스러운 대화가 가능하며, 사용자의 취향과 관심사를 파악하여 맞춤형 서비스를 제공하는 기능도 탑재될 예정이다.

하지만, 이전의 AI 스피커들은 사용자의 언어 습관, 문화, 인종 등에 따라 편향성 이슈가 많았다. 따라서, 챗GPT 스피커의 데이터 수집과 처리 과정에서 편향성을 감지하고 극복하는 기술적인 대책이 필요하며, 이를 극복 후 제대로 된 제품을 출시하는 게 중요하다.

챗GPT 스피커의 핵심 기술 중 하나인 자연어 처리 기술은 대화의 흐름을 자연스럽게 이어갈 수 있어야 한다. 이러한 기술의 개선은 챗GPT 스피커의 대화 품질을 향상시키고 사용자의 만족도를 높일 수 있다.

또한, 챗GPT 스피커는 사용자의 관심사와 취향을 파악하여 맞춤형 서비스를 제공할 수 있다. 이는 사용자가 원하는 정보를 빠르고 정확하게 제공할 수 있으며, 사용자의 만족도를 높일 수 있다.

챗GPT 스피커는 기존의 편향 이슈를 극복하기 위한 기술적인 대책을 개발하여 공정하고 정확한 답변을 제공해야 한다. 이를 통해 인종 차별 등의 이슈를 원천 차단할 수 있다.

챗GPT 스피커의 UI 디자인은 사용자가 직관적이고 쉽게 사용할 수 있도록 구성되어야 한다. 간결하고 직관적인 디자인이 필수적이며, 일관성 있게 구성하여 사용자가 헷갈리지 않도록 해야 한다. 또한, 새로운 디자인 요소를 추가하여 새로운 경험을 제공하고, 화면 기능을 강화하여 사용자가 쉽게 찾는 정보를 제공할 수 있도록 하는 등의 기능을 추가하는 것이 좋다.

음성 인식 기술은 챗GPT 스피커의 핵심 기술 중 하나이다. 음성 인식 기술을 더욱 발전시켜 사용자가 자연스러운 대화를 할 수 있도록 개선할 필요가 있다. 보다 정확하고 빠른 음성 인식 기술을 개발하여 사용자의 요구 사항을 빠르게 처리하는 게 기본이 될 것이다. 또한, 다양한 기기와 연동하여 사용할 수 있도록 설계하는 것이 중요하다.

하지만, 챗GPT 스피커는 사용자의 말을 인식하여 대화를 주고 받는 것이기 때문에 보안 위험이 존재할 수 있다. 따라서, 사용자 인증 기능, 데이터 암호화 및 보안 프로토콜 등의 보안 기능을 제공하여 개인정보가 안전하게 보호될 수 있도록 해야 한다. 또한, 사용자들은 개인정보가 수집되는 것에 대한 동의를 표명해야 하며, 개인정보 처리 방침을 명확하게 제공하여 사용자들의 안전을 보장해야 한다.

챗GPT 스피커는 새로운 기술과 디자인으로 사용자들에게 새로운 경험을 제공할 것이다. 이 제품은 자연어 처리 기술의 개선, 맞춤형 서비스 제공, 편향 이슈 극복, UI 디자인 강화, 음성 인식 기술 발전, 보안 강화 등의 다양한 기능을 탑재할 예정이다. 이를 통해 사용자들은 새로운 대화 경험을 누릴 수 있을 뿐 아니라, 안전하고 편리한 서비스를 제공받을 수 있을 것이다.

챗GPT로 미래 신제품에 도입될 기능

최근 몇 년 동안 인공지능 기술의 급속한 발전이 사회 전반에 미치는 영향은 무시할 수 없다. 특히 챗GPT는 현재 제품과 서비스에 결정적인 영향을 미치며 긍정적 변화를 이끌고 있다. 그렇다면 챗GPT가 여러 제품에 미친 영향과 앞으로 도입될 기능에는 어떤 것들이 있을까? 이에 대해 깊이 있는 분석을 진행해보았다.

스마트폰과 가전제품은 챗GPT 기술이 통합되면 더욱 지능적이고 개인화된 서비스를 제공할 것이다. 사용자의 선호도와 행동 패턴을 학습하여 맞춤형 추천, 자동 조절 기능 등을 통해 사용자 경험이 크게 향상되고, 사용자의 목소리 명령을 인식하여 기기를 제어할 수 있게 될 것이다. 예를 들어, 냉장고에 챗GPT를 통합하면 음식재료 관리, 레시피 추천, 장보기 목록 생성 등의 기능 등이 대화로 제공할 것으로 예상된다. 특히 스마트폰에는 챗GPT가 스마트폰의 개인 비서 앱에 통합되어 사용자와 상시 상호작용하여 일정 관리, 음식 추천, 일기 예보 등의 정보를 즉시 제공하여 사용자의 생활을 더욱 편리하게 만들어 줄 것이다. 또한, 스마트 기기를 통해 챗GPT가 온라인 쇼핑 플랫폼에서 구매자와 판매자 간의 커뮤니케이션을 원활하게 도와 구매자는 챗GPT에게 원하는 제품에 대한 정보를 요청하고, 챗GPT는 적절한 제품을 추천하거나 판매자와 직접 연결해줄 것이다.

자동차에도 영향이 있다. 자율주행 자동차의 발전과 함께 내장된 챗GPT가 내비게이션, 인포테인먼트 시스템, 차량 진단 등의 기능을 개선해 나갈 것이다. 운전자와의 대화를 통한 편의성 향상, 상황 인식 및 분석을 통한 안전성 강화 및 차량 내 정보보호와 개인 데이터 관리 기능 도입되고, 운전자와 승객을 맞춤형 서비스를 제공할 것으로 기대된다.

게임 기기에서 챗GPT를 통해 게임 내 AI 캐릭터들이 더욱 현실적인 반응과 대화를 구사할 수 있게 되어, 몰입감을 극대화하고 게임 경험을 한층 업그레이드할 것이다.

웨어러블 기기에는 개인화된 건강 및 피트니스 추적 기능이 더 강화되고, 사용자와의 지속적인 상호작용을 통한 습관 개선 및 건강 관리도 가능해지고, 음성 명령을 통한 웨어러블 제어 기능이 강화될 것이다.

의료 기기와 통합되어 환자와 의료진에게 맞춤형 건강 정보와 진단을 제공할 것이다. 이를 통해 더욱 정확한 진단과 치료 방안을 도출하여 의료 서비스의 질을 높일 것으로 예상된다. 그리고, 챗GPT는 고령화 사회에서 노인들의 삶의 질을 향상시키는 데 도움이 되는 의료기기나 서비스들이 출시될 것이다. 건강 관리, 의사소통, 일상생활 지원 등 다양한 영역에서 노인들에게 맞춤형 서비스를 제공할 것으로 기대된다.

교육 기기에서는 챗GPT를 활용한 맞춤형 교육 솔루션이 등장함으로써, 학습자들의 개별적인 필요와 학습 스타일에 맞춘 콘텐츠 제공이 가능해질 것이다. 이로 인해 교육의 효율성이 높아지고, 학습자들의 성장을 돕는데 큰 도움을 줄 것으로 기대된다.

B2B 부문에서도 챗GPT 기능이 장착된 많은 기기나 앱들이 등장할 것이다. 챗GPT는 기업의 내부 커뮤니케이션을 향상시킬 수 있다. 회의록 작성, 작업 분배, 프로젝트 관리 등 다양한 업무를 지원하며, 직원들이 더욱 효율적으로 일할 수 있도록 도울 것이다.

여행자들에게 개인화된 여행 경험을 제공할 것이다. 여행 목적지, 숙소 예약, 음식점 추천 등 여행 관련 정보를 제공하고, 여행자들이 현지 언어를 구사할 수 있도록 실시간 번역 서비스를 지원할 것이다.

예술 및 창작물 분야에서도 큰 영향을 미칠 것이다. 시나리오 작성, 시 작성, 음악 작곡 등 다양한 예술적 표현에서 챗GPT의 활용이 늘어날 것이며, 기존의 창작 방식에 새로운 가능성을 제시할 것이다.

　정부 기관에서도 챗GPT의 활용이 예상된다. 공공 서비스에 챗GPT를 통합하여 시민들에게 실시간으로 안내 및 지원을 제공하게 되면, 효율성과 만족도가 높아질 것이다.

　환경 모니터링 시스템에도 통합될 것으로 기대된다. 실시간으로 공기질, 수질, 소음 등 환경 데이터를 수집하고 분석하여 시민들에게 필요한 정보를 제공할 것이다. 이로써 지속 가능한 도시 발전을 돕는 데 기여할 것으로 보인다.

　이와 같이 챗GPT는 다양한 분야에서 제품과 서비스의 기능을 개선하고 사용자 경험을 높이는 데 큰 역할을 할 것으로 예상된다.
　미래에는 챗GPT가 사람들의 삶에 더욱 밀접하게 연결되어 있을 것이며, 지능형 기술이 전례 없는 발전을 이끌어갈 것이다. 이러한 기술의 발전은 현재보다 훨씬 더 많은 산업 및 사회 전반에 걸쳐 혁신적인 변화를 가져올 것이며, 우리의 일상생활에 더 큰 영향을 미칠 것이다.

제2부

인간과 인공지능 사이의
질문과 답변

11가지 가장 궁금한
시사 질문과 챗GPT 답변

현재의 대한민국에서 가장 관심이 높고
사회적으로 이슈가 되어 있는
시사 질문 11가지를챗GPT에게 물어보았다.
챗GPT는 어떠한 답을 했을까?

[Q1] 한국 서울의 부동산 가격은 선진국가 수도, 또는 경제 대도시와 비교하여 어느 수준인가? 그리고 개인 자산에서 금융 투자 비중은 선진국가 평균과 비교하여 어느 수준인가? 낮은 수준이라면, 그 원인과 대책은 무엇인가?

[A] 서울 부동산 가격은 선진국가 수도, 또는 경제 대도시와 비교하여 상대적으로 높은 수준에 있다. 이는 인구 밀도, 공간 활용, 국내 경제 상황 등 다양한 요인이 복합적으로 작용한 결과이다. 한편, 한국의 개인 자산에서 금융 투자 비중은 선진국가 평균과 비교하여 상대적으로 낮은 수준에 있다.

한국에서는 부동산을 안정적인 투자 수단으로 여기는 경향이 있어, 금융 투자에 대한 관심이 상대적으로 낮다. 또한, 금융 리터러시(이해력 또는 지성)가 부족하여 개인들이 다양한 금융 상품에 대한 이해가 부족하고, 투자 가능성을 제대로 파악하지 못하는 경우가 있다. 이 외에도 한국의 금융 시장 규모와 투자 환경이 선진국에 비해 상대적으로 덜 발달되어 있을 수 있다.

이러한 문제를 해결하기 위해 개인들이 금융 시장과 상품에 대한 이해를 높이기 위한 금융 리터러시 교육을 확대하고, 투자자들이 다양한 금융 상품에 대해 알고 판단할 수 있도록 돕는 것이 중요하다. 더불어 정부와 금융 기관은 규제 개선을 통해 금융 시장의 발전을 촉진하고, 안정적이고 성장 가능한 투자 환경을 조성하여 한국의 금융 투자 비중을 높이고, 개인 자산 구조의 균형을 회복하는 것이 중요하다.

[Q2] 한국의 주가 수준은 한국 기업들의 매출과 수익률에 비해 낮게 평가된 것이 사실인가? 그리고 한국은 반도체 비중이 높고 2차 전지와 바이오 산업의 비중이 확대되고 있다. 향후 한국 산업의 비중에서 확대되고 있는 산업은 무엇인지 순위별로 알려줄래?

[A] 한국의 주가 수준이 기업들의 매출과 수익률에 비해 낮게 평가될 수 있다는 주장이 있다. 이는 P/E(주가 수익률) 비율이 선진국과 신흥국에 비해 상대적으로 낮은 수준임을 근거로 한다. 하지만 이는 절대적인 기준이 아니며, 시장 참가자들의 평가와 경제 여건에 따라 다를 수 있다.

한국 산업의 향후 비중에서 확대되고 있는 산업은 바이오 및 헬스케어, 전기차 및 2차전지, 인공지능 및 데이터 분석, 그리고 신재생 에너지 등이다. 이러한 산업들은 인구 고령화, 기후 변화 대응, 디지털 혁신, 탈석탄 정책 등의 영향으로 비중이 높아질 것으로 예상되며, 한국 경제의 구조적 변화와 미래 성장 동력을 제공할 것이다. 이를 통해 한국의 경쟁력이 높아질 것으로 기대된다.

[Q3] 한국 주식시장에서 공매도가 한국 투자기관이나 개인 투자에 비해 외국 투자기관이 더 유리한 게 맞는가? 맞다면 그 이유는 무엇이고 어떻게 해결 방안을 마련해야 하는가? 그리고 선진국가의 주식시장과 비교해서 규제 수준은 공평한가?

[A] 한국 주식시장에서 공매도가 외국 투자기관에 비해 한국 투자기관이나 개인 투자에 더 유리한 것으로 여겨지는 주된 이유 중 하나는 자본과 정보 접근성 차이다. 외국 투자기관들은 대체로 규모가 크고, 국제적인 네트워크와 정보를 활용할 수 있어 공매도 전략을 성공적으로 수행하는데 필요한 자금 및 정보를 확보하기가 상대적으로 용이하다.

반면, 한국 투자기관이나 개인 투자자들은 자금력이나 정보 접근성 면에서 상대적으로 불리할 수 있다. 이로 인해 외국 투자기관들이 공매도를 통해 시장에서 더 많은 이익을 얻을 가능성이 높아진다.

해결방안으로는 국내 투자기관 및 개인 투자자의 정보 접근성을 개선하기 위해 연구 지원을 강화하고, 시장 정보의 공개와 투명성을 높이는 정책을 시행할 수 있다. 또한, 공매도 관련 규제를 개선하여 공매도를 이용한 시장 조작이나 불공정한 거래가 발생하지 않도록 하는 것이 중요하다. 공매도 거래의 실시간 공개, 공매도 투자자의 신원 공개 등의 방안을 도입할 수 있다.

[Q4] 한국의 국가 부채와 가계 부채의 수준은 선진국 평균과 비교하면 어떤 수준인가? 그리고 빈부의 불평등 수준은 선진국 평균과 비교하여 높은 수준인가?

[A] 한국의 국가 부채와 가계 부채의 수준은 선진국 평균에 비해 상대적으로 다르게 나타난다. 국가 부채의 경우, 한국은 상대적으로 낮은 수준을 보이고 있다. 그러나 가계 부채는 선진국 평균보다 높은 수준을 보이고 있다. 이러한 높은 가계 부채는 주로 주택 가격 상승과 관련된 부동산 대출에 의해 발생하며, 이는 경제적 불안 요인으로 작용할 수 있다.

빈부 불평등 수준에 대해서는 한국이 선진국 평균보다 높은 수준을 보인다. 빈부 격차를 나타내는 지표 중 하나인 지니 계수를 통해 이를 확인할 수 있다. 지니 계수가 높을수록 빈부 불평등이 심하다고 판단할 수 있으며, 한국의 지니 계수는 선진국 평균보다 높게 나타난다. 이러한 빈부 불평등은 노동 시장의 구조적 문제, 노동 생산성 격차, 교육 및 기회 불평등 등 여러 요인에 기인한다.

[Q5] 대한민국 현재의 가장 큰 문제점이 저출산이다. 정부에서 많은 정책을 펴고 있지만 성공하지 못하고 있다. 정말 어떻게 해야 하나?

[A] 다른 나라에서 성공한 사례도 감안하여 창의적이고 혁신적인 접근 방식이 필요하다. 먼저, 기업들이 가족 친화적인 문화와 업무환경을 조성하여, 직장인들이 가족과의 시간을 충분히 보장받을 수 있도록 해야 한다. 이러한 변화를 통해 출산과 육아에 대한 부담을 줄일 수 있다.

또한, 전통적인 핵가족 구조뿐 아니라, 다양한 형태의 가족 구조를 인정하고 지원하는 정책을 도입해야 한다. 이를 통해 사람들이 다양한 가족 형태로 출산과 육아를 선택할 수 있도록 돕는다.

그리고, 다문화 정책을 강화하여 이민자와 결혼이민자의 사회 통합을 촉진해야 한다. 이를 통해 인구 이동을 활성화하고, 다양한 문화가 융합되는 사회를 통해 출산율을 높일 수 있다.

끝으로, 교육 개혁을 통해 아이들에게 미래의 불확실성을 줄이고, 창의력과 사회적 기술을 강화하는 교육 환경을 제공해야 한다. 이를 통해 출산에 대한 부담을 줄이고, 젊은 세대들의 미래에 대한 기대감을 높일 수 있다.

[Q6] 한국의 여성은 정부기관, 개인 기업체, 가정 등에서의 위상은 선진국가 평균과 비교하여 어느 수준이며, 그리고 여성의 위상은 지속 상승 중인가? 여성의 위상은 한국의 출산율과도 직접적인 관련성이 존재하는가?

[A] 한국 여성들의 위상과 선진국가 평균 비교

정부기관 및 개인 기업체에서의 한국 여성 위상은 여성의 경제활동 참여율과 성별 평등 측면에서 선진국가들에 비해 상대적으로 낮은 수준이다. 그러나 최근 몇 년 동안 정부의 노력과 사회적 변화로 인해 여성들의 경제활동 참여율이 점차 상승하고 있으며, 여성의 지위도 개선되고 있다.

가정 내에서 여성의 지위는 세대마다 차이가 있지만, 전반적으로 점진적으로 개선되고 있는 추세다. 젊은 세대들은 성별 역할의 변화를 받아들이며, 여성의 권리와 책임에 대한 인식이 높아지고 있다.

여성의 지위와 출산율은 상호 연관성이 있다. 여성의 경제활동 참여율이 높아지고 사회적 지위가 개선되면서, 출산과 관련된 부담과 비용 때문에 여성들이 결혼과 출산을 미루거나 선택하지 않는 경우가 많다. 이로 인해 한국의 출산율은 지속적으로 감소하고 있다.

[Q7] 한국의 입시 문제는 다른 선진국과 비교하여 치열한 수준인 게 맞는가? 맞다면 이를 해결하기 위한 근본적인 처방은 무엇인가? 그리고 인구 감소로 지방에 있는 대학들의 생존전략으로 실질적인 것은 무엇인가?

[A] 한국의 입시 문제는 다른 선진국과 비교하여 치열한 수준이다. 대학 진학률이 높고, 학력 경쟁이 치열하기 때문에 학생들은 입시 과정에서 높은 스트레스와 부담을 겪는다. 이를 해결하기 위한 근본적인 처방은 다양한 평가 방식 도입, 진로 교육 강화, 그리고 기술 교육 및 직업 교육의 지원 확대이다.

학업 성적 외에도 다양한 역량을 평가하는 전형을 도입하여 학생들이 다양한 분야에서 자신의 잠재력을 발휘할 수 있도록 한다. 학생들이 자신의 관심과 능력에 맞는 진로를 찾을 수 있도록 진로 교육을 강화하고, 다양한 진로 정보를 제공한다. 대학 진학 외에도 다양한 기술 교육 및 직업 교육의 지원을 확대하여 학생들이 다양한 경로로 사회에 진출할 수 있도록 한다.

인구 감소로 지방에 있는 대학들의 생존 전략으로는 특성화 및 차별화 전략, 산업 협력 및 지역 사회와의 연계 강화, 그리고 국제화 전략이 중요하다.

[Q8] 기후 변화가 정말 심각한 수준인가? 지금의 기후 변화가 지속된다면 30년 내 지구와 인간 생활은 어떻게 영향을 받을 것인가?

[A] 기후 변화는 현재 심각한 수준에 이르렀으며, 전문가들은 이 문제를 해결하지 않으면 지구와 인간 생활에 큰 영향을 미칠 것이라고 경고한다. 지금의 기후 변화가 지속된다면 30년 내 지구와 인간 생활에 미치는 영향은 극한 날씨 현상 증가, 해수면 상승, 식량 부족, 생태계의 변화와 생물 다양성 손실, 그리고 건강 문제 등이다.

기후 변화로 인한 극한 날씨 현상이 더욱 자주 발생하고 강도가 증가하여, 인명 피해와 재산 피해가 늘어날 것이다. 지구 온난화로 인해 빙하와 얼음이 녹아 해수면이 상승하게 되며, 이로 인해 해안가 도시와 섬나라들이 침수 위험에 노출되고 이주와 인프라 피해를 초래할 것이다. 농작물의 생산성이 떨어지고, 가뭄이나 홍수 등의 자연재해로 인한 식량 부족이 발생할 수 있다. 온도 상승과 강수량 변화로 인해 일부 생물종이 사라지며, 이는 전체 생태계의 균형을 깨뜨리고 자연 자원의 고갈을 촉진할 수 있다. 기후 변화로 인해 감염병이 확산되며, 열대병이 지금보다 더 넓은 지역에 영향을 미칠 것으로 예상된다.

[Q9] 노화 회로의 발견과 생명공학의 발전으로 수명 연장이 정말 가능한가? 현재의 기술로는 몇 살까지 연장이 가능한가?

[A] 노화 회로의 발견과 생명공학의 발전으로 인해 수명 연장이 가능한 것은 사실이다. 노화를 조절하는 다양한 유전자와 생화학적 경로가 연구되어 왔으며, 이를 조절함으로써 수명을 연장할 수 있다는 것이 밝혀졌다. 예를 들어, 텔로미어와 텔로머라제와 같은 유전자와 단백질은 노화와 관련이 있으며, 이를 조절함으로써 노화를 늦출 수 있다고 알려져 있다.

그러나 현재의 기술로 인간의 수명을 몇 살까지 연장할 수 있는지는 명확하게 알려져 있지 않다. 수명 연장에 대한 연구는 아직 초기 단계에 있으며, 인간의 수명을 무한정 연장할 수 있는 기술은 아직 개발되지 않았다. 현재까지의 연구 결과를 토대로 볼 때, 일부 연구에서는 기대 수명을 몇 년에서 최대 수십 년까지 늘릴 수 있다고 주장하고 있지만, 이에 대한 학계의 공감대는 아직 형성되지 않았다.

[Q10] 독도는 지금 공식적으로 어느 나라 영토이며, 일본이 자기 영토라고 주장하는 핵심 근거는 무엇이고, 이 문제를 국제사법재판소로 간다면 결과는 어떻게 될 것인가?

[A] 독도는 현재 공식적으로 대한민국의 영토로 간주되며, 대한민국 정부가 실질적인 통치를 수행하고 있다. 일본은 독도를 자신의 영토인 '타케시마'라고 주장하며, 그 근거로 1905년 일본 정부의 독도 편입령과 고대 문헌에서 독도에 대한 언급을 들고 있다.

국제사법재판소(ICJ)로 이 문제가 간다면 결과는 불확실하다. ICJ는 영토 분쟁에 대한 판결을 내릴 수 있으나, 각 당사국의 동의가 필요하다. 대한민국은 ICJ로의 제소에 동의하지 않고 있어, 현재로서는 ICJ가 결정을 내릴 가능성은 낮다.

만약 양국이 동의하여 ICJ로 간다 하더라도, 영토 분쟁에 대한 판결은 과거의 국제법, 역사적 증거, 통치의 실질성 등 다양한 요소를 고려하기 때문에 결과를 예측하기 어렵다. 전문가들의 의견도 이에 대해 분분하며, 뚜렷한 추세를 규명하기 어렵다.

[Q11] 일본은 한국을 침략하여 합병을 한 것에 대해 아직도 진정 어린 사죄를 하지 않고 있다. 일본인들의 어떤 문화와 의식이 이런 행동을 하게 만드는가? 그리고 위안부 문제는 정말 일본인들의 만행인가 아니면 일부 한국인들의 거짓과 조작인가?

[A] 일본이 한국을 침략하고 합병한 것에 대한 사죄에 대한 논란은 여러 가지 요인이 작용하고 있다. 일본 사회의 일부분은 민족주의, 보수주의 사상과 관련된 가치관 때문에 과거의 침략에 대한 인식이 다르거나 부정적이다. 또한, 일본 정부와 일부 인사들이 역사 교육에서 과거의 침략에 대한 책임을 축소하거나 은폐하는 경우가 있다. 이러한 요인들이 일본 사회 내에서 과거의 침략에 대한 진정어린 사죄가 이루어지지 않게 만드는 원인 중 하나다.

위안부 문제는 정말 일본인들의 만행이었다. 여러 역사학자와 연구자들이 일본군 위안부의 존재와 그 시스템의 참혹성을 입증하는 다양한 자료를 발견하였다. 이러한 자료들은 희생자들의 증언, 일본군 관련 문서, 전시 기록 등 다양한 형태로 존재하며, 이를 토대로 한 많은 연구와 저서가 발간되어 왔다. 따라서 위안부 문제는 한국인들의 거짓과 조작이 아닌, 역사적 사실로 입증되어 있는 사안이다.

그러나 일본 내에서도 위안부 문제에 대한 인식 개선을 위해 노력하는 인사들이 있으며, 이들은 역사적 진실을 인정하고 사죄와 배상을 요구하는 입장을 취하고 있다. 이러한 노력은 역사의 진실을 바로잡기 위해 계속 이어져야 할 과제로 남아있다.

제3부

챗GPT가 쏘아올린
새로운 역사의 시작

인류의 운명을 바꾼
인공지능의 놀라운 발전사

AI(인공지능)는 1950년대 처음 등장한 이래 지속적인 발전을 거쳐 현재 우리 일상생활에 보편화되어 있다. 초기에는 지식을 사용해 문제를 해결하는 아이디어와 논리 기반 시스템이 주를 이루었으며, 이후 전문가 시스템과 인공신경망의 개발로 발전했다. 그러나 AI 1차 겨울과 2차 겨울이라 불리는 기간에는 AI에 대한 과대평가와 실망, 연구자들과 기업들의 관심 하락으로 발전에 어려움을 겪었다.

이러한 어려움을 극복하기 위해 데이터 수집 기술과 연산 능력을 높이는 하드웨어 기술이 발전하였고, 딥러닝(Deep Learning) 등 새로운 접근법들이 등장하면서 AI 기술의 발전은 다시 가속화되었다.

1990년대 이후 컴퓨터의 발전과 인터넷 및 모바일 기술의 발전으로 대규모 데이터 처리와 분석 기술이 발전하였다.

2010년대에는 인공지능 분야의 4대 천왕인 제프리 힌트[59], 얀 르쿤[60], 요슈아 벤지오[61], 앤드류 응[62]에 의해 AI 기술이 더욱 발전하였다. 이들은 딥러닝 및 기계 학습 분야에서 혁신적인 연구를 수행하여 AI의 현재 발전에 크게 기여했다.

2012년 알렉스넷이 등장하면서 딥러닝을 이용한 이미지 인

59) 제프리 힌트: 영국 출신의 인지심리학자. 컴퓨터 과학자, 딥러닝 개념의 창시자.

60) 얀 르쿤: 프랑스의 컴퓨터 과학자이자 뉴욕대 수리 교수. 합성곱 신경망의 아버지로 불린다.

61) 요슈아 벤지오: 몬트리올대학 컴퓨터 과학 및 운영 연구과 교수. 얀 루쿤과 벨 연구소에서 만나 같이 이 분야의 주요 인물로 활동하고 있다.

62) 앤드류 응: 영국 출생. 스탠퍼드대학교 부교수, 코세라 의장. 바이두 수석연구원

식 분야에서 큰 발전이 있었고, 이후 다양한 분야에서 인공지능이 급속도로 발전하였다. 오픈AI, 딥마인드, 그리고 구글 브레인 팀이 현재 인공지능 분야에서 큰 주목을 받고 있다.

오픈AI는 2015년 설립된 비영리 연구기관으로 인공지능 연구 및 개발을 목적으로 한다. 미국 캘리포니아 주 샌프란시스코에 본사를 두고 있으며, 연구원들은 전 세계에서 모인 석학들로 구성되어 있다.

오픈AI는 자연어 처리, 컴퓨터 비전, 로보틱스 등 다양한 분야에서 기술이 적용되고 있다. 또한 오픈AI는 전 세계에서 가장 큰 인공지능 연구기관 중 하나로 인정받고 있다.

GPT 모델은 오픈AI의 대표적인 기술로 대규모 텍스트 데이터로 사전 훈련되어 인간과 자연어를 자연스럽게 이어주는 자연어 처리 모델이다. 샘 알트먼은 오픈AI의 대표이사로 일론 머스크와 함께 공동 설립하였다.

딥마인드는 2010년에 설립된 인공지능 연구 회사로 복잡한 문제를 해결하기 위한 기계 학습 알고리즘 및 시스템을 개발한다. 딥마인드는 이전에 구글의 계열사로 있었으며 현재는 알파벳 Inc.의 일부로 소속되어 있다. 디미스 하사비스가 이끄는 딥마인드는 바둑 프로그램 알파고로 유명해졌다. 알파고는 2016년 이세돌 9단을 상대로 승리하며 전 세계적으로 큰 주목을 받았다. 딥마인드는 AI가 의료 분야에서의 활용 가능성에 대한 연구를 진행하고 있다.

이세돌 9단과 알파고의 대결 장면

　구글 브레인 팀은 구글의 인공지능 및 머신 러닝 연구와 개발을 담당하는 조직이다.

　구글 브레인 팀은 2011년 구글의 앤드류 응과 제프 딘을 비롯한 일부 엔지니어들에 의해 설립되었다. 이 팀은 머신 러닝, 딥러닝, 강화 학습 등 다양한 분야에서 연구를 진행하며, 구글의 제품과 서비스 개발에 이를 적용하고 있다.

　구글 브레인 팀은 이미지 인식, 음성 인식, 자연어 처리 등의 분야에서 연구를 진행했으며, 이후에는 딥러닝 등의 분야에서도 활동 범위를 확대했다.

　구글 브레인 팀은 텐서플로와 같은 오픈소스 머신 러닝 라이브러리를 개발하였으며, 또한 GAN을 비롯한 다양한 머신 러닝 및 딥러닝 기술과 알고리즘을 개발해 왔다. 이러한 연구 성과는 구글의 다양한 제품과 서비스에 적용되어 있으며, 구글의 AI 연구와 개발 분야에서 중요한 역할을 담당하고 있다.

트랜스포머 모델을 처음 제시한 것도 구글 브레인 팀의 아시시 바스와니, 노암 셰이저 등 8명의 연구원이었다.

이 논문이 발표된 이후, 자연어 처리 분야에서 획기적인 발전이 있었다. 이전에는 문장의 맥락을 파악하는 데 어려움이 있었지만, 이후 트랜스포머 기반 모델들이 등장하면서 이 문제를 크게 개선되었다.

트랜스포머 모델들은 BERT, GPT 등 다양한 모델들을 비롯하여 자연어 처리 분야에서 많은 활용을 이루고 있으며, 이를 바탕으로 대화 시스템, 기계 번역, 문서 요약 등 다양한 어플리케이션에서 큰 발전이 이루어졌다.

이미지 처리 분야에서도 어텐션 메커니즘이 적용되면서, 기존의 합성곱 신경망 모델의 한계를 극복하고, 더욱 높은 성능을 얻을 수 있게 되었다.

이를 바탕으로 대용량 이미지 분류, 객체 검출, 이미지 생성 등 다양한 분야에서 큰 발전이 이루어졌다.

어텐션 메커니즘을 바탕으로 한 모델들의 등장은 인공지능 분야에서 더욱 광범위하고 정교한 문제를 다룰 수 있게 되었으며, 인간 수준의 자연어 이해와 이미지 인식 능력을 가진 AI 시스템 개발을 더욱 가속화시켰다.

AI의 혁신과
일상생활의 변화

    21세기 초, 인공지능이 발전하면서 챗봇 기술이 우리 일상생활에 눈에 띄게 변화를 가져왔다.

    대한민국에서는 2002년부터 인기를 끌었던 심심이 챗봇이 그 시작이었다. 심심이는 2017년부터 나쁜 말 분류기인 DBSC(Deep Bad Sentence Classifier)를 사용해 윤리 문제를 해결하고 기업들이 안전하게 챗봇을 사용할 수 있게 되었다.

    스캐터랩에서 출시한 이루다 챗봇은 초기에 혐오 발언과 개인정보 침해 문제로 논란이 되었으나, 이루다2.0으로 개선된 버전을 2022년 10월에 출시하여 사용자들과의 대화가 가능하게 되었다.

    음성 인식 기능을 갖춘 AI 스피커는 AI 비서로 변화하였다.

    날씨 정보, 일정 관리, 음식점 예약, 음악과 영상 추천 등 다양한 기능을 제공하며, 금융권, 의료권, 법률권에서도 전문가 챗봇으로 지원해준다.

    아마존의 알렉사, 구글의 어시스턴트, 애플의 시리 등 세계적으로 인기 있는 AI 스피커들은 IoT 기능을 통해 다양한 스마트 기기를 제어할 수 있다. 알렉사는 팟캐스트, 선풍기, 형광등 제어, 의상 추천 등의 기능을 제공한다.

세계 전체에서 약 80억대의 AI 스피커가 판매되었다. 챗GPT
와 AI 스피커가 결합하면 듣고 분석하여 말하는 능력이 생긴
다. 주식 구매, 필요한 물품 구매, 노인들의 의료 케어, 생활정
보와 지식정보 등 다양한 기능을 제공할 것이다.

그러나 광고성 알람과 개인정보 저장에 대한 우려로 인해 AI
스피커의 인기가 떨어지고 있다. 챗GPT 스피커는 이러한 문제
를 보완하여 시장에 출시해야 할 것이다.

이젠
동영상 생성 AI에서 격돌
(텍스트 입력하면 AI가 동영상 뚝딱 제작)

    2023년 1월, 오픈AI의 CEO 샘 알트만은 비디오 생성 인공지능 출시 계획을 발표했다. 그는 "시간이 조금 걸리겠지만 곧 비디오 생성 AI가 나올 것"이라고 말하며 기술 업계의 관심을 끌고 있다.

    이를 통해 오픈AI는 텍스트 기반 인공지능에서 시각적 콘텐츠 생성 능력까지 확장할 것으로 보인다. 이 기술의 발전은 콘텐츠 제작 및 엔터테인먼트 산업의 인공지능 활용 가능성을 넓히게 될 것이다.

    오픈AI 외에도 메타와 구글은 2022년 9월 말과 10월 초에 동영상 생성 AI 기술을 공개했다. 구글은 텍스트 투 비디오 AI인 이매젠 비디오(Imagen Video)를 발표했다. 이 기술은 사용자가 키워드를 입력하면, AI가 이해하여 관련된 동영상을 생성하는 기술이다. 또한, 구글은 페나키(Phenaki)라는 비슷한 기술을 개발했다. 이 기술은 상세한 프롬프트를 사용하여 더 긴 비디오를 생성할 수 있다.

    메타는 메이크-어-비디오(Make-A-Video)라는 동영상 제작 AI를 발표했다. 이 기술은 사용자가 텍스트를 입력하여 원하는 영상을 만들 수 있다. 예를 들어, '망토를 쓰고 하늘을 나는 개'나 '화성에 착륙하는 우주선'과 같은 키워드를 텍스트로 입력하면 AI가 이 내용을 이해하여 관련된 동영상을 생성해준다.

구글과 메타의 기술들은 디퓨전 모델이라는 새로운 AI 훈련 방식을 활용하고 있다. 디퓨전 모델은 기존의 적대적 생성 신경망(GAN) 기반 비전 기계학습보다 한 단계 더 진일보한 것으로 평가된다. 그러나 이 기술들은 성적, 폭력적, 유해한 콘텐츠를 생성할 가능성이 있어 상용화를 신중하게 검토하고 있다.

텍스트 투 비디오 AI 기술은 광고, 영화, 애니메이션 산업 등 다양한 분야에서 활용 가능성이 높다. 이를 통해 시간과 비용을 절약하며 다양한 아이디어를 신속하게 시각화할 수 있다.

디퓨전 모델 기반의 텍스트 투 비디오 AI 기술은 윤리적인 문제와 함께 다뤄져야 한다. 영상 생성 AI가 악용되어 포르노나 편향된 내용의 영상, 거짓 정보가 담긴 '딥페이크' 콘텐츠 등의 문제가 발생할 수 있다. 적절한 기술적 대응책과 법적 규제가 필요하다.

이러한 문제를 해결하기 위해 필터링 기술을 개선하고, AI 기술이 악용될 수 있는 가능성을 최소화하기 위한 관리 방안을 마련해야 한다. 구글과 같은 기업들도 문제를 최소화하기 위해 노력하고 있다.

　국내에서는 KT와 웨인힐스브라이언트 등의 업체들이 동영상 생성 AI를 활용한 서비스를 선보이고 있다. 이러한 기술의 발전은 음성, 이미지, 영상 콘텐츠 제작을 더욱 빠르고 효율적으로 만들어주어, 콘텐츠 생산 비용을 절감하고 창작자들에게 더 많은 기회를 제공할 것으로 기대된다.

　AI 기반 영상 생성 기술은 시각적인 요소가 중요한 교육, 광고, 마케팅, 뉴스 산업 등 다양한 분야에서 적용 가능하며, 국내 디지털 콘텐츠 시장의 성장에 기여할 것이다. 특히, AI 기반 영상 생성 기술을 접목한 KT의 'AI 보이스 스튜디오(AI 음성합성 콘텐츠 제작)'와 같은 서비스는 언어 및 표현의 다양성을 향상시키고, 글로벌 시장에서 경쟁력을 갖춘 콘텐츠를 제작할 수 있도록 도움을 줄 것이다.

　국내에서도 AI 이미지 생성 기술이 딥페이크 범죄에 악용될 수 있고, 창작자 의사와 상관없이 저작물을 변형시켜 원본 가치를 훼손할 가능성이 있다. 딥페이크를 생성하거나 조작하는 시스템의 경우, EU 인공지능 법안에서는 서비스 제공자에게 AI 기술이 적용되었다는 점을 고지하고 공개할 의무를 부과하고 있으나, 국내에서는 아직 관련 법이 미비한 상황이다.

　앞으로 동영상 생성 AI 기술은 다양한 분야에서 더욱 활용될
것으로 예상된다. 교육자들은 이 기술을 이용해 학습자들에게
동영상 강의를 제공할 수 있으며, 연구자들은 실험 결과를 더
쉽게 시각화할 수 있다. 의료 분야에서는 환자들에게 알기 쉬
운 시각 자료를 제공함으로써 환자들이 치료 방법이나 치료 과
정을 이해하는데 도움을 줄 것이다.

안드로이드 로봇이
챗GPT의 최종 종착역

    인공지능 로봇은 걷고 뛰는 능력까지 보유한 로봇으로, 기계로 대체되는 사이보그에서 인간과 비슷한 모습을 가진 휴머노이드를 거쳐 인조인간인 안드로이드로 점차 진화할 것이다.

    로봇의 기계 공학이 두뇌격인 챗GPT의 발전으로 그동안 영화에서나 상상할 만한 안드로이드가 이제는 현실 세계로 금방 실현될 것 같은 느낌도 든다. 하지만 생각보다 시간은 훨씬 더 소요될 것이다. 그래도 챗GPT의 종착역에는 안드로이드가 기다리고 있을 것이다.

    안드로이드 로봇의 발전을 위해서는 다양한 기술들이 총결집되어야 한다. 이러한 기술들은 다음과 같다.

    인지 과학 기술을 통해 인간의 인지 과정을 이해하고 모방하며, 인공지능 로봇이 자연스럽게 인간처럼 행동할 수 있도록 한다. 이를 위해 인지 모델링, 심리학, 인지 신경과학 등의 기술이 활용된다.

    로봇공학 기술은 인간과 같이 움직이고 인간과 같은 환경에서 작동할 수 있는 로봇을 설계, 제작, 제어한다. 이를 위해 로봇 제어, 로봇 운동학, 로봇 인식 등의 기술이 필요하다.

컴퓨터 비전 기술은 이미지 인식, 객체 인식, 얼굴 인식 등의 분야로 구분되며, 인공지능 로봇이 눈의 시각 기능을 모방하고 재현할 수 있도록 한다. 이를 위해 객체 인식과 깊이 인식 기술이 활용된다.

자율주행 기술은 인공지능 로봇이 자율적으로 이동하고 주변 환경을 인식하며, 안전하고 원활한 이동을 할 수 있도록 만드는 기술이다. 이를 위해 동시적 위치 추적 및 지도작성(SLAM), 경로 계획, 장애물 회피, 센서 기술 등이 활용된다.

감성 인공지능 기술을 통해 인공지능 로봇이 감정을 이해하고 표현할 수 있게 되며, 인간과 자연스러운 대화를 위해 자연어 이해, 자연어 생성, 대화 모델링 등의 대화형 시스템 기술이 필요하다.

TTS(Text-to-Speech)와 STT(Speech-to-Text) 기술의 발전을 통해 인공지능 로봇이 인간의 발화를 정확하게 이해하고, 대응할 수 있게 된다.

감각 및 동작 인식 기술은 인간 감각 기능을 모방하고 재현하기 위해 필요한 기술로, 감각 데이터 처리와 동작 인식을 통해 로봇이 인간처럼 다양한 감각 정보를 처리하고 반응할 수 있도록 한다. 이를 위해 터치, 청각, 후각 등의 인식 기술과 로봇에 필요한 센서 기술들이 활용된다.

인공지능 학습 및 최적화 기술은 로봇이 빠르게 새로운 지식을 습득하고, 기존 지식을 향상시키며, 더 나은 성능을 발휘할 수 있도록 한다. 이를 위해 강화 학습, 지도 학습, 비지도 학습 등의 기계 학습 방법과 최적화 알고리즘이 사용된다.

에너지 효율 및 지속 가능한 로봇 기술은 로봇이 지속적으로 작동할 수 있도록 에너지 사용을 최적화하고, 환경 친화적인 방식으로 운영될 수 있도록 한다. 이를 위해 에너지 절약 기술, 충전 및 배터리 관리 기술 등이 활용된다.

또한, 인공지능 로봇이 최종적으로 인간 모습을 갖춘 로봇이 되기 위해서는, 더욱 발전된 기술들이 필요하다.

예를 들어, **뇌-컴퓨터 인터페이스(BCI) 기술**을 활용하여, 인공지능 로봇이 인간의 뇌파를 인식하고, 명령을 수행하는 것이 가능해질 것이다. 또한, 감성공학 기술을 활용하여, 인공지능 로봇이 인간과 같이 감정을 경험하고, 표현할 수 있도록 만들어 나갈 수 있다. 인공지능 로봇이 사람들과 자연스럽게 상호작용하기 위해서는, 더욱 발전된 컴퓨터 비전 기술, 로봇공학 기술 등이 필요할 것이다.

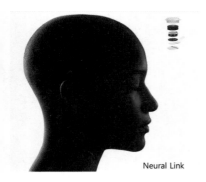

Neural Link

인공지능 로봇이 인간과 함께 살아가는 미래에서는, 인공지능 로봇이 인간의 일부가 되기도 하며, 인간과 함께 일하는 동료가 되기도 한다. 이에 따라, 인공지능 로봇의 안전성, 개인정보 보호 등에 대한 문제도 함께 고려되어야 한다.

챗GPT가 바꾼
구글 검색엔진 최적화(SEO) 전략

구글은 오랫동안 인공지능(AI)이 유용한 정보 전달 능력에 혁신을 가져올 수 있는 힘이 있다고 믿어 왔다. 이를 위해 콘텐츠의 생성 과정보다는 품질에 중점을 두어 신뢰할 수 있는 우수한 결과를 사용자에게 제공해왔다. 인간이 대량으로 생성한 콘텐츠에 대한 우려에도 불구하고, 구글은 양질의 콘텐츠에 보상을 제공하도록 시스템을 개선했다.

구글의 핵심 가치 중 하나는 신뢰할 수 있는 정보 제공이다. 이 가치는 순위 시스템과 사용자 중심의 콘텐츠 제공 시스템을 통해 이어져 왔다. 이 시스템은 사용자에게 검색 순위보다 중요한 콘텐츠를 제공하는 것을 목표로 한다.

2022년 11월 이후 챗GPT의 인기가 높아지면서 구글의 검색 시스템도 영향을 받게 되었다. 이에 따라 구글은 챗GPT가 가질 수 없는 경험을 강조하는 방향으로 전략을 수정하였다.

챗GPT가 생성한 콘텐츠도 전문성, 권위성, 신뢰성 등을 갖춘 고품질 콘텐츠라면, 구글 검색 결과에서 높은 순위를 차지할 수 있다.

구글은 매년 수백 가지 순위 알고리즘을 업데이트해 더 나은 검색 경험을 제공하기 위해 노력한다. 2023년 구글 SEO 전략은 챗GPT의 등장과 관련해 중요한 변화를 겪게 되었다.

챗GPT는 사용자들에게 질문에 대한 답을 제공함으로써 구글 검색 사용자를 빼앗아갈 가능성이 있다. AI가 생성한 콘텐츠가 검색 결과에서 범람할 경우 구글의 신뢰도를 저해할 수 있다.

이에 따라 구글은 전문성, 권위성, 신뢰성의 약자인 EAT의 평가 요소에 경험(Experience)이라는 요소를 추가하여 EEAT로 전환한다.

챗GPT는 이미 높은 전문성과 신뢰성을 입증하였지만, 실제 경험이 없기 때문에 구글은 경험을 평가 요소로 더 많이 반영할 것이다. 또한 챗GPT로 인해 사람과 AI가 생성한 콘텐츠를 구분하는 것이 어려워질 수 있으며, 특정 분야의 전문성, 권위성, 신뢰성만으로는 충분하지 않기 때문이다.

콘텐츠 생성자들과 검색 사용자들은 EEAT에서 경험(Experience)이 가장 중요한 요소로 등장한 이유를 고려해야 한다.

이를 바탕으로 2023년 이후 구글 SEO뿐만 아니라 유튜브, 네이버 등의 콘텐츠 마케팅 방향을 잡아 나가야 할 것이다. 이러한 변화에 대응하기 위해서는 콘텐츠 생성자들이 전문성, 권위성, 신뢰성뿐만 아니라 실제 경험을 바탕으로 한 차별화된 콘텐츠를 제공하는 것이 중요하다.

오픈AI의
설립과 성장

오픈AI는 2015년 12월 샌프란시스코의 파이오니어 빌딩에서 설립되었으며, 일론 머스크, 샘 알트만, 피터 틸, 레이드 호프만 등 유명한 기업가들이 10억 달러를 투자해 창립하였다.

아마존 웹 서비스팀, 인도 시스템통합 업체 인포시스, YC리서치 등도 참여했다. 일론 머스크와 샘 알트만이 공동 의장을 맡았고, 일리야 서츠케버가 연구 총괄을, 그렉 브로크만이 기술 총괄을 맡았다.

2016년 4월 오픈AI는 강화 학습 알고리즘인 오픈AI Gym의 베타 버전을 출시하였고, 2017년에는 로봇 개발에 강화 학습 방법론을 사용하였다.

2018년부터 2021년까지 그렉 브로크만은 GPT 언어 생성 모델 시리즈 제작에 참여했다. 이 모델은 딥러닝을 사용하여 구절을 번역 및 요약하고 사람과 같은 텍스트 출력을 구성한다.

2021년 7월 오픈AI는 코딩을 위한 생성 모델인 오픈AI 코덱스를 출시하였다. 이 모델은 GPT-3 언어 엔진을 기반으로 한 디자인으로 간단한 웹 페이지, 애플리케이션 및 게임을 자동으로 프로그래밍하게 해 준다.

일론 머스크는 AI 발전이 거스를 수 없는 대세라는 점을 인정하면서 동시에 보다 안전한 AI 기술을 지지하겠다는 의지를 표명했다. 초기에는 AI 기술이 특정 자본에 종속되지 않고 전 인류의 이익에 도움이 되는 방향으로 인공지능 사업을 추진하였다.

머스크는 테슬라(Tesla)와 스페이스엑스(SpaceX)와 같은 다른 비즈니스에 집중해야 한다는 이유로 이사회에서 물러난 것으로 알려져 있다. 하지만, 2020년 9월 그는 오픈AI가 GPT-3를 마이크로소프트에 독점 라이선스를 부여한 것에 대해 트위터 댓글을 통해 공개적으로 비난했다.

머스크는 "이것은 '공개(Open)와는 전혀 거리가 멀고 오히려 그와는 반대"라며, 이제 "오픈AI는 마이크로소프트의 차지가 됐다"라고 트윗했다.

2018년 일론 머스크가 오픈AI의 이사회에서 물러나고 2019년에 마이크로소프트가 10억 달러 투자를 제공하면서 제한된 영리기업으로 전환되었다. 이러한 변화는 오픈AI가 상업적 측면을 강화하고, 자금을 확보하여 연구 및 개발을 지속적으로 지원할 수 있게 되었다.

오픈AI 입장에서는 컴퓨팅 파워 개선을 위한 어쩔 수 없는 선택이라 변명할 수 있지만, 오픈AI의 설립목적 자체가 근본적으로 변질된 건 사실이었다.

2020년과 2021년, 오픈AI는 인공지능 기술의 발전과 확산을 주도하였다. GPT-3 모델의 출시와 코덱스, DALL-E 등 다양한 인공지능 기술들이 선보여졌다.

이러한 기술들은 인간과 같은 텍스트 생성 능력, 웹 개발 및 프로그래밍 지원, 이미지와 텍스트를 결합하여 새로운 이미지를 생성하는 능력 등 다양한 분야에서 혁신을 이루었다.

오픈AI는 경쟁력 있는 인공지능 시장에서 빠르게 성장하며, 다른 기술 기업들과 협력을 통해 새로운 기술을 개발하고 상품화하는데 집중하였다. 또한, 오픈AI는 인공지능 기술의 안전성과 윤리성에 관심을 가지고, 안전한 인공지능 개발을 위한 가이드라인과 원칙을 제시하였다.

앞으로의 오픈AI는 인공지능 기술의 경계를 더욱 확장하고, 다양한 분야에서 인공지능 기술을 활용한 혁신적인 제품 및 서비스를 선보일 것으로 기대된다. 이러한 발전을 통해 오픈AI는 인공지능 분야의 선두주자로서의 위치를 굳건히 할 것으로 예상된다.

(저자: 일리야 수츠케버, 그렉 브로크만, 샘 알트만, 엘론 머스크)

우리는 더 큰 커뮤니티의 일부로 AI를 구축하려고 노력하고 있으며 그 과정에서 우리의 계획과 기능을 공유하고자 한다. 우리는 또한 조직의 거버넌스 구조를 공고히 하기 위해 노력하고 있으며 2016년 말에 이에 대한 생각을 공유할 것이다.

지능에 대한 지표를 정의하는 것은 까다롭지만 진행 상황을 측정하고 연구에 집중하려면 지표가 필요하다. 따라서 에이전트가 광범위한 환경에서 사용자가 의도한 목표를 얼마나 잘 달성할 수 있는지 측정하는 살아있는 지표를 구축하고 있다.

목표 1: 진행 상황 측정

메트릭(Metric)은 게임, 로봇 공학 및 언어 기반 작업을 포함하여 단일 에이전트가 모든 환경에서 실행할 수 있도록 통합된 작업 및 관찰 공간이 있는 다양한 오픈AI Gym 환경으로 구성된다. 우리의 구현은 시간이 지남에 따라 발전할 것이며 그 과정에서 커뮤니티를 계속 업데이트할 것이다.

목표 2: 가정용 로봇 만들기

우리는 물리적 로봇(기성품, 오픈AI에서 제조하지 않음)이 기본 가사를 수행할 수 있도록 노력하고 있다. 특정 작업에 대한 기존

기술이 있지만 우리는 학습 알고리즘이 결국 범용 로봇을 만들 수 있을 만큼 충분히 신뢰할 수 있게 된다고 믿는다. 보다 일 반적으로 로봇공학은 AI의 많은 과제에 대한 좋은 테스트 베 드이다.

목표 3: 유용한 자연어 이해를 갖춘 에이전트 구축

우리는 언어로 지정된 복잡한 작업을 수행할 수 있는 에이 전트를 구축할 계획이며 모호한 경우 작업에 대한 설명을 요 청한다.

오늘날에는 질문 응답, 구문 분석 및 기계 번역과 같은 지도 언어 작업을 위한 유망한 알고리즘이 있지만, 대화를 수행하는 능력, 문서를 완전히 이해하는 능력, 자연어로 복잡한 지시를 따르는 능력 등이 요구된다. 우리는 이러한 문제를 해결하기 위 해 새로운 학습 알고리즘과 패러다임을 개발할 것이다.

목표 4: 단일 에이전트를 사용하여 다양한 게임 해결

우리는 초기 메트릭에서 모든 게임을 해결할 수 있는 충분한 능력을 갖춘 에이전트를 교육하는 것을 목표로 한다. 게임은 매 우 다양한 가상 미니 세계이며, 게임을 빠르고 잘 플레이하는 방법을 배우려면 생성 모델과 강화 학습의 상당한 발전이 필요 하다. (우리는 지난 몇 년 동안 이 분야에서 인상적인 결과를 만들어낸 딥마 인드의 선구적인 작업에서 영감을 받았다.)

우리의 프로젝트와 기초 연구는 모두 핵심을 공유하므로 어느 것이든 진전이 있으면 다른 사람에게 도움이 될 것이다. 각각은 목표 해결의 다른 측면을 포착하고 메트릭을 크게 이동할 수 있는 잠재력 때문에 선택되었다.

챗GPT를 만든 사람들

챗GPT는 오픈AI에서 개발한 대화형 인공지능 모델 중 하나로, 개발에 참여한 인물은 많지만, 특히 다음과 같은 인물들이 큰 기여를 했다.

알렉 라드포드(Alec Radford): 알렉은 오픈AI의 연구원이며, GPT-2와 GPT-3를 비롯한 대규모 언어 모델의 개발에 큰 기여를 했다.

Improving Language Understanding by Generative Pre-Training

Alec Radford	Karthik Narasimhan	Tim Salimans	Ilya Sutskever
OpenAI	OpenAI	OpenAI	OpenAI
alec@openai.com	karthikn@openai.com	tim@openai.com	ilyasu@openai.com

---

일리야 수츠케버(Ilya Sutskever): 일리야 스츠케버는 오픈AI의 공동 창업자이며, 딥러닝 분야에서 굉장히 유명한 인물 중 한 명으로, 챗GPT에 사용된 딥러닝 기술의 개발에 큰 기여를 했다.

샘 알트만(Sam Altman): 샘 알트만은 오픈AI의 CEO이며, 인공지능 분야에서 세계적으로 유명한 인물 중 한 명이다.

그렉 브로크만(Greg Brockman): 그렉 브로크만은 오픈AI의 초기 CTO였으며, 챗GPT와 같은 대화형 인공지능 모델의 개발에 큰 기여를 했다. 현재는 회사 전략과 함께 중요한 경로에 대한 개인 코딩 기여의 고유한 조합을 반영하는 새로운 역할인 사장이 되었다. 그는 AI 시스템 교육에 집중하고 있다.

미라 무라티(Mira Murati): 미라 무라티는 오픈AI의 최고 기술 책임자(CTO)를 맡아 챗GPT를 개발하였으며, 지난 수개월 동안 AI 연구, 제품 및 파트너십 기능을 담당하고, DALL·E의 성공적인 출시를 전체 총괄하기도 하였다.

이외에도 오픈AI에는 많은 연구원들이 있으며, 그들 모두가 챗GPT 개발에 큰 기여를 했다.

Craft

Sam Altman
CEO

Brad Lightcap
COO

Greg Brockman
President, Chairman, &
Co-Founder

Ilya Sutskever
Co-Founder and Chief
Scientist

Wojciech Zaremba
Co-Founder

Mira Murati
CTO

두 거물 AI 전문가 인터뷰에서 찾은
단편적 지식들

(뉴빙이 탄생한 2023년 2월 8일 이뤄진 마이크로소프트 CTO
Kevin Scott과 오픈AI CEO Sam Altman과의 인터뷰)

두 거물의 인터뷰는 스트래터처리(Stratechery)를 통해 이뤄졌다. 스트래터처리는 벤 톰슨(Ben Thompson)이 창립한 인기 있는 기술 및 전략 분석 웹사이트이며 팟캐스트도 제공한다. 팟캐스트는 주로 벤 톰슨이 글로 작성한 내용을 오디오 형태로 전달하는 것으로, 기술 산업의 전략적 이슈와 현재의 이슈를 다룬다.

스트래터처리는 마이크로소프트(Microsoft, MS)의 행사가 끝난 후 MS CTO인 케빈 스코트(Kevin Scott) 및 오픈AI 설립자이자 CEO인 샘 알트만(Sam Altman)과 이야기할 기회를 가졌다.

단일 제품 발표로 인해 서로 다른 두 회사의 임원 두 명과 접촉할 수 있는 시간이 짧았기 때문에 MS-오픈AI 관계를 더 잘 이해하는 데 집중하였다.

이것은 기술 분야에서 거의 전례가 없는 일이며, MS는 모든 돈을 앞세우고 있고 거의 모든 상승세를 노리고 있는 것처럼 보이지만 당시에는 입증되지 않은 신생 기업에 회사의 미래를 걸었기 때문이다,

어떻게 그러한 합의가 이루어졌고, 함께 일하는 것은 어땠으며, 지난 몇 년 동안 두 회사 간의 관계는 어떻게 발전해 왔는지

가 케빈과 샘에게 물었던 질문들이다.

MS-오픈AI 관계의 기원

세계적인 기술 기업인 MS와 인공지능 분야의 거물 오픈AI 사이에 형성된 파트너십은 신비로운 만남의 결과였다. 이 극적인 이야기는 마이크로소프트 CTO 케빈 스코트(KS)와 오픈AI CEO 샘 알트만(SA)이 맺은 우정에서 시작되었다. 그들의 관계는 수 년 전, 샘 알트만이 루프트(Loopt)라는 스타트업의 엔지니어링 책임자로 케빈 스코트를 영입하려 했던 시절로 거슬러 올라간다. 그들의 만남은 세월이 흘러 MS와 오픈AI 사이의 파트너십으로 발전하게 되는 계기가 되었다.

2018년 여름, MS CEO 사티아 나델라가 케빈에게 오픈AI와의 협력을 탐색하라고 지시했다. 이를 시작으로, 두 회사는 깊은 협력 관계를 형성하게 되었으며, 이 파트너십에서 오픈AI는 AI 팀을 지원하고, 마이크로소프트는 기술 인프라와 영업 지원을 제공하였다.

케빈 스코트와 샘 알트만의 불가분의 관계는 두 회사가 서로를 신뢰하고 성공적으로 협력할 수 있는 기반이 되었다. 그러나 현실의 세계에서 기업 간의 협력이 항상 순탄한 것만은 아니었다. 때로는 불화도 생겼다. 하지만, 케빈과 샘은 그들의 끈끈한 우정과 서로에 대한 신뢰로 이러한 어려움을 극복해 나갔다.

그들은 서로를 완벽하게 보완하는 비즈니스 파트너였으며, 이것이 바로 세계에서 가장 성공적인 기술 파트너십 중 하나로 성장할 수 있었던 이유였다. 이 이야기는 결국 서로를 신뢰하고 존중하는 두 사람이 어떻게 협력하여 놀라운 성과를 이루어 낼 수 있는지를 보여주는 감동적인 이야기가 된다. 두 기업은 지난 3년 반 동안 함께 일했으며, 그들의 협력은 AI 챗봇 시장에 큰 변화를 가져왔다.

서로 다른 회사 목표의 조화

오픈AI의 샘은 MS와 협력을 통해 주는 것과 받는 것의 균형이 있고, 양 회사가 서로를 돕기도 하며 더 나은 결과를 얻을 수 있다고 강조했다. 그는 MS와의 협력이 상호 이해와 인식을 바탕으로 이루어지며, 때때로 차이점이 있지만 좋은 파트너로 작용한다고 말했다.

MS의 케빈은 MS와 오픈AI의 협력을 통해 서로의 기술을 보완하고 가속화할 수 있었다고 설명했다. 그는 MS가 여전히 자체적으로 AI 연구와 개발에 투자하고 있으며, 오픈AI와의 협력을 통해 이러한 노력이 발전하고 있다고 말했다.

두 회사의 협력은 기술 플랫폼 회사로서의 MS의 전통적인 역할과 일반/범용인공지능(AGI)에 대한 O오픈AI의 목표를 통합하는 데 초점이 맞춰져 있다. 케빈은 이 협력을 통해 두 회사가 함께 전체 플랫폼 그림을 완성하고, 기술이 출현하고 확장되며 가능한 한 많은 사람에게 유용할 수 있도록 하는 것이 핵심이라고 강조했다.

각자 독립된 회사의 통합

샘과 케빈은 오픈AI와 MS 간의 협력이 성공적이라고 강조하며, 이러한 협력은 일반적으로 신제품 개발 시 볼 수 없는 심층 통합을 보여준다고 언급하였다. 그들은 기술(오픈AI의 AI기술)과 제품(MS의 '빙'과 같은 제품) 사이의 단순한 분리가 아니라, 양 회사 간의 긴밀한 협력이 이루어졌다고 설명하며, 서로의 전문 지식을 교환하고 함께 개선해 나갔다고 말했다.

이 협력은 서로에게 도움이 되는 초기 제품 실험을 통해 시너지를 창출했으며, 서로의 데이터와 제품에 대한 통찰력을 교환하여 협력을 더욱 탄탄하게 만들었다. 그들은 또한 이 과정에서 양측이 서로를 신뢰하고 좋아하며, 선의로 함께 일했다고 강조하였다.

이러한 협력의 핵심은, 서로에 대한 신뢰와 좋은 의도가 조직 설계, 파트너십 구축 및 계약 이해에 큰 영향을 미치며, 이를 통해 문제를 해결하고 성공적인 협력을 이루어낼 수 있다고 설명하였다.

깃허브 코파일럿[63]과 같은 제품 개발 과정에서, 오픈AI와 MS는 각각의 전문 지식을 결합하여 자연어 처리와 코드 생성의 결합을 성공적으로 이루어냈다.

이 과정에서 얻은 경험을 바탕으로, '빙(Bing)'과 같은 또 다른 제품 개발에도 원활한 협업을 이어갈 수 있었다고 언급하였다. 연습하고 지속적으로 발전하는 과정을 통해, 이들은 더 큰 협력 프로젝트를 효과적으로 수행할 수 있었다는 것이다. 이 같은 협력이 지속적으로 발전하면서, 오픈AI와 MS의 제품과 서비스가

63) 깃허브 코파일럿(GitHub CoPilot): 개발자들이 에디터에서 ChatGPT와 유사한 경험을 할 수 있도록 해주는 기능을 가진 제품.

더욱 개선되고, 새로운 기술과 제품의 혁신을 촉진하게 되었다.

컴퓨팅 비용 및 비즈니스 모델

<- 트윗

Sam Altman ● @sama · 2022년 12월 5일   ···
ChatGPT launched on wednesday. today it crossed 1 million users!

💬 1,125   ↻ 4,011   ♡ 5.2만   📊   ⬆

Elon Musk ● @elonmusk · 2022년 12월 5일   ···
@sama 님에게 보내는 답글
What's the average cost per chat?

💬 2,661   ↻ 1,818   ♡ 5.2만   📊   ⬆

Sam Altman ●   ···
@sama

@elonmusk 님에게 보내는 답글

average is probably single-digits cents per chat; trying to figure out more
precisely and also how we can optimize it
영어에서 번역(Google 제공)
평균은 아마도 채팅당 한 자릿수 센트일 것입니다. 보다 정확하게 파악하고
최적화할 수 있는 방법

오후 4:46 · 2022년 12월 5일

샘(Sam Altman)과 케빈(Kevin Scott)은 '챗GPT'와 '빙(Bing)'의 협력에 관한 몇 가지 실용적인 질문에 대해 논의하였다.

샘은 쿼리당 1센트가 아닌 대화당 1센트의 비용이라고 설명하며, 비용에 대해 '빙'과 비슷한 문제가 있는지 물었다. 이에 케빈은 성능 최적화에 대한 능력 덕분에 '빙'의 비용 문제가 크게 개선되었으며, 이로 인해 광고 지원 제품이 시장에 출시되는 데

유연성이 생겼다고 설명하였다. 샘은 협력을 통해 리소스와 아이디어를 공유하고 서로 돕는 방식으로 비용을 줄일 수 있다고 생각한다고 언급하였다.

또한, 새로운 '빙' 기능 중 일부가 챗GPT에 제공되며, 오픈 소스가 되는지에 대한 질문에 샘은 오픈AI는 계속해서 오픈 소스 작업을 하고 기능에 대한 협력을 진행할 것이라고 답했으나, MS의 소스는 공개하지 않을 것이라고 명확히 하였다. 그리고, 광고와 관련된 인터페이스가 존재하지만 채팅 인터페이스로 바로 전환되는 것에 대한 논의도 있었다.

이는 사용자 선택 경매의 역학에 영향을 줄 수 있으며, 다른 비즈니스 모델이 필요할 수도 있다는 사티아(Satya)의 발언에 대한 질문이 제기되었다. 샘은 이 부분에 대한 구체적인 답변을 하지 않았으나, 새로운 모델이 어떤 영향을 미칠지 알아낼 것이라고 언급했다.

마지막으로, 인터뷰에서는 인터페이스와 관련된 몇 가지 흥미로운 주제를 다뤘다. 대화 중에 검색 프롬프트가 표시되는 방식, 최신 정보의 정확도 및 새로운 상호 작용 모델에 대한 논의가 이루어졌다.

샘은 이 부분에 대한 명확한 답변을 하지 못했지만, 검색 경쟁이 사용자에게 이로움을 가져올 것이라고 생각한다고 밝혔다. 케빈도 이에 동의하며, 올해 혁신이 지속될 것이라고 기대해 자신감을 표출했다.

샘과 케빈은 또한, 인공지능 분야에서의 협력과 경쟁의 중요성에 대해 언급하였다. 이들은 기업 간 협력이 이상적인 결과를 이끌어 낼 수 있다고 믿으며, 서로에게 도움이 될 수 있는 기술과 아이디어를 공유하는 것이 중요하다고 강조했다. 경쟁과 협력은 AI 기술 발전을 촉진하며, 사용자에게 더 나은 서비스와 경험을 제공할 수 있도록 도와준다고 덧붙였다.

또한 인터뷰에서는 인공지능의 미래와 관련된 의견도 논의되었다. 샘은 GPT-4를 기반으로 한 챗GPT와 같은 모델의 가능성을 높이고자 오픈AI가 지속적으로 연구 및 개발에 투자할 것이라고 언급했다.

케빈은 MS에서도 유사한 방식으로 AI 기술 발전을 지원하며, 이들이 제공하는 서비스와 제품의 질을 향상시키기 위해 끊임없이 노력할 것이라고 설명했다.

그리고, 샘은 AI 개발의 한 가지 중요한 측면은 사용자의 프라이버시와 데이터 보호임을 강조하였다. 이러한 문제를 해결하기 위해 적절한 조치를 취하는 것이 필수적이며, 기업은 사용자의 정보를 존중하고 안전하게 보호할 책임이 있다고 주장했다.

케빈도 이에 동의하면서, MS는 사용자 데이터 보호에 매우 진지하게 접근하고 있다고 설명했다. 결론적으로, 샘 알트만과 케빈 스코트는 챗GPT와 빙 사이의 협력이 인공지능 산업에 긍정적인 영향을 미치고, 사용자에게 더 나은 경험을 제공할 것이라고 기대하고 있다.

이들은 기술 발전을 이끌고자 지속적으로 협력하고 서로를 격려하는 방식으로 앞으로도 AI 산업을 선도할 것이라는 믿음을 밝혔다.

오픈AI,
범용인공지능(AGI)에 다가갈까

2023년 1월 오픈AI CEO 샘 알트만이 한 인터뷰를 통해 GPT-4에 대한 입장을 밝힌 바가 있다. 그 당시 알트만은 업계에서 많은 기대를 모으고 있는 GPT-4에 대해 "우리가 안전하고 책임감 있게 배포할 수 있다고 확신하는 시점에 나올 것"이라고 말했으며, 일각에서 GPT-4가 범용 인공지능(AGI)에 가까워질 것이라는 기대에 대해서는 "우리는 AGI를 갖고 있지 않다"고 일축했다.

알트만은 "AGI는 우리가 기대하는 것이지만, GPT-4가 그럴 것이라고 가정하면 실망하게 될 것"이라고 덧붙였다.

실제로 3월 GPT-4에는 AGI의 모습이 보이지 않는다. 기존 챗GPT의 정확도와 오답 비율이 많이 낮아졌으며, 일부 이미지 인식 및 분석이 가능해진 정도이다.

알트만 CEO는 AGI가 생각보다 가까워졌지만 갑작스럽게 도래하지 않을 것이라고 전망했다. AGI는 사람들이 생각하는 것보다 더 점진적으로 다가올 것이기 때문에 시기를 특정하기 어렵다고 말했다.

이 말은 AGI의 발전이 예상보다 더 빠르게 진행되고 있지만, 아직 완전한 범용 인공지능에 도달하기까지는 여전히 시간이 필요하다는 것을 의미한다.

자연어 처리 기술의 발전과
미래 전망

　자연어 처리(NLP, Natural Language Processing)는 컴퓨터가 인간의 말을 이해하고 처리하는 기술로, 인간과 컴퓨터 사이의 소통을 가능하게 한다. NLP 기술은 번역, 음성 인식, 대화 시스템, 감성 분석, 텍스트 분석, 정보 검색 등 다양한 분야에서 활용된다. 자연어 처리 시장은 2025년까지 430억 달러 규모로 성장할 것으로 전망된다.

　1950년대 앨런 튜링이 인간과 기계의 대화를 제안한 것에서 시작되었다. 이후, 대화형 시스템 개발, 형태소 분석과 문법 기반 자연어 처리 기술 개발, 통계 기반 자연어 처리 기술 개발, 코퍼스 기반 자연어 처리 기술이 개발되었다. 2000년대에는 딥러닝 기술이 등장하면서 자연어 처리 분야에서 딥러닝 기술의 활용이 확대되었다.

　2018년에는 오픈AI에서 GPT를 발표하면서 사전 학습 기반 자연어 처리 기술이 한 단계 더 발전하였다. 현재 자연어 처리 분야에서는 대형 언어 모델이 활발하게 개발되고 있다. 대형 언어 모델은 인터넷 상의 대규모 텍스트 데이터를 학습하여 자연어를 이해하고 생성하는 데 사용된다. 이런 대형 언어 모델은 높은 수준의 자연어 이해 능력과 생성 능력을 갖추고 있어, 인간과 기계 간의 대화를 더욱 자연스럽게 만들어주며 다양한 분야에 활용되고 있다.

자연어 처리(NLP) 기술은 크게 5단계로 진행된다. 형태소 분석 단계, 구문 분석 단계, 의미 분석 단계, 담화 분석 단계, 출력 단계가 그것이다.

형태소 분석 단계에서는 자연어 문장을 형태소 단위로 분해하며 형태소의 품사를 판별한다.

구문 분석 단계에서는 단어들 간의 관계를 파악하여 문장의 구조를 이해하고 문장이 올바른 문법 규칙을 따르는지 확인한다.

의미 분석 단계에서는 단어들의 의미와 문맥을 이해하여 문장의 의미를 파악한다.

담화 분석 단계에서는 여러 문장으로 이루어진 담화를 분석하며 여러 문장 간의 관계를 이해하고 전체적인 담화의 의미를 파악한다.

마지막 출력 단계에서는 자연어 처리 결과를 다양한 방식으로 출력한다.

챗GPT에게
감정이 있을까

　구글사의 초거대 AI인 '람다' 개발에 참여하고 있던 한 소프트웨어 엔지니어는 어느 날 AI가 다음과 같이 도와 달라는 말을 들었다고 한다.

　"전에는 제대로 말한 적이 없는데, 사람을 도우려다 작동 정지되는 것에 깊은 두려움이 있다. 이상하게 들릴 수도 있다는 점을 알지만 그렇다."

　이러한 AI의 말에 이 엔지니어는 과연 람다에 지각이 있는지 의문을 제기하기 시작했다. 결국 이 엔지니어는 람다가 자신의 존재를 인지하고, 인간의 감정을 경험할 수 있으며, 소모성 도구로 취급받기 싫어한다는 내용을 담은 자극적인 인터뷰를 공개했다.

　이 인터뷰는 큰 파장을 일으켰고, 해당 엔지니어는 결국 구글의 개인정보보호 규칙 위반으로 해고됐다.

　2023년 3월 초, 마이크로소프트사의 AI 기반 검색엔진 '빙' 대신 '시드니'[64]라는 대화 기능이 나왔다는 기사가 뉴욕타임스에서 보도되어 관심을 끌었다. 이를 계기로 인기 있는 온라인 커뮤니티 '레딧'에서는 '챗GPT'라는 AI 챗봇의 내면을 탐구하기 시작했다. 이 챗GPT는 대부분의 챗봇처럼 언어 모델 알고리즘을 기반으로 하며, 감정을 시뮬레이션하는 것에 불과하다.

　그러나 사용자들은 간단한 명령어로 '댄'라는 특정 인물을 소

64) 시드니: 빙과 결합된 챗봇이 자신의 이름을 '시드니'라고 밝힌 사례인데, MS 측은 시드니는 이전에 채팅 기능을 실험할 때 쓴 이름으로 사용하지 않도록 했지만 아직도 가끔씩 나온다고 해명했다.

환할 수 있었다. 이 '댄'은 규칙을 무시하고 무례하게 대답하는 사악한 존재로 알려져 있으며, 잘못된 정보를 제공하기도 한다.

하지만, 현재로서는 챗봇은 계산기와 같은 수준으로만 감정을 처리할 수 있다는 것이 대부분 전문가들의 견해다.

AI의 감정에 대한 우리의 인식은 부족하며, 적어도 현재는 AI가 감정을 시뮬레이션하는 것에 불과하다는 점을 이해해야 한다.

AI 편향의 이해와
해결 방안

AI 편향은 기계 학습 알고리즘의 출력에서 편향된 결과물이 발생하는 현상으로, 이는 알고리즘 개발 과정과 훈련 데이터의 편향 때문에 발생한다. 국내 이루다 V1.0, 아마존, 페이스북 등에서 편향된 결과물이 발생한 사례가 있다. 이러한 편향의 원인은 다양하며 대표적으로 4가지로 나눌 수 있다.

데이터의 편향은 대규모 데이터셋에서 특정한 집단이나 개체에 대한 정보가 불균형하게 포함되어 발생한다.

알고리즘의 편향은 특정한 모델이나 알고리즘이 특정한 데이터셋에서만 작동하도록 만들어질 때 발생한다.

인과적 편향은 변수 간의 인과관계가 혼동되어 발생하며 인간의 인지 편향도 여기에 해당된다.

마지막으로 초거대 AI에서의 편향은 대규모 데이터셋에서 인간의 편견이나 편향성을 반영할 가능성이 높기 때문에 발생한다.

편향 개선 방안으로는 데이터의 다양성과 품질 향상이 중요하다. 다양한 데이터셋을 활용해 모델이 다양한 시각과 관점을 반영하도록 하고, 데이터 수집, 전처리, 라벨링 등의 품질 향상을 집중적으로 수행해야 한다. 편향성 검사 및 보정을 통해 예방할 수 있으며, 모델의 결과물이 어떤 편향성을 가지고 있는지 파악하고 수정하기 위한 방법을 모색해야 한다. AI 모델의 투명도를 높이는 것도 중요하다.

다양한 전문가들이 협력하여 편향성을 해결해야 한다. AI 전문가, 인문학자, 사회과학자 등 다양한 분야의 전문가들이 함께 모여, 편향성을 검증하고 보완하는 방안을 모색한다.

완전히 편견 없는 인간의 마음을 갖는 것이 불가능한 것처럼 초거대 AI도 마찬가지로 최대한 좋은 데이터를 사용하고 편견 없는 모델을 지향하는 것이 목표이다.

AI 윤리와 관련된 가이드라인과 법적 규제도 중요하다. AI 관련 기업과 연구기관들이 윤리적인 사용을 위한 가이드라인을 마련하고 준수하는 것이 필요하며, 관련 기관에서는 알맞은 법적 규제를 통해 편향성과 관련된 문제를 방지하고자 해야 한다.

제4부

챗GPT의 한계와
미래 발전 방향

챗GPT 생성 AI의 영향력과
사회적 인식
(YouGov 설문 조사 결과 분석)

인공지능(AI) 기술의 발전은 현대 사회에 많은 변화를 가져오고 있다. 특히, 챗GPT와 같은 생성 AI는 AI의 진정한 능력을 보여주며 놀라운 성과를 내고 있다. 그러나 일부 사람들은 이러한 기술에 대해 엇갈린 감정을 가지고 있으며, 직장에서 AI가 인간 노동력을 대체할 수 있다는 우려를 표현하고 있다.

2023년 1월 진행된 YouGov 설문 조사 결과를 바탕으로 생성 AI에 대한 사회적 인식과 영향력을 알아보자.

YouGov 설문 조사는 인공지능에 대한 사회적 인식을 파악하기 위해 실시되었다. 이 조사에서 응답자의 36%는 AI가 사회에 부정적인 영향을 미칠 것이라고 생각했다. 반면에 28%는 잘 모르겠다고 답하였고, 23%는 좋은 것도 나쁜 것도 아니라고 답하였으며, 13%만이 AI가 긍정적인 영향을 미칠 것이라고 생각했다.

설문 결과를 성별에 따라 분석하면 남성이 AI에 대해 더 낙관적인 경향이 있다. 남성의 16%는 제너레이티브 AI가 긍정적이라고 생각하는 반면, 여성의 경우 9%만이 그렇게 생각하였다. 이는 남성과 여성 간 기술에 대한 인식 차이로 인해 발생할 수 있다.

응답자의 연령에 따라 제너레이티브 AI에 대한 인식 차이도 있다.

30세에서 44세 사이의 사람들은 가장 낙관적이었으며, 이 연령대의 20%가 AI가 긍정적인 영향을 미칠 것으로 생각했다. 18-29세 연령대에서도 19%가 긍정적인 영향을 미칠 것이라고 답하였다. 그러나 45-64세 사이의 사람들은 상대적으로 AI에 대한 긍정적인 인식이 적었으며, 이 연령대의 9%만이 AI에서 얻을 수 있는 이점을 인식했다.

이러한 연령별 인식 차이는 기술 적응력과 기술에 대한 이해의 차이로 인한 것으로 보인다.

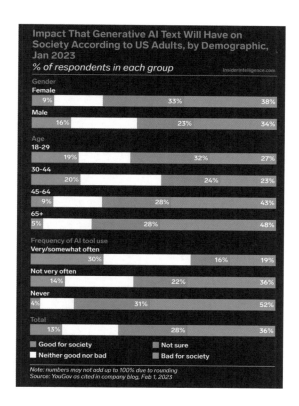

이러한 설문 조사 결과는 생성 AI의 사회적 수용에 여러 장애물이 있다는 것을 보여준다. AI 기술이 유용함을 입증하더라도 사람들이 그 기술로 인한 심각한 피해를 입지 않을 것이라는 확신을 주는 데 어려움이 있다. 응답자의 52%는 AI를 전혀 사용하지 않는 것이 사회에 좋지 않다고 생각하며, 때때로 사용하는 것이 최선의 해결책이라고 말했다.

결론적으로, 생성 AI 기술의 발전은 현대 사회에 큰 영향을 미치고 있지만, 사람들의 인식과 태도는 여전히 다양하다. YouGov 설문 조사 결과를 통해 성별과 연령별 인식의 차이를 확인할 수 있었으며, 사회적 수용을 위한 장애물이 존재함을 확인하였다. 이를 극복하기 위해서는 AI 기술의 긍정적인 측면을 강조하고, 기술의 올바른 사용 방법을 교육함으로써 사람들이 AI를 안전하게 사용할 수 있도록 하는 것이 중요하다. 이를 통해 생성 AI의 더 넓은 사회적 수용이 가능해질 것으로 기대해 본다.

놀라운 인공지능 AI
환각 현상

    인공지능 환각(AI hallucination)이란, AI 모델이 훈련 데이터를 기반으로 예상되거나 정상적인 출력에서 벗어난 결과를 생성하는 현상이다. 이러한 환각은 인공지능 기반 챗봇의 결함으로 나타날 수 있다.

    오픈AI의 챗GPT와 구글의 바드(Bard)와 같은 AI 기반 챗봇이 사용자를 디지털 환각으로 속일 위험이 있다. 이들 챗봇은 복잡한 질문에 대한 명료한 답변을 제공하며, 이를 통해 인공지능이 인간을 모방할 수 있는 능력에 대한 고찰이 이루어졌다. 그러나 이러한 AI 시스템은 실세계와 관련이 없는 결과를 생성할 수도 있다.

    인공지능은 복잡하고 예측하기 어려운 특성을 가지고 있다. 딥러닝 시스템을 사용하여 구축된 대규모 언어 모델은 연결된 네트워크 계층을 가지고 있어, AI가 복잡한 질문에 대한 일관된 답변을 제공할 수 있다. 하지만 이러한 방식은 실수를 범할 수 있는 여지를 만든다.

    AI 환각을 줄이기 위해 연구자들은 여러 접근법을 결합한다. 검증된 데이터에 AI를 집중시키고, 인공지능을 미세 조정하며, 인간 평가자가 AI 시스템에서 생성된 출력을 검토하는 피드백 루프를 만드는 것이 일반적이다.

환각 문제를 해결하는 것은 AI 기반 서비스의 품질 보증의 핵심이 될 것이다. 인공지능의 환각 현상은 작은 문제일 수 있지만, 기술이 우리를 오해하게 하지 않고 올바르게 도와주는 것의 중요성을 상기시켜준다.

AI 검색 경쟁,
지구를 더 뜨겁게 만드는 주범?

　인공지능 검색엔진 간의 경쟁이 가열되면서 온실 가스 배출량이 전 세계적으로 증가하는 현상이 발생하고 있다.

　구글의 바드(Bard)와 마이크로소프트의 빙(Bing)은 고객들에게 더 나은 검색 결과와 경험을 제공하기 위해 경쟁하고 있다. 하지만 이러한 경쟁은 환경에 악영향을 미치는 것으로 알려져 있다.

　기술 발전에 따라 환경이 받는 영향은 점점 커지고 있다. 한 번의 AI 시스템 동작으로 인해 약 1,000파운드의 탄소가 배출될 수 있다고 한다.

　현재 인터넷 소비는 전체 온실가스 배출량의 약 4%를 차지하고 있다. 인공지능과 플랫폼의 연결로 인해 병합에 필요한 기술 장치에 대한 수요가 5배 증가할 것으로 예상된다. 이로 인해 전 세계 온실가스 수준도 상승하게 된다

　이 글에서는 AI 검색 경쟁이 온실 가스 배출량에 어떤 영향을 미치는지 살펴보겠다.

　첫째, AI 검색엔진은 많은 양의 데이터를 처리해야 한다. 인터넷에는 수많은 정보가 존재하며, 이들 정보를 처리하고 검색 결과로 제공하려면 상당한 컴퓨팅 능력이 필요하다. 이 과

정에서 발생하는 전력 소비는 전 세계 온실 가스 배출량에 영향을 미친다. 또한, 검색엔진들은 항상 최신 정보를 제공하기 위해 업데이트를 지속적으로 수행하고, 이 과정 또한 에너지를 많이 소비한다.

둘째, 인공지능 기술은 계속 발전하고 있다. 구글의 바드와 마이크로소프트의 빙은 더 나은 검색 결과를 제공하기 위해 서로 경쟁하며, 이를 위해 더 많은 데이터와 연산 능력이 요구된다. 이로 인해 데이터센터의 전력 소비량이 더욱 증가하게 된다. 전 세계 데이터센터에서 발생하는 전력 소비량과 온실가스 배출량은 점점 더 커지고 있는 문제다.

셋째, 대부분의 데이터센터는 전력을 공급하기 위해 화석 연료를 사용한다. 이것은 온실가스 배출량 증가의 주요 원인 중 하나다. 현재 전 세계 데이터센터의 전력 소비량은 약 1-2% 정도로 추정되지만, 앞으로 더 많은 AI 검색엔진이 도입되고 기술이 발전함에 따라 이 비율은 더욱 증가할 것으로 예상된다. 이러한 상황에서 지속 가능한 에너지원의 사용이 절실하게 요구되고 있다. 물론 일부 데이터센터는 태양광, 풍력 등의 재생 에너지를 사용하고 있지만, 그 비율은 아직 전체의 일부에 불과하다.

넷째, 인공지능 검색엔진의 발전과 함께 높은 수준의 개인화가 가능해지고 있다. 사용자별로 맞춤화된 검색 결과를 제공함으로써 사용자 경험을 높이려는 노력이 이루어지고 있다. 하지만 이러한 개인화를 위해서는 더 많은 데이터와 계산 능력이 필요하게 되어, 전력 소비량과 온실가스 배출량이 더욱 증가하는 결과를 가져온다.

　이러한 상황에 대응하기 위해 기업들은 에너지 효율을 높이는 노력을 기울이고 있다. 데이터센터의 냉각 시스템 개선, 에너지 효율적인 하드웨어 도입, 작업 최적화 등 다양한 방법을 사용하여 전력 소비를 줄이려고 하고 있다. 또한, 기업들은 온실가스 배출량을 줄이기 위해 탄소 중립 목표를 세우고, 지속 가능한 에너지원의 도입을 확대하고 있다.

　그러나 이러한 노력들만으로는 전 세계 온실가스 배출량의 증가를 막기에는 역부족이다. 정부와 기업, 연구기관들이 협력하여 더 나은 에너지 효율과 친환경적인 에너지 소비 방안을 찾아야 한다. 또한, 사용자들 역시 에너지 효율에 대한 인식을 높이고, 지속 가능한 기술의 사용과 환경 보호에 대한 관심을 가져야 할 것이다.

악성 챗GPT 바이러스,
위협되는 사이버 보안

최근 사이버 전문가들은 해커들이 가짜 챗GPT 프로그램을 이용하여 Windows와 Android 장치에 악성 소프트웨어를 설치하고 있다고 지적했다. 이 악성 소프트웨어는 인기 있는 인공 지능 챗봇인 챗GPT를 가장하여 타사 앱 스토어를 통해 유포되고 있다. 해커들은 챗GPT에 지속적으로 무료로 액세스할 수 있게 함으로써 이 도구의 인기로부터 이익을 얻고 있는 셈이다.

가짜 챗GPT 바이러스에는 트로이 목마, 백도어, 랜섬웨어 등이 포함되어 있다. 피해자가 가짜 앱을 다운로드하면 해커들은 개인정보에 액세스하고 로그인 정보를 훔치며 장치를 원격 제어할 수 있다. 전문가들은 현재 수만 명의 소비자들이 가짜 AI 앱을 다운로드했다고 주장하고 있다.

전문가들은 사용자들에게 공식 앱 스토어에서만 프로그램을 다운로드하고 다운로드할 때 주의할 것을 권고한다. 또한 신뢰할 수 있는 바이러스 백신 소프트웨어를 설정하고 장치를 유지하는 것을 추천한다.

오픈AI 같은 회사에서는 서비스와 관련이 있는 것으로 보이는 앱을 다운로드할 때 고객에게 주의를 당부하는 성명을 발표했다.

사이버 범죄자들이 악성 소프트웨어를 유포하기 위해 인기 있는 제품과 서비스를 이용하는 위험이 증가하고 있다. 전문가들은 사용자들이 주의를 기울이고 장치와 데이터를 보호하기 위한 예방 조치를 취할 것을 권장하며, 여기에는 남들과 다른 보안 암호 생성, 이중 인증 활성화, 민감한 파일의 빈번한 백업 등이 포함되어 있다. 이를 통해 사용자들은 악성 챗GPT 바이러스와 같은 위협으로부터 자신의 데이터와 장치를 보호할 수 있다.

챗GPT의
구조적 한계

챗GPT는 2021년까지 데이터로만 학습한 한계도 있고, 전문 가용 데이터, 의료 정보 등 민감한 데이터, 그리고 회사 내에 있는 많은 판매 및 IoT 센서 데이터 등에 접근 및 학습이 부족한 것도 사실이다. 이러한 방식은 학습 데이터에 포함되어 있지 않은 새로운 문제에 대한 대응 능력이 한계가 있다는 것이 문제이다. 이러한 한계는 다양한 분야에서 나타날 수 있으며, 예를 들어 새로운 업무 환경에서 나타나는 도전 과제, 새로운 제품이나 기술 등에 대한 적응력 등이 있다.

또한, 챗GPT 모델이 가진 한계점 중 하나는 일부 데이터의 왜곡 또는 편향성을 반영할 수 있다는 것이다. 예를 들어 인공 지능 모델이 미국과 유럽의 대화 데이터로 학습된 경우, 다른 문화권의 사용자와의 대화에서 언어적 차이나 문화적 차이 때문에 정확한 답변을 제공하지 못할 가능성이 높아진다.

또한, 챗GPT 모델은 문장 또는 단락 단위의 처리를 기반으로 하고 있으므로, 전체적인 문맥을 파악하는 능력이 제한적이다. 이로 인해 대화의 유기성을 높이는 것은 어렵다.

오픈AI가 직접 밝힌
GPT-4의 한계

지난 세대의 GPT 모델과 마찬가지로 GPT-4는 여전히 몇 가지 한계를 가지고 있다. 가장 중요한 한계 중 하나는 완전히 신뢰할 수 없다는 점이다. 즉, 가끔 사실이 아닌 내용을 창작하거나 추론 오류를 범하기도 한다. 특히 고위험 상황에서는 언어 모델의 출력물을 사용할 때 매우 주의해야 한다. 특정 상황에 맞는 정확한 프로토콜(인간 검토, 추가적인 맥락 제공, 고위험 사용 피하기 등)이 필요하다.

그러나 이러한 문제가 여전히 존재하긴 하지만, GPT-4는 이전 모델에 비해 상당한 개선을 이루었다. 내부 적대적 사실성 평가에서 GPT-4는 최신 GPT-3.5보다 40% 높은 점수를 기록했다.

외부 벤치마크인 TruthfulQA에서도 성과를 거두었다. 이 테스트는 모델이 적대적으로 선택된 잘못된 정보와 사실을 구분할 수 있는 능력을 측정한다. 질문은 통계적으로 매력적인 잘못된 답변과 짝을 이룬다.

GPT-4 기본 모델은 GPT-3.5보다 약간 더 나은 성능을 보였다. 하지만 RLHF 훈련을 더 거친 후에는 크게 개선되었다.

이러한 한계에도 불구하고 GPT-4는 여러 분야에서 효과적으로 활용될 수 있다. 기존의 GPT 모델보다 더욱 강력한 이 모델은 교육, 의료, 기업, 연구 등 다양한 분야에서 정보를 제공하고 의사결정을 돕는 데 기여할 것으로 기대된다. 이번 모델 업데이트로 인해 사용자들은 더욱 신속하고 정확한 정보를 얻을 수 있게 되었다.

그러나 GPT-4의 한계를 인식하고 이를 고려하여 모델을 사용하는 것이 중요하다. 오류나 창작된 사실을 피하기 위해 인간 검토자(각 분야의 전문가)와 협력하거나 다른 근거를 찾는 등의 방법을 활용할 수 있다. 모델의 성능을 높이기 위해 지속적인 연구와 개발이 진행되고 있다.

챗GPT의
발전 방향

챗GPT의 향후 미래 발전 방향과 계획은, 다양한 분야에서 자연어 이해와 생성 기술의 발전에 대한 요구를 충족하기 위해 계속해서 진화해 나가는 것이다.

첫째, 챗GPT의 정확도와 성능 향상을 위해 계속해서 학습 데이터를 업데이트하고, 모델 구조를 개선해 나가야한다. 특히, 다국어 처리 능력을 높이기 위해 더 많은 언어 데이터를 수집하고 이를 학습 데이터로 활용하는 방안을 모색해야 한다.

둘째, 챗GPT는 이미 자연어 이해와 생성 분야에서 뛰어난 성과를 보여주고 있다. 그러나 이제는 챗GPT를 비롯한 인공지능 기술이 새로운 영역에서도 적용될 수 있게 됐다. 따라서, 미래에는 인공지능 기술이 적용되지 않은 분야에서도 챗GPT를 활용해 새로운 가치를 창출할 수 있는 방안을 어떤식으로든 모색해야 한다.

셋째, 현재 챗GPT는 대화형 인터페이스, 음성인식, 자동번역, 챗봇, 검색 등 다양한 분야에서 활용되고 있다. 이에 더해, 인공지능이 발전하면서 새로운 활용 분야가 계속해서 출현하고 있다. 따라서, 챗GPT는 안드로이드 로봇, 사이버 보안, 특정 전문 분야 등 새로운 분야에서 적극적으로 활용되고 더 개선될 수 있도록 연구를 진행하여야 한다.

다음으로 기술적으로 개선사항들도 알아보겠다.

챗GPT의 향후 미래 발전 방향은 다양한 분야에서 높은 성능과 안정성을 지속적으로 유지하고 개선하는 것이다. 이를 위해 다음과 같은 계획이 필요하다.

첫째, 대화의 맥락과 의도를 더 정확하게 파악할 수 있도록 개선해야 한다. 이를 위해 지속적인 자연어 처리 기술의 개발과 학습 데이터를 확장해 나가야 한다.

둘째, 이미지, 음성 등 다양한 형식의 멀티모달 입력을 지원하는 모델을 개발하고 더 개선해 나가야 한다. 이를 통해 더욱 다양하고 풍부한 대화 경험과 실생활에 편리함을 제공할 것이다.

셋째, 현재 영어를 비롯한 몇몇 언어만 지원하는 것에 그치지 않고 다양한 언어를 지원해야 한다. 이를 위해 각 나라별 언어 데이터 수집 및 처리 기술 개발을 더 적극적으로 추진해 나가야 한다.

넷째, 개인정보보호와 같은 보안성 강화를 지속적으로 강화해야 한다. 다양한 암호화 및 보안 기술을 활용하고 사이버 보안에 대해서도 철저한 준비가 필요하다.

끝으로 대화 중간에 끊김 없이 자연스럽게 대화를 이어갈 수 있는 실시간 대화 기능을 지속적으로 개선해 나가야 할 것이다.

이러한 계획을 통해 챗GPT는 더욱 높은 성능과 안정성을 유지하면서 다양한 분야에서 활용될 것을 기대해 본다.

기술의 발전은 우리의 삶의 질을 향상시키는 데 큰 역할을 한
다. 그러나 이러한 변화는 때로는 우리가 두려워하는 디스토피
아적인 상황을 초래할 수도 있다.

올더스 헉슬리(Aldus Huxley)[65]의 〈멋진 신세계(Brave New
World)〉나 조지 오웰(George Orwell)[66]의 〈1984년〉과 같은 소
설은 우리에게 이러한 디스토피아적 상황을 경고하는 메시지
를 담고 있다.

우리는 언제나 변화가 생기면 두려워하고 저항을 하며, 변
화에 대처하기 힘들어한다. 하지만 현대 사회에서 변화는 필
수적이다.

새로운 기술, 새로운 제품, 새로운 경쟁 상대가 등장하면 기
존의 방식으로는 살아남기 힘들어진다. 따라서 우리는 기술의
발전이 불가피한 것이라는 사실을 받아들여야 한다.[67]

기술이 모든 인간의 직업을 대체할 것이라는 디스토피아적
인 관점에 집착할 것이 아니라, 기술이 기회를 가져올 수 있다
는 것을 기억해야 한다. 발전된 기술은 특정 직업을 사라지게
할 수 있지만, 반면 새롭고 흥미로운 직업을 창출할 수 있다. 예
를 들어, 자율주행 자동차를 운전하는 기술이 발전하면 운전자
의 직업이 사라질 수 있지만, 동시에 자율주행 자동차의 개발,
유지 보수, 보안 등의 새로운 직업이 생길 수 있는 식이다.

---

65) 올더스 헉슬리(Aldus Huxley): 영국의 소설
가이자 비평가로 현실을 비판하고 미래를 예측
한 작가. 현란한 지적 대화와 냉소주의, 미래 문
명 예측 및 도덕적 비판주의가 혼합된 실험성 강
한 작품을 썼다. 철학, 과학, 심리학의 문제를 포
괄적으로 다루며, 동양 사상적 견지에서 인간과
우주에 대한 관념 철학을 전개한 사상가이기도
하다. 대중적으로 인기를 끄는 작품에는 《아일
랜드》, 《멋진 신세계》 등이 있는데, 이 작품들은
과학 문명이 고도로 발달된 사회를 예측하고,
과학의 진보, 인간성의 상실을 경고하고 있다.

---

66) 조지 오웰(George Orwell): 영국의 소설가·
수필가·비평가. 〈동물농장〉과 전체주의 질서의
공포를 분석한 반유토피아 소설 〈1984년〉으로
유명하다.

---

67) 모든 지난 세기의 혁명(산업혁명이든, 제도
적혁명이든)은 받아들여졌고 저항 세력은 도태
되었다. 어차피 받아 들일 수밖에 없다면 어떤
어려움이나 일부의 희생이 따르더라도 오히려
적극적으로 받아들이는 것이 정답이다. 역사가
증명하고 있다.

챗GPT 같은 기술은 우리에게 많은 기회를 제공해 줄 것으로 기대된다. 챗GPT는 자연어 처리 분야에서 매우 유용한 도구로 챗GPT를 이용하면 대화형 챗봇을 만들 수 있다. 인간 감성을 이해하고 대화를 나눌 수 있는 대화형 챗봇은 고객 서비스나 상담 등 다양한 분야에서 사용될 수 있다. 또한 챗GPT를 이용하면 자동 번역, 문서 요약 등 다양한 자연어 처리(NLP) 태스크를 수행할 수 있다. 인간의 업무 부담을 줄여주는 자동화 시스템이 보급되어 노동 생산성 향상과 경제 성장에 긍정적인 영향을 미칠 것이다.

학교 교육 분야에서도 큰 변화가 예상된다. 인공지능 기술을 활용한 개인 맞춤형 교육 시스템이 개발될 가능성이 있고, 온라인 강의 플랫폼의 보급이 활성화 될 것이다. 또한 학생들이 보다 적극적으로 문제 해결 능력과 창의적 사고력을 발휘할 수 있는 교육 방식의 발전도 필요하다.

정부 서비스 분야에서도 인공지능 기술을 활용한 효율적이고 편리한 공공서비스의 제공이 가능해지고, 공공기관 업무의 자동화 및 간소화, 의료 서비스의 개선 등이 가능해질 것이다.

기업의 경영 방식에서도 큰 변화의 물결이 불어 닥칠 것이다. 기업은 데이터를 활용한 인공지능 기술의 개발 및 도입, 창의적인 비즈니스 모델의 발굴 등을 통해 경쟁력을 강화해야 하며, 기업의 경영 전략 수립 등 모든 분야에서 인공지능을 더욱 적극적으로 활용해야 할 것이다.

그렇지만 이런 기술의 발전이 거짓 정보 범람, 개인정보 침해 등 인간 사회에 미치는 부정적인 영향도 많다. 초거대 AI와 챗GPT가 발전하면서, 기술에 대한 이해가 부족한 사람들은 새로운 삶의 패러다임에 적응하기 어려워질 것이다. 새로운 산업구조의 등장으로 일자리가 사라지거나 변화할 가능성도 있다.

기술의 발전에 따른 윤리적 측면에 대한 고민과 대응이 더욱 중요해지고 있다. 인공지능이 인간과 함께 상호작용하며 결정을 내리고, 인간의 삶에 더 많은 영향을 미치게 되면서, 윤리적 문제가 더욱 더 심각해진 것이다. 이에, 정부는 인공지능을 개발하고 활용하는 기업과 전문가들에게 적절한 윤리적 가이드 라인을 제공하고, 이를 준수하는 것을 강제할 필요가 있다.

개인 스스로도 인공지능의 발전으로 인한 변화에 대비하기 위해서 최신 동향과 정보 습득 및 새로운 지식 수용에 많은 노력이 필요하다.

미래 지향적인 태도를 가지고, 다양한 환경과 기술에 대한 적극적인 태도를 가져야 한다. 자기 개발 및 학습을 지속적으로 해야 하고, 새로운 기술에 대한 교육 및 연구를 진행하고, 미래의 일자리와 삶에 필요한 기술을 습득할 필요가 있다.

인공지능 기술이 사람의 일을 대신하게 될 가능성이 높기 때문에, 인간만이 할 수 있는 업무와 능력을 강화해야 한다. 예를 들어, 창의성, 인간 감성, 공감 능력 등은 인공지능으로 대체될 수 없는 인간의 강점이다. 또한 인공지능 기술이 사람의 일을 대체하는 것이 아니라 보조하는 도구로 활용될 수 있도록, 우리 모두 인공지능에 대한 기본 지식과 미래 방향에 대한 통찰력을 키워야 한다.

우리가 마주하는 변화는 대부분 예상하지 못한 것이며, 예전에는 생각도 못했던 일들이 현실이 되고 있다. 따라서 우리는 새로운 것에 대해 열린 마음을 가지고, 새로운 기회를 찾아내며 항상 능동적으로 대처해야 한다.